챗GPT와 함께하는
주식 데이터 분석

저자 이진규 / **감수** 김동준(공돌투자자)

YoungJin.com Y.
영진닷컴

챗GPT와 함께하는
주식 데이터 분석

Copyright © 2025 by Youngjin.com Inc.

B-1001, Gab-eul Great Valley, 32, Digital-ro 9-gil, Geumcheon-gu, Seoul, Republic of Korea

All rights reserved. No part of this book may be reproduced or transmitted in any form or by any means, electronic or mechanical, including photocopying, recording or by any information storage retrieval system, without permission from Youngjin.com Inc.

ISBN 978-89-314-8022-1

독자님의 의견을 받습니다.

이 책을 구입한 독자님은 영진닷컴의 가장 중요한 비평가이자 조언가입니다. 저희 책의 장점과 문제점이 무엇인지, 어떤 책이 출판되기를 바라는지, 책을 더욱 알차게 꾸밀 수 있는 아이디어가 있으면 팩스나 이메일, 또는 우편으로 연락주시기 바랍니다. 의견을 주실 때에는 책 제목 및 독자님의 성함과 연락처(전화번호나 이메일)를 꼭 남겨 주시기 바랍니다. 독자님의 의견에 대해 바로 답변을 드리고, 또 독자님의 의견을 다음 책에 충분히 반영하도록 늘 노력하겠습니다.

이메일 : support@youngjin.com

주 소 : (우)08512 서울특별시 금천구 가산디지털로9길 32 갑을그레이트밸리 B동 10F

파본이나 잘못된 도서는 구입하신 곳에서 교환해 드립니다.

STAFF

저자 이진규 | **감수** 김동준(공돌투자자) | **총괄** 김태경 | **기획** 김용기 | **디자인·편집** 김소연
영업 박준용, 임용수, 김도현, 이윤철 | **마케팅** 이승희, 김근주, 조민영, 김민지, 김진희, 이현아
제작 황장협 | **인쇄** 예림

지은이의 글

지난 몇 년은 인공지능과 데이터 분석의 패러다임이 빠르게 변화한 시기였습니다. 특히 챗GPT와 같은 대규모 언어 모델(LLM, Large Language Models)의 등장은 누구나 AI 기술을 손쉽게 활용할 수 있는 길을 열어주었고, 이제는 AI만으로도 복잡한 작업을 수행할 수 있는 시대가 되었습니다.

이 책은 데이터 분석을 처음 접하는 분들도 파이썬과 ChatGPT를 활용해 주식 데이터를 직접 수집하고 분석할 수 있도록 구성했습니다. 복잡한 코딩보다는 누구나 쉽게 따라 할 수 있는 프롬프트 기법과 실전 분석 흐름을 중심에 두었으며, 이를 통해 데이터 분석에 대한 진입장벽을 낮추고자 했습니다.

필자는 인문학과 공학을 아우르는 경험을 바탕으로 AI와 빅데이터를 연구해 왔으며, 다양한 분야의 도메인을 깊이 이해하고 기술과 연결해온 여정을 걸어왔습니다. 박사 과정에서는 생성형 AI를 연구하고, 실무에서는 다양한 데이터 도메인에서 경험을 쌓아왔습니다. 이러한 학문적 탐구와 실무 경험을 바탕으로, 이 책을 집필하게 되었습니다.

이 책에서는 복잡한 코드를 가르치기보다, 간단한 프롬프트 기법과 분석 전략을 활용해 누구나 쉽게 주가 데이터를 분석할 수 있는 방법을 소개하고자 했습니다.

이 책이 여러분이 AI라는 도구를 활용해 데이터를 자유롭게 다루는 출발점이 되기를 바랍니다. 데이터 분석을 두려워하지 않고, 실생활에 적극적으로 활용하는 데 도움이 되었으면 합니다.

이진규 드림

감수 추천사

투자도, 개발도, 결국은 데이터를 어떻게 다루느냐에 달려 있습니다. 이 책은 챗GPT를 도구로 활용해 금융 데이터를 똑똑하게 분석하고, 통찰을 얻는 과정을 친절하게 안내합니다.

챗GPT를 활용하면, 복잡한 프로그래밍 지식 없이도 금융 데이터를 분석하고, 나아가 자동매매 프로그램까지 직접 구현할 수 있다는 점에서 놀라운 가능성을 보여줍니다.

저 역시 10년 넘게 시스템 트레이딩을 해 오면서, 주변에서 '시스템 트레이딩을 어떻게 시작해야 하느냐'는 질문을 수없이 받아왔지만, 명쾌하게 설명하기 어려운 경우가 많았습니다. 이 책은 그런 허들을 단숨에 넘게 해 줍니다. 누구나 챗GPT를 통해 자연스럽게 데이터 분석의 감을 익히고, 자신만의 전략을 구현해 볼 수 있게 도와줍니다. 이 책을 감수하며, 기존에 VBA로 작성했던 자동매매 시스템을 Python 기반으로 전환하는 데 실질적인 도움을 받았습니다. 시스템 트레이딩의 핵심은 결국 데이터 분석에 있다는 사실을 이 책은 친절하고도 강력하게 알려줍니다. 전공자든 비전공자든, 투자 자동화와 데이터 기반 투자를 고민하는 분들께 이 책을 자신 있게 추천합니다.

공돌투자자 김동준

베타 리더

금융/핀테크 도메인에서 프로덕트 오너로 일하며 늘 데이터 분석의 진입장벽에 고민이 많았습니다. 비전공자로서는 복잡한 코딩 없이 다룰 수 있는 이 책이 훌륭한 워크북 역할을 해줄 수 있습니다.
챗GPT를 통해서 실무진이 겪는 데이터 분석의 어려움을 조금이라도 쉽게 따라갈 수 있을 것 같습니다. 구글 코랩에서 직접 따라하며 금융 데이터 분석의 원리를 조금이나마 체득할 수 있었습니다.
또한 각 장마다 제시되는 로드맵을 통해 현재 학습 단계와 목표를 명확히 인식할 수 있어, 학습 동기를 잃지 않고 끝까지 완주할 수 있었습니다. 무엇보다 가장 좋았던 점은 챗GPT에 의존하는 것이 아니라, 실제 비즈니스 문제 해결을 위한 도구로 균형잡힌 AI활용법을 제시한다는 점입니다.
금융 데이터 분석에 관심 있는 모든 실무진, 특히 기술적 배경이 없지만 데이터 기반 의사결정을 해야 하는 비즈니스/프로덕트 직군분들에게 이 책을 추천드립니다.

이한나

AI 기술은 업무, 교육, 일상에 이르기까지 이제 우리 삶의 필수 요소가 되었습니다. 특히 대규모 언어 모델은 삶의 효율성을 극대화하는 핵심 도구로 자리 잡았습니다. 이 책은 이러한 시대적 흐름에 발맞춰, 챗GPT를 통해 파이썬 코드를 생성하며 금융 데이터를 분석하는 방법을 안내합니다. 코딩 경험이 없는 입문자도 전문가처럼 데이터를 다루고 자신만의 투자 전략을 세울 수 있도록 돕는 점이 인상적입니다.
특히, '프롬프트 엔지니어링'과 '금융 데이터 분석'의 결합은 가장 큰 강점입니다. 단순히 AI에 질문을 던지는 수준을 넘어, '생각의 사슬(Chain-of-Thought)' 같은 고급 기법을 활용해 AI가 스스로 추론하고 더 정확한 코드를 만들게 하는 'AI와의 협업 노하우'를 배울 수 있으며, 실시간 금융 데이터를 활용한 생생한 분석과 실제 코드를 직접 실행하며 배우는 단계별 학습 방식은 독자의 이해를 돕습니다.
결국 이 책은 단순한 기술 학습서를 넘어, 어떤 데이터든 AI로 분석할 수 있는 핵심적인 문제 해결 능력을 길러주는 가이드북이라고 할 수 있습니다.

김수진

최근 몇 년 사이 챗GPT, Gemini 등 대규모 언어 모델 기반의 생성형 AI가 급속도로 발전하면서, 비개발자도 자연어 프롬프트만으로 데이터 분석과 자동화를 수행할 수 있는 환경이 열리고 있습니다. 「챗GPT와 함께하는 주식 데이터 분석」은 파이썬이나 통계 언어에 대한 사전 지식 없이도, 챗GPT를 활용해 주가 데이터를 수집·분석·시각화하며, 기본적 분석은 물론 기술적 분석까지 실전 투자 전략으로 연결하는 방법을 안내하는 실용적인 가이드북입니다.

이 책은 PBR, PER 등의 전통적인 재무 지표뿐만 아니라, 이동평균선(MA), 상대강도지수(RSI) 등의 대표적인 기술적 분석 지표를 활용한 투자 전략 수립 과정을 챗GPT를 통해 단계별로 구현합니다. 특히 프롬프트 설계만으로 금융 데이터를 정제하고, 지표 계산 및 시각화를 통해 매매 시점을 추론하는 방식은 생성형 AI의 활용 가능성을 실감하게 합니다.

금융과 AI 기술의 융합에 관심 있는 개인 투자자, 데이터 기반 투자 전략을 탐색하는 실무자, 그리고 생성형 AI의 활용 가능성을 탐구하는 기획자 모두에게 유용한 통찰을 제공하는 책입니다.

최규민

목차

1부 주식 데이터 분석 기본

- **1.1** 주식 데이터란? 010
- **1.2** 대규모 언어 모델과 주식 데이터 분석 적용 010
- **1.3** 프롬프트 엔지니어링 012
- **1.4** 주식 데이터 분석에 효율적인 프롬프팅 기법 015
- **1.5** 파이썬 018
- **1.6** 주식 데이터 수집하기 034
- **1.7** 주식 데이터 시각화 046
- **1.8** 주식 데이터 기본 분석 069
- **1.9** 주식 데이터 상관관계 및 회귀 분석 113

2부 투자 전략 및 구현

- **2.1** 기술적 분석과 기본적 분석 개념 134
- **2.2** 주식 지표 소개 135
- **2.3** 모멘텀 136
- **2.4** PBR+PER 전략 145
- **2.5** RSI(Relative Strength Index, 상대강도지수) 156
- **2.6** 시계열 분석 165
- **2.7** 볼린저 밴드 198
- **2.8** 백테스팅 205
- **2.9** 추세 추종, 평균 회귀 전략 206
- **2.10** 인공지능과 머신러닝을 활용한 주식 예측 244

1부

주식 데이터 분석 기본

1.1 주식 데이터란?
1.2 대규모 언어 모델과 주식 데이터 분석 적용
1.3 프롬프트 엔지니어링
1.4 주식 데이터 분석에 효율적인 프롬프팅 기법
1.5 파이썬
1.6 주식 데이터 수집하기
1.7 주식 데이터 시각화
1.8 주식 데이터 기본 분석
1.9 주식 데이터 상관관계 및 회귀 분석

1.1 주식 데이터란?

주식 데이터는 주식시장에서 개별 주식의 가격 변동을 기록한 자료로, 매수·매도 가격과 거래량 등의 정보를 포함합니다. 이러한 데이터는 투자자들이 주식의 성과를 객관적으로 평가하고 미래의 가격 변동을 예측하는 데 중요한 역할을 합니다.

주식 데이터는 주식시장을 깊이 이해하고 분석하는 데 필수적인 자료입니다. 이를 통해 투자자들은 시장의 동향을 정확하게 파악할 수 있으며, 데이터 기반 분석을 통해 보다 신뢰성 있는 결정을 내릴 수 있습니다. 이처럼 주식 데이터 분석은 시장 전반의 흐름을 이해하고, 데이터 기반 인사이트를 얻는 데 중요한 도구로 활용됩니다.

이 책에서는 챗GPT 프롬프팅 설계를 활용해, 파이썬 코드로 주식 데이터를 효과적으로 분석하는 방법을 단계별로 설명할 것입니다.

1.2 대규모 언어 모델과 주식 데이터 분석 적용

생성 AI는 새로운 데이터를 만들어내고, 대규모 언어 모델(LLM)은 방대한 텍스트 데이터를 학습해 자연스럽게 이해하고 응답합니다. 대규모 언어 모델(LLM)을 통해 주식 데이터 분석을 효율적으로 할 수 있습니다. 챗GPT를 활용하면 복잡한 코딩 없이도 간단한 질문(프롬프트)만으로 주식 데이터 분석과 코드 생성을 쉽게 할 수 있습니다. 이제 생성 AI와 LLM의 개념, 그리고 챗GPT의 활용 방법을 살펴보겠습니다.

1.2.1 생성 AI란?

생성 AI는 텍스트, 이미지, 오디오와 같은 다양한 형태의 데이터를 새롭게 만들어 낼 수 있는 인공지능 기술을 의미합니다. 이 기술에는 대규모 언어 모델, 컴퓨터 비전, 멀티모달 학습 등 다양한 접근 방식이 포함됩니다. 예를 들어, 이미지 생성에서는 텍스트 설명을 기반으로 이미지를 만들어내는 멀티모달 모델인 DALL-E

가 있습니다. 이처럼 생성 AI는 텍스트와 이미지 등 다양한 입력을 바탕으로 새로운 결과물을 만들어내는 능력을 갖추고 있습니다.

최근 생성 AI에 대한 관심은 과거의 빅데이터(Big Data)나 AI 트렌드와 비슷한 흐름을 보이지만, 그 성장 속도와 데이터 활용 범위에서 훨씬 빠르고 역동적인 변화를 가져오고 있습니다. 발전된 기술을 바탕으로 현재 생성 AI는 산업계 전반에 걸쳐 더욱 깊이 적용되고 있으며, 그 영향력 또한 날로 커지고 있습니다.

생성 AI는 단순히 데이터를 분석하는 것을 넘어, 새로운 데이터를 창출해내는 인공지능의 가능성을 보여줍니다.

1.2.2 대규모 언어 모델(Large Language Model)이란?

이 책에서 챗GPT를 활용해 주식 데이터를 분석하는 방법을 다룹니다. 본격적인 분석에 앞서 챗GPT와 같은 대규모 언어 모델에 대해 살펴보겠습니다. 대규모 언어 모델은 방대한 텍스트 데이터를 학습해 인간과 유사한 자연 언어 응답을 생성할 수 있는 인공지능 언어 모델로, 다층 신경망을 사용하는 심층 학습 모델로 구성됩니다. 대규모 언어 모델은 고품질의 일관된 텍스트를 생성하는 능력을 갖추고 있어 번역, 요약, 창작 등 다양한 언어 작업을 처리할 수 있습니다. 대표적인 예로는 OpenAI의 GPT 시리즈, Google의 Gemini, 그리고 META의 LLaMA가 있습니다.

1.2.3 챗GPT와 주식 데이터 분석 활용

챗GPT는 OpenAI에서 개발한 대화형 인공지능 모델로, 대규모 언어 모델 기술을 바탕으로 사람과 유사한 대화 능력을 구현합니다. 특히 챗GPT는 비즈니스 분야에서 폭넓게 활용될 수 있으며, 주식 데이터 분석과 같은 작업에서도 높은 효율성을 발휘합니다.

주식 데이터 분석을 처음 시작하면 복잡한 코딩 지식이 필요하지만, 챗GPT를 사용하면 코딩에 대한 선행 작업 없이 데이터를 효과적으로 분석할 수 있습니다. 사용자가 "특정 회사의 주식 데이터를 분석하고 향후 6개월간의 주식을 예측하는 코드를 만들어 줘"와 같은 프롬프트를 입력하면, 챗GPT는 이에 적합한 파이썬 코드를 자동으로 생성해 줍니다. 이 코드를 사용자가 즉시 실행할 수 있어 코딩 지식이 부족한 사용자도 쉽게 주식 데이터를 분석하고 인사이트를 얻을 수 있습니다.

이처럼 챗GPT와 같은 대규모 언어 모델을 활용하면 데이터 분석의 복잡성을 낮추고, 일반인도 데이터 기반 의사 결정을 쉽게 수행할 수 있는 환경이 조성됩니다. 챗GPT의 이러한 기능은 주식 데이터 분석을 보다 직관적이고 효율적으로 변화시키고 있습니다.

1.3 프롬프트 엔지니어링

프롬프트 엔지니어링은 AI가 원하는 답변을 정확하게 생성할 수 있도록 질문을 설계하는 기술입니다. 질문을 어떻게 하느냐에 따라 AI의 응답이 달라지므로, 명확하고 구체적인 프롬프트를 입력하는 것이 중요합니다. 주식 데이터 분석에서도 효과적인 프롬프트를 활용하면 복잡한 코딩 없이 필요한 분석 결과를 얻을 수 있습니다. AI에게 역할을 부여하거나 예시를 제공하는 등 다양한 기법을 활용하면 보다 정교한 답변을 받을 수 있습니다.

1.3.1 프롬프트란?

프롬프트란 대화형 인공지능에게 특정한 답변이나 행동을 유도하기 위해 설계된 질문이나 명령어입니다. 이는 친구에게 조언을 구할 때 질문하는 방식에 따라 대답이 달라지듯, 프롬프트의 질문의 방식에 따라 AI의 응답도 달라집니다.

1.3.2 프롬프트 엔지니어링이란?

프롬프트 엔지니어링은 AI가 주어진 질문이나 요청에 맞춰 적절한 응답을 생성하도록 유도하는 기술입니다. 주로 자연어 처리, 데이터 분석, 콘텐츠 생성 등의 분야에서 활용되며, 챗GPT와 같은 AI 모델을 효과적으로 활용하기 위한 핵심 기법입니다.

주식 데이터를 챗GPT로 분석할 때, 프롬프트 엔지니어링은 매우 중요합니다. 명확하고 구체적인 질문을 던질수록 AI가 필요한 정보를 정확히 제공할 가능성이 높아집니다. 예를 들어, "2023년 애플의 월별 주식 변동을 분석하는 파이썬 코드를 작성해 줘"와 같이 구체적인 프롬프트를 입력하면, 챗GPT는 이에 맞는 정확한 코드를 생성하여 주식 분석에 도움을 줄 수 있습니다.

프롬프트 엔지니어링을 적절히 활용하면 복잡한 주식 분석 작업도 챗GPT를 통해 간단하고 직관적으로 수행할 수 있습니다. 이를 통해 사용자는 주식시장의 흐름을 효과적으로 파악하고, 투자 전략을 세우는 데 필요한 인사이트를 얻을 수 있습니다.

이 책에서는 주식 데이터를 다룰 때 가장 효율적인 프롬프트 엔지니어링 기법을 소개하여, 누구나 쉽게 주식 분석을 시작할 수 있도록 안내합니다.

1.3.3 일반적인 프롬프트 엔지니어링 기법들

AI와 효과적으로 소통하기 위해서는 프롬프트 엔지니어링 기법을 적절히 활용하는 것이 중요합니다. 특히 명확한 지시와 구체적인 정보 제공을 통해 AI가 정확한 답변을 생성하도록 유도할 수 있습니다. 다음은 다양한 상황에서 유용하게 사용할 수 있는 주요 프롬프트 엔지니어링 기법들입니다.

1) 명령하기

AI가 명확한 응답을 제공하도록 하기 위해 구체적인 동사와 명령어를 사용하여 지시합니다. 요청이 분명할수록 AI가 혼동하지 않고 정확한 답변을 줄 가능성이 높습니다. 한 번에 한 가지 명령만 전달하는 것이 좋습니다.

예시: "판다스를 사용해 'stock_data.csv' 파일을 분석해 줘"(구체적인 파일명과 사용 라이브러리를 명확히 제시)

2) 구체적인 맥락 제공하기

질문에 필요한 배경 정보를 포함해 AI가 답변의 맥락을 이해하도록 도와줍니다. AI는 상황이나 조건이 명확할수록 더 적절한 답변을 제공합니다.

예시: "2023년 데이터를 사용해 월별 평균 가격을 계산하고 싶어요. 'date' 컬럼을 기준으로 분석해 줘"

3) 역할 부여하기

AI에게 특정 역할을 부여하면, 그 역할에 맞는 정보나 관점에서 답변을 얻을 수 있습니다.

예시: "데이터 분석가의 입장에서 설명해 줘"(전문적이고 분석적인 답변 기대)

4) 예시 제공하기(Few-Shot Prompting)

AI가 요청을 정확히 이해하도록 관련 예시를 1~2개 제공하는 것은 효과적인 방법입니다. 이를 통해 AI는 패턴을 학습하고 유사한 방식으로 답변을 생성할 가능성이 높아집니다.

예시: "아래와 같은 형태로 요약해 줘", "아래와 같이 첫 번째 문단에서는 주식의 정의를 설명하고, 두 번째 문단에서는 주식 데이터의 활용 방안을 제시해 줘"

5) 대답 형식 지정하기

AI가 결과를 특정 형식으로 제시하도록 요청하면, 원하는 형태의 답변을 받을 수 있습니다.

예시: "결과를 표 형식으로 정리해 줘" 또는 "답변의 글자 수를 100자 이내로 작성해 줘."

6) 어조 구체화하기

답변의 어조와 표현 방식을 명확히 요청함으로써 AI를 원하는 분위기에 맞는 답변을 제공하게 할 수 있습니다.

예시: '간단명료하게 설명해 줘', '친근한 어조로 답변해 줘'

7) 계속 질문하기

원하는 답변이 나올 때까지 질문을 조정하거나 구체화하면서 반복 요청하는 방법도 유용합니다.

예시: "좀 더 자세히 설명해 줘", "다른 방식으로 설명해 줘"

이러한 프롬프트 엔지니어링 기법을 적절히 조합하면, AI와의 소통이 더욱 원활해지고 원하는 답변을 보다 정확하게 얻을 수 있습니다.

1.4 주식 데이터 분석에 효율적인 프롬프팅 기법

주식 데이터를 분석할 때, 효과적인 프롬프트 설계가 중요합니다. 프롬프팅 기법은 데이터의 특성과 분석 목표에 맞춰 조정해야 하며, 이는 주식 데이터와 같은 특정 도메인에서 더욱 중요합니다. 주식 데이터를 분석할 프롬프트를 설정하기 위해서는 분석할 대상(예: 삼성전자, 해외 주식)과 수행하려는 작업(예: 특정 함수나 메서드 활용)을 구체적으로 명시해야 합니다. 구체적인 프롬프트를 구성하면 AI가 더 정확하게 원하는 코드를 생성할 수 있습니다.

기본적인 프롬프트 예시는 다음과 같습니다.

> **프롬프트 구성**: "○○에 대한 ○○하는 파이썬 코드를 만들어줘."
> **예** 삼성전자 주식에 대해 주식 수익률 분포를 시각화하는 파이썬 코드를 만들어줘.

1) 단계별 추론하기(CoT 기법)

Chain-of-Thought(CoT) 프롬프팅 기법은 복잡한 문제를 여러 단계로 나누어 해결해 나가는 방식입니다. CoT 기법은 특히 분석할 과정이 여러 단계로 구성된 주식 데이터와 같은 복잡한 문제를 해결할 때 유용합니다. 문제를 단계별로 쪼개어 해결하면 한 번에 문제를 다루는 것보다 명확한 결과를 얻을 수 있습니다.

이 기법의 핵심은 하나의 큰 문제를 작은 단계들로 나누어 AI가 순차적으로 접근하도록 하는 것입니다. 주식 데이터 분석을 예로 들면, 데이터를 분석하는 코드를 한 번에 완성하려고 할 때 코드 작성이 복잡하고 어려워질 수 있습니다. 그러나 CoT 프롬프팅 기법을 적용하면 각 단계를 세분화하여 분석 과정을 차근차근 진행할 수 있기 때문에 접근이 훨씬 쉬워집니다. 각 단계에서의 목표와 작업을 분명히 정의하고, 체계적으로 문제를 풀어나가면서 분석의 정확성 또한 높아지게 됩니다.

CoT 기법은 AI에게 단계를 하나씩 해결하도록 유도하며, AI가 각 단계에서 제공하는 조언을 참고하여 다음 단계로 진행하게끔 설계되어 있습니다. 예를 들어, 단순히 "5% 증가한 가격이 얼마인가요?"라고 묻는 대신, "원래 가격이 100달러일 때, 5%가 증가한다면 총 가격은 얼마가 될까요?"라는 식으로 단계별 설명을 포함하여 AI에게 요청할 수 있습니다. 이 방식은 AI가 문제 해결 과정을 더 명확히 이해하고, 필요한 정보를 단계마다 더 정확히 제공하게 해 줍니다.

예를 들어, CoT 기반 주식 데이터 분석 프롬프트는 다음과 같이 구성할 수 있습니다.

> 삼성전자 주식에 대해 주식 수익률 분포를 시각화하는 하는 파이썬 코드를 코드를 작성하려고 해. 각 단계별로 나누어 진행하되 단계별로 항상 나에게 의견을 물어본 뒤 다음 단계를 진행해 줘.

주식 데이터 분석 시 위와 같은 CoT 프롬프트를 사용하면, AI가 단계를 차례로 수행하며 각 단계에서 피드백을 제공하고 다음 단계로 넘어가게 됩니다. 이러한 방식은 AI가 분석 작업을 더욱 체계적이고 정확하게 수행하며, 각 단계별로 오류가 발생할 경우에도 문제의 위치를 쉽게 파악할 수 있습니다.

결과적으로 CoT 기법을 적용하면 AI의 응답이 보다 논리적이고, 오류를 줄일 수 있고 각 단계마다 추가적인 피드백을 제공하게 되므로 분석의 정확도와 효율성을 높일 수 있습니다. 주식 데이터 분석 작업을 수행할 때 CoT 프롬프팅 기법을 사용해 "단계별로 나누어 진행하되, 의견을 물어본 후 다음 단계로 넘어가도록 해 줘"와 같은 문구를 프롬프트에 포함하면 AI가 단계적으로 접근하며 더욱 명확한 분석 결과를 제공합니다.

2) 구체적인 사항 제공하기

주식 데이터를 분석할 때, 챗GPT에게 "분석해 줘"라는 단순 요청보다는 문제를 세부적으로 나눠 요청하는 것이 훨씬 효과적입니다. 이 기법은 복잡한 문제를 작은 하위 문제로 쪼개어 해결하는 데 유용하며, 이를 통해 원하는 답변을 더 정확하게 얻을 수 있습니다.

다음은 일반 프롬프트 예시입니다.

> **일반 프롬프트**: 삼성전자 주식을 분석하는 파이썬 코드를 작성해 줘

위의 일반 프롬프트 대신에 다음과 같이 세부 조건을 포함해서 요청하는 방법이 더 좋은 결과를 얻는 데 도움이 됩니다.

> **세부 조건 나열 예시**
> - **실행 환경**: 단계별로 코드를 실행할 환경을 지정합니다.(예) "코랩에서 파이썬 코드를 실행할 예정입니다.")
> - **사용할 라이브러리**: 데이터 수집에 적합한 라이브러리를 지정합니다.(예) "finance-datareader 사용")
> - **사용 메서드**: 데이터를 불러오는 데 사용할 메서드를 명시합니다.(예) "DataReader 사용")
> - **분석 기간**: 원하는 분석 기간을 명시합니다.(예) "2024년 5월 26일 ~ 6월 26일")
> - **기타 조건**: 필요한 데이터만 필터링하여 가져오도록 합니다.(예) "컬럼 명만 추출")

앞의 내용과 같이 세부 항목을 구체적으로 제시하면 더 정확한 코드 작성이 가능합니다.

즉, 주식 데이터를 분석하는 코드에 대해 사용할 메서드, 기능, 분석 대상, 기간 등의 구체적인 정보를 나열하는 것이 좋습니다. 순서에 상관없이 이처럼 구체적인 정보만 제공해도, 코드가 정확하게 작성될 수 있습니다. 원하는 조건을 상세히 나열할수록, 답변의 정확도는 더욱 높아지며, 특히 세부 조건을 명시하는 경우 코드 실행 시 오류를 줄이고 더 정교한 분석이 가능합니다.

3) 주식 데이터 분석용 프롬프트 설계

본 책에서는 CoT와 구체적인 사항 제공하기 기법을 사용한 주식 데이터 분석에 맞춤형인 프롬프트 설계를 다음과 같이 만들었습니다.

> **프롬프트 설계**
>
> ○○에 대한 ○○하는 파이썬 코드를 코드를 작성하려고 해. 각 단계별로 나누어 진행하고 항상 나에게 의견을 물어본 뒤 다음 단계를 진행해 줘(CoT). 그리고 파이썬 코드 정보는 다음과 같아(구체적인 사항 제공하기).
>
> - 실행 환경 정보 (예) 단계별로 코랩에서 파이썬 코드를 실행할 거야)
> - 사용할 라이브러리(예) finance-datareader 라이브러리를 사용할 거야)
> - 사용 메서드(예) DataReader를 사용해 줘)
> - 기간(예) 2024년 5월 26일자 주식 현황을 알려줘)
> - 특정 조건(예) 주식 데이터를 불러온 후 컬럼 명만 추출해 줘)
> - 특정 조건(데이터의 컬럼 명은 Code, ISU_CD, Name, Market, Dept, Close, ChangeCode, Changes, ChangesRatio, Open, High, Low, Volume, Amount, Marcap, Stocks, MarketId야.)

실제 주식 데이터 분석 시 위의 프롬프트 양식에 ○○ 부분만 바꾸어 주면 됩니다.

1.5 파이썬

이 책에서는 파이썬이라는 프로그래밍 언어를 사용해 주식 데이터 분석을 시작합니다. 먼저, 파이썬의 기본 개념과 문법을 단계적으로 살펴보겠습니다.

1.5.1 파이썬 언어의 특징

파이썬은 초보자도 쉽게 배울 수 있는 프로그래밍 언어로, 1980년대 후반에 개발되어 현재 매우 널리 사용되고 있습니다. 파이썬의 특징은 다음과 같습니다.

1) 간결하고 읽기 쉬운 코드

파이썬은 직관적인 문법을 가지고 있어 코드를 쉽게 작성하고 이해할 수 있습니다. 예를 들어, 변수의 타입을 미리 지정하지 않아도 됩니다. 이는 코드를 빠르게 작성하고 수정하는 데 큰 도움이 됩니다.

2) 다양한 분야에서 사용 가능

파이썬은 웹 개발, 데이터 분석, 인공지능 등 여러 분야에서 활용됩니다. 한 번 배워두면 다양한 프로젝트에 활용할 수 있어 실용성이 높습니다.

3) 풍부한 라이브러리

파이썬에는 미리 작성된 코드 묶음인 라이브러리가 많아 복잡한 작업을 쉽게 할 수 있습니다. 예를 들어, 데이터 분석에는 Pandas와 NumPy 같은 라이브러리가 유용합니다.

4) 유연한 개발 환경

파이썬은 윈도우, 맥, 리눅스 등 다양한 운영체제에서 동일한 코드를 실행할 수 있습니다. 이 덕분에 어디서든 일관된 환경에서 작업할 수 있습니다.

5) 활발한 커뮤니티

파이썬은 개발자 커뮤니티가 매우 활발하여 온라인에서 많은 자료와 도움을 얻을 수 있습니다. 따라서 문제를 해결하기 쉽고, 학습 자료도 풍부합니다.

이러한 특징 덕분에 파이썬은 배우기 쉽고 실용적이며 강력한 기능을 제공하는 언어로 자리 잡았습니다.

1.5.2 파이썬 사용하기(구글 코랩 사용 방법)

코랩은 Google Colaboratory의 약자로, 별도의 프로그램 실행없이 웹 상에서 파이썬 코드를 작성하고 실행할 수 있는 클라우드 서비스입니다.

다음과 같은 코랩 페이지에 접속합니다. 구글 검색 창에 구글 코랩이라고 쳐도 됩니다. (https://colab.research.google.com/?hl=ko)

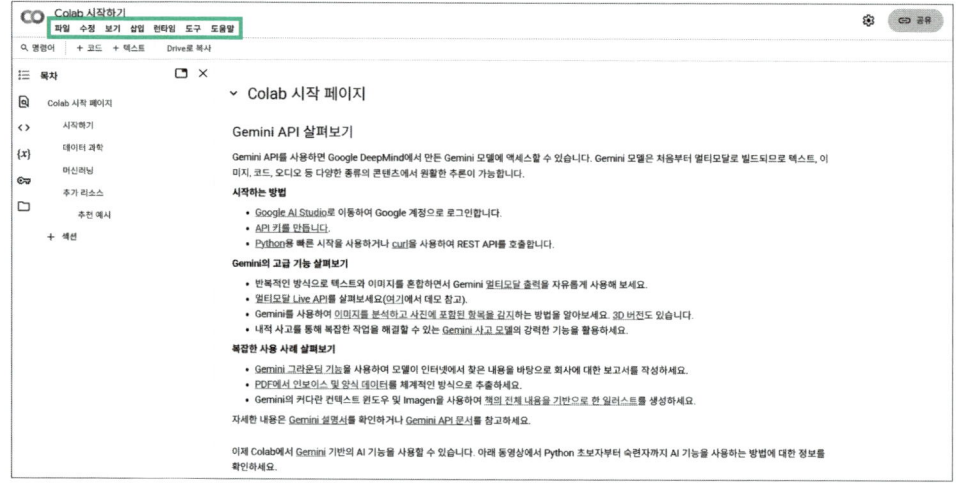

그림 1. 코랩 페이지(https://colab.research.google.com/?hl=ko)

우측 상단의 로그인 버튼을 클릭하여 구글 계정으로 로그인합니다.

그림 2. 코랩 로그인 버튼

로그인을 하였다면 메뉴에서 파일 > 새 노트북을 클릭합니다.

그림 3. 코랩 새 노트북 열기

새 노트가 열리면서 파이썬 코드를 입력할 수 있습니다.

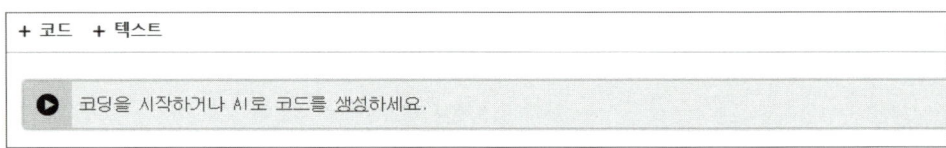

그림 4. 코랩 파이썬 코드 입력창

1.5.3 파이썬 핵심 문법

주식 데이터를 분석하기 전에 파이썬의 핵심 문법을 익혀보겠습니다.

출력문

파이썬에서 print() 함수는 화면에 텍스트나 데이터를 출력하는 가장 기본적인 방법입니다. print() 함수의 괄호 안에 원하는 내용을 넣으면 출력됩니다.

예를 들어, 화면에 "Hello, Python!"을 출력하고 싶다면 아래와 같이 코드를 작성합니다.

```
print("HelloPython!")
```

다음과 같이 출력됩니다.

그림 5. 출력문 출력 화면

변수

변수는 데이터를 저장하는 데 사용되는 이름표와 같은 역할을 합니다. 파이썬에서는 변수를 선언할 때 데이터 타입을 따로 지정하지 않아도 됩니다. 값이 할당되면 파이썬이 자동으로 타입을 인식하기 때문에 초보자도 쉽게 사용할 수 있습니다.

예를 들어, 나이를 나타내는 변수 age에 숫자 30을 저장하고 싶다면 다음과 같이 작성하면 됩니다.

```
age =30 #age라는 변수에 30을 저장합니다.
print(age) #변수를 출력합니다.
```

*변수는 데이터를 담는 상자와 같습니다.

데이터 타입: 문자열

문자열은 텍스트 데이터를 저장할 때 사용하는 데이터 타입입니다. 파이썬에서는 작은따옴표(' ')나 큰따옴표(" ")로 텍스트를 감싸서 문자열을 표현합니다.

예를 들어, 이름을 저장하는 변수 name에 "Jane"이라는 문자열을 저장하고 싶다면 다음과 같이 작성합니다.

```
name = "Jane"   # 문자열 변수 name에 "Jane"이라는 값을 할당합니다.
print(name)     # name 변수의 값을 출력합니다.
```

*문자열은 단어나 문장을 표현할 때 사용됩니다.

데이터 타입: 리스트

리스트는 여러 개의 값을 순서대로 저장할 때 사용하는 데이터 타입입니다. 리스트를 만들 때는 대괄호([]) 안에 값들을 쉼표로 구분하여 넣습니다. 리스트는 여러 데이터를 하나의 변수에 묶어 저장할 수 있어 편리합니다.

예를 들어, fruits라는 리스트에 여러 과일 이름을 저장하고 싶다면 다음과 같이 작성합니다.

```
fruits = ["apple", "banana", "cherry"]   # fruits라는 리스트(목록)를 정의합니다. 이 리스트는 세 가지 과일 이름을 포함하고 있습니다.
print(fruits)
```

*리스트는 여러 개의 요소를 한 번에 담을 수 있는 상자와 같다고 보면 됩니다.

데이터 타입: 튜플

튜플은 리스트처럼 여러 요소를 저장할 수 있는 데이터 타입이지만, 한 번 생성하면, 값을 변경할 수 없다는 특징이 있습니다. 즉, 튜플에 저장된 값은 수정이 불가능합니다. 튜플은 주로 변하지 않아야 하는 데이터를 저장할 때 사용합니다. 튜플을 만들 때는 괄호를 사용합니다.

예를 들어, colors라는 튜플에 색상 이름을 저장하고 싶다면 다음과 같이 작성합니다.

```
colors = ("yellow", "green", "blue")
```

*튜플은 한 번 정해지면 변경할 수 없는 리스트와 같습니다.

연산자

파이썬에서는 숫자를 계산하기 위해 다양한 수학 연산자를 사용할 수 있습니다.

- 더하기(+): 숫자를 더합니다.
- 빼기(-): 숫자를 뺍니다.
- 곱하기(*): 숫자를 곱합니다.
- 나누기(/): 숫자를 나눕니다.

예를 들어, 다음과 같이 간단한 연산을 수행할 수 있습니다.

```
sum = 7 + 3         # 덧셈
difference = 7 - 3  # 뺄셈
product = 7 * 3     # 곱셈
quotient = 7 / 3    # 나눗셈
```

*연산자는 숫자 데이터를 다룰 때 필수적인 도구로, 주식 데이터를 계산할 때도 자주 사용됩니다.

반복문

for 반복문을 사용하면 특정 코드를 여러 번 실행할 수 있습니다. 예를 들어, 0부터 4까지의 숫자를 순서대로 출력하고 싶다면 다음과 같이 작성합니다.

```python
for i in range(5):
    print(i)
```

*반복문은 같은 작업을 여러 번 수행할 때 유용하며, 데이터 목록을 순서대로 처리할 때도 사용됩니다.

위 코드는 i의 값이 0부터 4까지 순서대로 출력됩니다.

조건문

if 조건문을 사용하면 특정 조건이 참일 때만 코드를 실행할 수 있습니다. 예를 들어, 숫자가 10보다 큰지 검사하고 그 결과를 출력하려면 다음과 같이 작성합니다.

```python
number=12
if number >10:
    print("해당 숫자는 10보다 큽니다")
```

*조건문은 데이터의 상태에 따라 다르게 처리해야 할 때 활용됩니다. 예를 들어, 주식이 일정 수준 이상인지 확인할 때 사용할 수 있습니다.

함수

함수는 특정 작업을 하나로 묶어 반복 사용이 가능하게 만드는 코드 집합입니다. def 키워드를 사용하여 함수를 정의할 수 있습니다. 예를 들어, 두 숫자를 더하는 함수를 정의하려면 다음과 같이 작성합니다.

```python
def add(x,y):
    return x+y
```

*함수는 코드의 재사용성을 높여주기 때문에 데이터 분석과 같은 작업에서 특히 유용합니다.

이제 add() 함수를 호출하여 숫자를 더할 수 있습니다.

1.5.4 파이썬 패키지 사용법

파이썬 패키지를 사용해서 주어진 작업을 빠르고 효율적으로 해결할 수 있도록 도와줍니다. 이번에는 패키지의 개념, 장점, 설치 방법, 사용법에 대해 알아보겠습니다.

1) 파이썬 패키지란?

파이썬 패키지는 특정 작업을 수행하기 위해 미리 만들어진 코드들의 모음입니다. 패키지 안에는 다양한 함수와 모듈이 포함되어 있어 복잡한 작업도 쉽게 구현할 수 있습니다. 패키지를 사용하면 생산성을 높이고, 시간과 노력을 절약할 수 있습니다.

2) 패키지 사용의 장점

- **생산성 향상**: 복잡한 코드를 몇 줄로 단순하게 작성할 수 있습니다. 예를 들어, 그래프를 그리는 작업은 원래 복잡한 과정이지만, 데이터 시각화 도구인 Matplotlib 패키지를 사용하면 단 몇 줄의 코드만으로 멋진 그래프를 쉽게 만들 수 있습니다.
- **코드 재사용**: 검증된 코드로 오류를 줄이고 시간을 절약할 수 있습니다. 예를 들어, 인터넷에서 자료를 가져오는 기능을 직접 만들려면 복잡한 과정을 거쳐야 하지만, requests라는 패키지를 사용하면 아주 간단한 명령만으로 같은 일을 쉽게 처리할 수 있습니다.
- **보안성 향상**: 신뢰할 수 있는 패키지는 정기적으로 보안 패치가 제공되어 안전하게 사용할 수 있습니다.
- **호환성 유지**: 다양한 운영체제에서 동일하게 작동하여, 여러 시스템에서 사용할 수 있는 프로그램을 개발할 때 유용합니다.
- **기능 확장**: 원하는 패키지를 추가 설치하여 프로그램에 다양한 기능을 쉽게 추가할 수 있습니다. 예를 들어, Pandas 패키지를 사용하면 복잡한 데이터 분석 기능을 손쉽게 구현할 수 있습니다.

- **커뮤니티 지원**: 패키지 개발과 유지 보수를 위한 커뮤니티 지원을 받을 수 있으며, 지속적인 업데이트와 문제 해결 방안이 제공됩니다. 예를 들어, TensorFlow와 PyTorch 같은 패키지는 전 세계 개발자들의 지원을 받고 있습니다.

3) pip로 패키지 설치하기

pip는 파이썬 패키지를 설치하고 관리하는 표준 도구입니다. 패키지를 설치하려면 명령 프롬프트나 터미널에서 다음 명령어를 입력합니다.

```
pip install 패키지명
```

예를 들어, 수학 계산에 유용한 Numpy 패키지를 설치하려면 다음과 같이 입력합니다.

```
pip install numpy
```

4) 패키지 사용법

패키지를 설치한 후에는 import 문을 사용하여 해당 패키지를 파이썬 코드에서 불러올 수 있습니다. 예를 들어, Numpy 패키지를 불러올 때는 다음과 같이 작성합니다.

```
import numpy as np
```

이렇게 하면 np라는 이름으로 Numpy 패키지를 간단하게 사용할 수 있습니다.

1.5.5 판다스

1) 판다스의 개념

판다스(Pandas)는 파이썬에서 데이터를 효율적으로 다루고 분석하기 위해 사용하는 강력한 라이브러리입니다. 판다스를 사용하면 엑셀의 스프레드시트처럼 데이터를 정리하고, 다양한 방식으로 분석할 수 있습니다. 특히 데이터 정제, 변형, 필터링, 그룹화와 같은 작업을 빠르고 쉽게 수행할 수 있어, 데이터 분석에서 널리 활용됩니다. 또한 판다스는 통계 분석이나 그래프와 같은 고급 기능을 제공하여 주식 데이터의 추세를 파악하고, 이를 통해 의미 있는 금융 분석을 수행할 수 있습니다. 예를 들어, 판다스를 Matplotlib 같은 라이브러리와 함께 사용하면 주식 변동 추세를 시각화할 수 있습니다. 즉, HTS(Home Trading System)나 MTS(Mobile Trading System)에서 보는 주식 차트를 만들 수 있습니다. 이러한 기능 덕분에 판다스는 데이터를 더 깊이 이해하고 정보에 기반한 결정을 내리는 데 큰 도움이 됩니다.

2) 주식 데이터 분석에서 판다스의 쓰임

주식 데이터는 시간에 따라 변화하는 시계열 데이터로, 주기 별 시가, 종가, 고가, 저가와 같은 가격 데이터나 거래량 같은 정보를 포함하고 있습니다. 판다스를 사용하면 이러한 시계열 데이터를 효과적으로 다룰 수 있으며, 특정 조건을 설정하여 원하는 데이터를 추출하고 분석할 수 있습니다.

예를 들어, 다음과 같은 분석을 쉽게 할 수 있습니다.

- 특정 날짜의 주식 정보 조회
- 최고가와 최저가의 변동 추이 확인
- 거래량을 바탕으로 투자 전략 설정

판다스의 기능을 잘 활용하면 날짜 별로 수치가 계속 바뀌는 데이터를 더욱 효율적이고 정확하게 분석할 수 있어, 금융 데이터 분석에 특히 유용하게 쓰이고 있습니다.

1.5.6 판다스 시리즈

판다스 시리즈는 데이터 분석에서 아주 중요한 역할을 하는 자료형입니다. 쉽게 말하면, 리스트처럼 여러 데이터를 저장할 수 있는 구조이지만, 일반 리스트보다 더 많은 기능을 제공하여 데이터를 조작하고 분석하는 데 매우 유용합니다. 특히, 각 데이터에 '인덱스'가 붙어 있어 데이터를 쉽게 찾아내고 관리할 수 있습니다.

예를 들어, 주식 데이터를 가진 시리즈를 다음과 같이 생성할 수 있습니다.

```python
import pandas as pd

# 주식 데이터와 회사 이름으로 시리즈 생성
data =[100, 200, 300, 400]
index =['삼성전자', 'SK하이닉스', 'LG전자', '네이버']
series=pd.Series(data,index=index)
```

이 코드는 주식 리스트를 data에 저장하고, 각 회사 이름을 index에 할당하여 시리즈를 생성합니다. 이제 삼성전자, SK하이닉스, LG전자, 네이버 회사에 각각 주식이 매칭된 데이터를 손쉽게 다룰 수 있습니다.

1.5.6.1 판다스 시리즈 활용

판다스 시리즈는 데이터를 추가하거나 삭제하고, 기본 통계 정보를 확인하는 등 다양한 작업에 활용할 수 있습니다. 몇 가지 기본적인 활용 방법을 살펴보겠습니다.

1) **인덱스 변경**: 시리즈의 인덱스를 다른 값으로 변경할 수 있습니다. 예를 들어, 회사 이름을 영문 이름으로 바꾸려면 다음과 같이 합니다.

```python
# 인덱싱 변경
series.index = ['Samsung Electronics', 'SK hynix', 'LG Electronics', 'Naver']
print("인덱스 변경 후 시리즈:", series)
```

2) **데이터 추가**: Kakao라는 새로운 회사를 시리즈에 추가해 볼 수 있습니다.

```python
# 데이터 추가
series['Kakao']=500
print("데이터 추가 후 시리즈:", series)
```

3) **데이터 삭제**: 특정 데이터를 삭제할 수도 있습니다. 예를 들어, LG 데이터를 삭제한 새로운 시리즈를 만들려면 다음과 같이 작성합니다.

```python
# 'LG' 주식을 삭제한 새로운 시리즈 생성
new_series = series.drop('LG Electronics')
print("데이터 삭제 후 시리즈:", new_series)
```

4) **기본 정보 보기**: .describe() 메소드를 사용하면 시리즈의 기본 통계 정보를 확인할 수 있습니다. 평균, 최댓값, 최솟값 등의 정보를 한 번에 확인할 수 있습니다.

```python
# 시리즈에 대한 기본적인 통계 정보
description = series.describe()

# 결과 출력
print("데이터 통계:",description)
```

5) 통계값 구하기

주식 데이터 분석에서는 평균값, 최댓값, 최솟값 등을 확인하는 것이 중요합니다. 판다스 시리즈에서는 이러한 통계값을 간단한 메소드로 구할 수 있습니다.

```python
import pandas as pd
# 주어진 데이터와 인덱스로 시리즈 생성
data = [100, 200, 300, 400]
index = ['삼성전자', 'SK하이닉스', 'LG전자', '네이버']
series = pd.Series(data, index=index)
# 시리즈에 대한 기본적인 통계 정보 계산
mean_value = series.mean()    # 평균값
max_value = series.max()      # 최댓값
min_value = series.min()      # 최솟값
sum_value = series.sum()      # 합계
std_dev = series.std()        # 표준편차

# 결과 출력
print(f"평균값: {mean_value}")
print(f"최댓값: {max_value}")
print(f"최솟값: {min_value}")
print(f"합계: {sum_value}")
print(f"표준편차: {std_dev}")
```

1.5.7 판다스 데이터프레임

판다스 데이터프레임은 파이썬에서 가장 널리 사용되는 데이터 분석 도구인 판다스의 핵심 구성 요소입니다. 엑셀의 스프레드시트와 비슷하게, 행(row)과 열(column)로 구성되어 있어 데이터를 직관적으로 다룰 수 있습니다. 예를 들어, 주식 데이터프레임에서 각 열은 날짜, 시가, 고가, 저가, 종가, 거래량 등의 데이터 속성이나 변수를 나타내고, 각 행은 주식시장의 특정 날짜에 대한 실제 정보를 담습니다.

1.5.7.1. 판다스 데이터프레임 활용법

1) 판다스 불러오기

데이터프레임을 사용하려면 먼저 pandas 라이브러리를 불러와야 합니다. 다음과 같이 import pandas as pd 구문으로 불러옵니다.

```
import pandas as pd
```

이제 데이터프레임을 다양한 방식으로 생성할 수 있습니다. 주식 데이터를 분석할 때는 주로 CSV 파일을 불러와 데이터프레임으로 변환합니다.

2) 데이터프레임으로 데이터 읽기

CSV 파일 형식의 주식 데이터를 불러오려면 pd.read_csv() 함수를 사용합니다.

```
df = pd.read_csv('stock_data.csv')
```

3) 데이터프레임 살펴보기

데이터프레임의 처음 몇 행을 확인하려면 head() 함수를 사용합니다. 숫자를 따로 지정하지 않으면 기본적으로 처음 5행을 보여주며, head(n)처럼 n에 숫자를 입력하면 처음 n개의 행을 확인할 수 있습니다. 이를 통해 데이터의 구조를 빠르게 파악할 수 있습니다.

```
print(df.head())
```

4) 특정 열 선택하기

특정 열만 선택하여 데이터를 다룰 수 있습니다. 예를 들어, '종가' 열만 선택하고 싶다면 다음과 같이 작성합니다.

```
close_prices = df['종가']
```

5) 데이터 필터링

조건을 설정하여 필요한 데이터만 선택할 수 있습니다. 예를 들어, 종가가 50,000원 이상인 날만 필터링하려면 다음과 같이 작성합니다.

```
filtered_df = df[df['종가'] >= 50000]
```

6) 새로운 열 추가하기

계산 결과를 데이터프레임에 새로운 열로 추가할 수 있습니다. 예를 들어, '조정종가'라는 열을 추가하려면 다음과 같이 코딩합니다.

```
df['조정종가'] = df['종가'] * 0.95
```

7) 데이터프레임 생성하기

아래 예시에서는 사람 이름과 나이 데이터를 담은 데이터프레임을 생성합니다.

```
#데이터프레임 생성
data={'A':['영희', '철수', '진수', '엘리스', '규진'],
    'age':[46, 35, 20, 28, 24]}
```

8) 데이터프레임 수정하기: 열 이름 변경

데이터프레임의 열 이름을 더 이해하기 쉽게 바꾸려면 rename() 함수를 사용합니다. 아래 예시에서는 A 열을 name으로 변경합니다.

```
df = pd.DataFrame(data)
```

```
#데이터프레임 수정
df.rename(columns={'A':'name'}, inplace=True)
```

9) 데이터프레임 삭제하기: 열 삭제

데이터프레임에서 필요없는 열을 삭제할 때는 drop() 함수를 사용합니다. 예를 들어, age 열을 삭제하려면 다음과 같이 작성합니다.

```
#데이터프레임 삭제
df=df.drop(columns='age')
```

10) 통계 요약 보기

데이터의 기본 통계를 확인하려면 describe() 함수를 사용합니다. 평균값, 최댓값, 최솟값 등의 정보를 제공합니다.

```
print(df.describe())
```

판다스 데이터프레임을 활용하면 주식시장 데이터를 쉽고 직관적으로 분석할 수 있습니다. 데이터프레임의 강력한 기능을 사용하면 시장의 변동성을 파악하고, 거래 전략을 세우고, 리스크를 관리하는 데 필요한 분석을 수행할 수 있어 투자 결정을 더 효과적으로 내릴 수 있습니다.

1.6 주식 데이터 수집하기

이 장에서는 주식 데이터를 수집하는 다양한 방법과 주식 데이터 수집에 필요한 라이브러리를 소개합니다. 책에서는 주식 수집 라이브러리인 FinanceDataReader 의 사용법을 다룹니다.

1.6.1 주식 데이터 수집 라이브러리 소개

주식 데이터를 수집하는 방법은 유료 서비스와 무료 서비스로 나눌 수 있습니다.

유료 서비스

- 블룸버그 터미널: 금융 전문가들이 사용하는 서비스로, 실시간 데이터와 심층 분석 기능을 제공합니다.
- 리피니티브 Eikon(Refinitiv Eikon): 실시간 금융 데이터를 제공하며, 글로벌 시장 분석에 강점이 있습니다.
- FactSet: 종합적인 금융 데이터와 분석 도구를 제공해 복잡한 투자 분석에 유용합니다.
- S&P Capital IQ: 기업 정보와 재무 데이터를 제공하며, 기업 가치 평가에 자주 사용됩니다.

무료 서비스

- Yahoo Finance: 무료로 주식 데이터를 제공하며, 사용이 간편하고 직관적인 인터페이스를 갖추고 있습니다.
- Google Finance: 실시간 주식 데이터와 기본 재무 정보를 제공합니다.
- FinanceDataReader: 파이썬을 통해 다양한 출처에서 데이터를 가져올 수 있는 라이브러리입니다. 국내외 주식 데이터를 포함하여 주식, 환율, 지수 등의 데이터를 수집할 수 있어, 주식 데이터 분석에 매우 유용합니다.
- 증권사 API: 키움증권, LS증권, 대신증권, 한국투자증권 등 일부 증권사에서 주식 및 금융 데이터를 제공하거나 트레이딩을 자동화하기 위한 프로그래밍 인터페이스를 제공합니다. 종목별 분봉 데이터 등 디테일한 정보를 얻을 수 있습니다.

FinanceDataReader는 설치가 간편하고, 간단한 코드만으로 국내외 다양한 금융 데이터를 무료로 쉽게 수집할 수 있어 분석에 매우 유용합니다. 따라서 이 책에서는 FinanceDataReader를 사용하여 주식 데이터를 수집하고 분석을 진행합니다.

1.6.2 FinanceDataReader 라이브러리 소개

FinanceDataReader는 파이썬으로 주식, 환율, 지수 등의 금융 데이터를 쉽게 가져올 수 있는 라이브러리입니다. 다양한 출처에서 데이터를 빠르게 수집할 수 있어 금융 데이터 분석에 매우 유용합니다.

FinanceDataReader 사용 방법

1) 패키지 설치하기

pip 명령어를 사용하여 FinanceDataReader를 설치합니다.

```python
# pip 명령어를 사용하여 FinanceDataReader 패키지를 설치합니다.
!pip install finance-datareader
```

2) 라이브러리 불러오기

설치 후, 라이브러리를 불러옵니다.

```python
# 설치된 라이브러리를 사용하기 위해 import 합니다.
import FinanceDataReader as fdr
```

3) 특정 주식 데이터 가져오기

예를 들어, 삼성전자('005930')의 최근 5년간 주식 데이터를 가져오려면 다음과 같이 작성합니다.

```python
# 삼성전자('005930')의 최근 5년간 주식 데이터를 불러옵니다.
df = fdr.DataReader('005930', start='2020-01-01')
print(df.head())
```

참고 FinanceDataReader로 가져올 수 있는 주요 데이터 종류

데이터 종류	내용
주식 가격	국내외 주식의 일별, 주별, 월별 가격 데이터
종목 코드	주식 종목을 고유하게 식별하기 위한 숫자나 문자로 이루어진 코드 (삼성전자 : 005930) 미국 주식의 경우 종목을 고유하게 식별하기 위해 티커를 사용(애플 : AAPL)
지수	코스피, 코스닥, 다우지수, S&P500 등 주요 시장 지수
환율	주요 국가 간의 환율 데이터
암호화폐 가격	비트코인, 이더리움 등 주요 암호화폐의 가격 데이터
상품 가격	금, 원유 등 주요 상품의 가격 데이터
고정 수익률	국채, 회사채 등 고정 수익률 증권의 가격 데이터
ETF 가격	국내외 주요 ETF의 가격 데이터
FRED 데이터	미국 경제 연구를 위한 다양한 시계열 데이터
이자율	주요 국가의 기준 이자율 데이터
경제 지표	소비자 가격 지수(CPI), 실업률 등 경제 관련 지표

표 1. FinanceDataReader 라이브러리를 사용하여 수집할 수 있는 데이터의 종류

1.6.3 FinanceDataReader의 각 컬럼 소개

FinanceDataReader로 수집한 주식 데이터는 여러 컬럼으로 구성되어 있으며, 각 컬럼은 주식의 중요한 정보를 제공합니다. 다음은 주요 컬럼과 그 설명입니다.

컬럼명	설명
Code	주식의 고유 번호(종목 코드)
ISU_CD	국제 주식 코드(ISIN 코드)
Name	회사 이름 (예 삼성전자, 현대자동차)
Market	주식이 거래되는 시장 이름 (코스피, 코스닥 등)
Dept	금융 상품이 속한 세부 시장
Close	하루 거래가 끝났을 때의 종가
ChangeCode	주식의 변동 방향 (상승, 하락, 변동 없음)

Changes	전날 대비 주식 변동폭
ChangesRatio	전날 대비 주식 변동률(%)
Open	하루 거래가 시작될 때의 가격(시가)
High	하루 중 가장 높은 거래 가격(고가)
Low	하루 중 가장 낮은 거래 가격(저가)
Volume	하루 동안 거래된 주식 총량(거래량)
Amount	하루 동안 거래된 총 금액(거래 대금)
Marcap	시가총액 (발행 주식 수 × 현재 주식)
Stocks	발행된 총 주식 수
MarketId	주식이 속한 시장을 구분하는 고유 ID

표 2. FinanceDataReader 주가 데이터 컬럼 설명

1.6.4 FinanceDataReader로 삼성전자 주식 수집하기

FinanceDataReader 라이브러리를 사용해 삼성전자 주식 데이터를 수집하는 파이썬 코드를 작성해 보겠습니다. 코드는 단계별로 작성하며, 각 단계에서 필요한 설정을 확인하면서 진행합니다. 여기서는 구글 코랩에서 코드를 실행하는 것을 기준으로 설명합니다.

FinanceDataReader로 삼성전자 주식을 수집하는 코드를 추출하는 프롬프트는 다음과 같습니다.

> **프롬프트 설계**
>
> 나는 삼성전자 주식을 수집하는 파이썬 코드를 작성하려고 해. 각 단계별로 나누어 진행하되 단계별로 항상 나에게 의견을 물어본 뒤 다음 단계를 진행해 줘. 그리고 파이썬 코드 정보는 다음과 같아.
> - 단계별로 코랩에서 파이썬 코드를 실행할 거야.
> - finance-datareader 라이브러리를 사용할 거야.
> - 날짜는 2021년 1월 1일부터 오늘까지로 수집하고 엑셀로 저장해 줘.
> - 코드는 최대한 심플하게 작성해 줘.
> - 파이썬 초보자도 알 수 있는 한글 주석을 달아 줘.

> **주의**: 챗GPT가 생성하는 답변은 동일한 질문에도 조금씩 다른 답변을 생성할 수 있습니다. 따라서 코드가 다소 다를 수 있지만, 각 단계에서 코드를 구글 코랩에서 실행해 보면서 확인하면 무리 없이 따라갈 수 있습니다.

1) FinanceDataReader 설치 및 불러오기

코랩에서는 라이브러리를 설치한 후, 데이터를 수집할 수 있습니다. 첫 번째 단계로 FinanceDataReader 라이브러리를 설치하고 불러옵니다.

 좋아요! 삼성전자 주식을 수집하고 엑셀로 저장하는 파이썬 코드를 단계별로 진행하겠습니다. 첫 번째 단계는 'FinanceDataReader' 라이브러리를 설치하고 사용하는 방법을 안내하는 것입니다. 이 단계에서 의견을 물어본 후, 다음 단계로 넘어가겠습니다.

1단계: 'FinanceDataReader' 라이브러리 설치 및 불러오기

먼저, 삼성전자 주식 데이터를 수집하기 위해 필요한 'FinanceDataReader' 라이브러리를 설치하고, 이를 파이썬 코드에서 사용할 수 있도록 불러옵니다.

파이썬 코드:

```python
# FinanceDataReader 라이브러리를 설치합니다.
!pip install finance-datareader

# FinanceDataReader 라이브러리를 불러옵니다.
import FinanceDataReader as fdr
```

다음 단계 진행 여부:
- 이 코드에 대해 이해가 되셨나요?
- 다음 단계로 넘어가도 될까요?

이 단계에 대해 의견을 주시면 다음 단계로 진행하겠습니다.

챗GPT의 1단계 답변

챗GPT의 답변에서 코드 복사를 눌러서 각 코드를 구글 코랩에 붙여 넣고 실행해 봅니다.

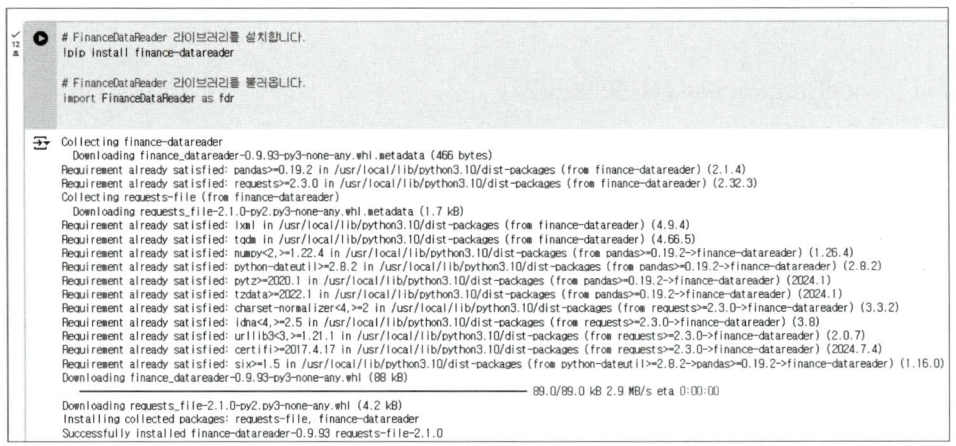

그림 6. 코랩 실행 화면

위와 같이 챗GPT가 각 단계마다 출력하는 코드를 코랩에 붙여 넣고 실행해 보면서 각 분석 단계별로 코드가 오류 없이 정확하게 출력되는지 확인합니다. 오류 없이 출력이 된다면 다음 단계로 넘어갑니다.

2) 데이터 수집

주식 데이터의 시작과 종료 날짜를 설정한 후, 삼성전자의 주식 데이터를 수집합니다. 이 예시에서는 2021년 1월 1일부터 2024년 9월 3일까지의 데이터를 가져옵니다.

 좋습니다! 이제 다음 단계로 넘어가겠습니다.

2단계: 삼성전자 주식 데이터 수집

이 단계에서는 'FinanceDataReader'를 사용하여 삼성전자 주식 데이터를 수집하는 방법을 다룹니다. 여기서는 2021년 1월 1일부터 오늘까지의 데이터를 가져옵니다.

파이썬 코드:

```python
# 시작 날짜와 종료 날짜를 지정합니다.
start_date = '2021-01-01'
end_date = '2024-09-03'  # 오늘 날짜를 사용하거나, 코드 실행 시 동적으로 오늘 날짜를 사용할 수 있습니다.

# 삼성전자 주식 데이터를 수집합니다. 삼성전자의 종목 코드는 '005930'입니다.
samsung_data = fdr.DataReader('005930', start_date, end_date)

# 수집된 데이터의 일부를 출력해봅니다.
print(samsung_data.head())
```

다음 단계 진행 여부:

- 이 코드에 대해 이해가 되셨나요?
- 삼성전자 주식 데이터를 잘 수집했는지 확인 후, 다음 단계로 넘어가도 될까요?

의견을 주시면 다음 단계로 진행하겠습니다.

챗GPT의 2단계 답변

3) 데이터 저장

수집한 삼성전자 주식 데이터를 엑셀 파일로 저장합니다. to_excel() 메서드를 사용하여 samsung_stock_data.xlsx 이름으로 파일을 생성하고 저장이 완료되었는지 확인합니다.

```
[2]  # 시작 날짜와 종료 날짜를 지정합니다.
     start_date = '2021-01-01'
     end_date = '2024-09-03'  # 오늘 날짜를 사용하거나, 코드 실행 시 동적으로 오늘 날짜를 사용할 수 있습니다.

     # 삼성전자 주가 데이터를 수집합니다. 삼성전자의 종목 코드는 '005930'입니다.
     samsung_data = fdr.DataReader('005930', start_date, end_date)

     # 수집된 데이터의 일부를 출력해봅니다.
     print(samsung_data.head())

              Open   High    Low  Close    Volume    Change
     Date
     2021-01-04  81000  84400  80200  83000  38655276  0.024691
     2021-01-05  81600  83900  81600  83900  35335669  0.010843
     2021-01-06  83300  84500  82100  82200  42089013 -0.020262
     2021-01-07  82800  84200  82700  82900  32644642  0.008516
     2021-01-08  83300  90000  83000  88800  59013307  0.071170
```

그림 7. 코랩 실행 화면

좋습니다! 다음 단계로 진행하겠습니다.

3단계: 수집한 데이터를 엑셀 파일로 저장하기

이제 수집한 주식 데이터를 엑셀 파일로 저장하는 코드를 작성하겠습니다.

```
# 수집한 삼성전자 주식 데이터를 엑셀 파일로 저장합니다.
file_name = 'samsung_stock_data.xlsx'  # 저장할 엑셀 파일 이름

# pandas의 to_excel() 메서드를 사용하여 엑셀 파일로 저장합니다.
samsung_data.to_excel(file_name)

# 파일이 정상적으로 저장되었는지 확인하는 메시지 출력
print(f"파일이 '{file_name}' 이름으로 저장되었습니다.")
```

이 코드는 수집한 주식 데이터를 'samsung_stock_data.xlsx'라는 이름으로 엑셀 파일로 저장합니다. 저장이 완료되면 확인 메시지를 출력합니다.

이 단계가 괜찮다면, 마지막으로 코드를 한 번에 실행할 수 있도록 전체 코드를 종합해드리겠습니다. 진행해도 될까요?

챗GPT의 3단계 답변

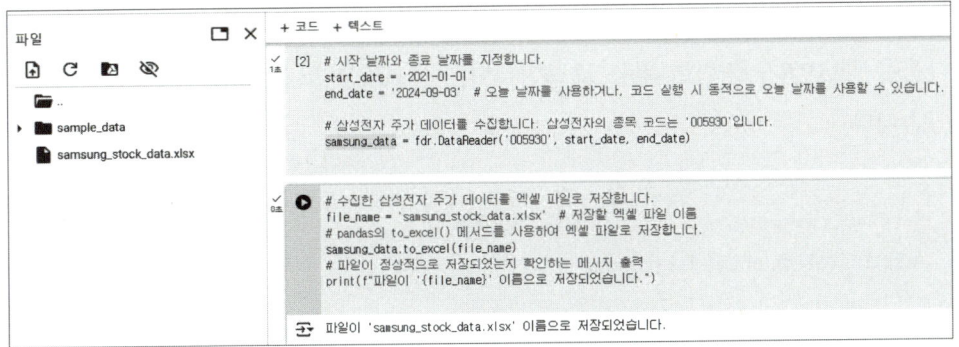

그림 8. 코랩 실행 화면

	A	B	C	D	E	F	G
1	Date	Open	High	Low	Close	Volume	Change
2	2021-01-04 00:00:00	81000	84400	80200	83000	38655276	0.024691
3	2021-01-05 00:00:00	81600	83900	81600	83900	35335669	0.010843
4	2021-01-06 00:00:00	83300	84500	82100	82200	42089013	-0.02026
5	2021-01-07 00:00:00	82800	84200	82700	82900	32644642	0.008516
6	2021-01-08 00:00:00	83300	90000	83000	88800	59013307	0.07117
7	2021-01-11 00:00:00	90000	96800	89500	91000	90306177	0.024775
8	2021-01-12 00:00:00	90300	91400	87800	90600	48682416	-0.0044
9	2021-01-13 00:00:00	89800	91200	89100	89700	36068848	-0.00993
10	2021-01-14 00:00:00	88700	90000	88700	89700	26393970	0
11	2021-01-15 00:00:00	89800	91800	88000	88000	33431809	-0.01895
12	2021-01-18 00:00:00	86600	87300	84100	85000	43227951	-0.03409
13	2021-01-19 00:00:00	84500	88000	83600	87000	39895044	0.023529
14	2021-01-20 00:00:00	89000	89000	86500	87200	25211127	0.002299
15	2021-01-21 00:00:00	87500	88600	86500	88100	25318011	0.010321
16	2021-01-22 00:00:00	89000	89700	86800	86800	30861661	-0.01476
17	2021-01-25 00:00:00	87000	89900	86300	89400	27258534	0.029954
18	2021-01-26 00:00:00	88800	89200	86500	86700	33178936	-0.0302
19	2021-01-27 00:00:00	86600	87700	85600	85600	26423070	-0.01269
20	2021-01-28 00:00:00	83200	85600	83200	83700	31859808	-0.0222

그림 9. 수집된 주식 데이터 파일(samsung_stock_data.xlsx)

위와 같이 챗GPT가 단계적으로 답변한 것을 코랩에서 하나씩 실행합니다. 코랩 파일에서 주식 데이터 파일이 생성되었다는 것을 확인할 수 있습니다.

Google Colab 실행용 최종 코드

다음은 챗GPT가 출력한 최종 코드입니다. 이 코드를 코랩에 복사하여 실행할 수 있습니다.

```python
# FinanceDataReader 라이브러리를 설치합니다.
!pip install finance-datareader
# FinanceDataReader 라이브러리를 불러옵니다.
import FinanceDataReader as fdr
# 시작 날짜와 종료 날짜를 지정합니다.
start_date = '2021-01-01'
end_date = '2024-09-03'  # 오늘 날짜를 사용하거나, 코드 실행 시 동적으로 오늘 날짜를 사용할 수 있습니다.
# 삼성전자 주식 데이터를 수집합니다. 삼성전자의 종목 코드는 '005930'입니다.
samsung_data = fdr.DataReader('005930', start_date, end_date)
# 수집한 삼성전자 주식 데이터를 엑셀 파일로 저장합니다.
file_name = 'samsung_stock_data.xlsx'  # 저장할 엑셀 파일 이름
# pandas의 to_excel() 메서드를 사용하여 엑셀 파일로 저장합니다.
samsung_data.to_excel(file_name)
# 파일이 정상적으로 저장되었는지 확인하는 메시지 출력
print(f"파일이 '{file_name}' 이름으로 저장되었습니다.")
```

> **참고** 오류 발생 시 해결 방법
>
> 코드를 실행하다가 오류가 발생하면, 오류 메시지와 해당 코드를 챗GPT에 전달하여 수정 방법을 문의할 수 있습니다. 챗GPT는 오류를 분석하고 적절한 해결 방법을 제시해 줍니다.

"# FinanceDataReader 라이브러리를 설치합니다.
!pip install financedatareader
# FinanceDataReader 라이브러리를 불러옵니다.
import FinanceDataReader as fdr # 이 코드를 입력하니 아래 오류가 났어.
"ERROR: Could not find a version that satisfies the requirement financedatareader (from versions: none)
…중략…
To view examples of installing some common dependencies, click the "Open Examples" button below. 이 오류 수정해 줄래?"

오류 코드에 대한 수정 요청 프롬프트 예시

해당 오류는 'finance-datareader' 패키지 이름을 잘못 입력해서 발생한 문제입니다. 올바른 패키지 이름은 'FinanceDataReader'입니다. 아래와 같이 코드를 수정해 주세요.

FinanceDataReader 라이브러리를 설치합니다.
!pip install FinanceDataReader

# pandas 라이브러리와 FinanceDataReader 라이브러리를 임포트합니다.
import pandas as pd
import FinanceDataReader as fdr

이 코드를 실행하면 오류 없이 라이브러리를 설치하고 불러올 수 있을 것입니다. 한 번 더 시도해 보시고, 문제가 해결되었는지 알려주세요.

오류 코드에 대한 수정 답변 예시

1.7 주식 데이터 시각화

주식 데이터 시각화란, 복잡한 숫자 정보를 그래프로 표현하여 쉽게 이해할 수 있도록 도와줍니다. Matplotlib 같은 라이브러리를 활용하면 주식의 종가, 거래량, 수익률, 양봉·음봉 등을 직관적으로 파악할 수 있습니다. 주식 가격의 변동을 선 그래프로 나타내거나, 수익률 분포를 히스토그램으로 분석하면 시장 흐름과 변동성을 한눈에 확인할 수 있습니다. 또한, 양봉과 음봉을 빨간색과 파란색으로 구분하여 표시하면 주식의 상승과 하락 패턴을 더욱 쉽게 파악할 수 있습니다. 이제 다양한 시각화 기법을 활용하여 주식 데이터를 효과적으로 분석하는 방법을 알아보겠습니다.

1.7.1 Matplotlib를 사용한 시각화 기법

Matplotlib는 파이썬에서 가장 널리 사용되는 시각화 라이브러리로, 데이터를 시각적으로 표현하는 데 탁월한 도구입니다. 복잡한 숫자나 정보를 시각적으로 이해하기 쉽게 변환하며, 꺾은선 그래프, 막대 그래프, 산점도 등 다양한 그래프를 쉽게 그릴 수 있도록 도와줍니다. 예를 들어, 주식 데이터를 분석할 때 Matplotlib를 사용하면 시간에 따른 주식 변동을 차트로 시각화할 수 있어 상승과 하락의 패턴을 쉽게 파악할 수 있습니다. 이를 통해 주식의 흐름을 직관적으로 이해하는데 큰 도움이 됩니다.

삼성전자 주식 차트 시각화 실습

Matplotlib 라이브러리를 사용해 삼성전자 주식 데이터의 추이를 시각화하는 파이썬 코드를 작성해 보겠습니다. 파이썬 코드를 만들기 위한 프롬프트는 다음과 같습니다.

프롬프트 설계

나는 삼성전자 주식의 종가를 시각화하는 파이썬 코드를 작성하려고 해. 각 단계별로 나누어 진행하되 단계별로 항상 나에게 의견을 물어본 뒤 다음 단계를 진행해 줘. 파이썬 코드 정보는 다음과 같아.

- 단계별로 코랩에서 파이썬 코드를 실행할 거야.
- finance-datareader와 matplotlib 라이브러리 설치한 후 사용해 줘.
- DataReader 메서드를 사용해 줘.
- 날짜는 2021년 1월 1일부터 2024년 7월 31일까지로 해 줘.
- 코드는 최대한 심플하게 작성해 줘.
- 파이썬 초보자도 쉽게 알 수 있게끔 주석을 달아 줘.
- 그래프 라벨은 데이터와 동일한 영어 변수로 해 줘.

1단계 코드가 출력되면 구글 코랩에 코드를 복사 후 붙여넣기한 후 실행을 해봅니다. 실행 후 오류가 없다면 다음 단계로 넘어갑니다.

 좋습니다! 단계별로 진행하면서 의견을 묻고 코드 작성을 도와드리겠습니다. 먼저 첫 번째 단계로, 필요한 라이브러리를 설치하고 데이터를 불러오는 부분을 작성해보겠습니다.

1단계: 라이브러리 설치 및 데이터 불러오기

먼저, 'FinanceDataReader'와 'matplotlib' 라이브러리를 설치한 후, 'FinanceDataReader'를 사용하여 삼성전자의 주식 데이터를 불러오겠습니다. 코드를 실행하기 전에 이 단계가 괜찮은지 확인 부탁드립니다.

```
# 필요한 라이브러리 설치
!pip install finance-datareader
!pip install matplotlib

# FinanceDataReader와 matplotlib 라이브러리 불러오기
import FinanceDataReader as fdr
import matplotlib.pyplot as plt
```

```
# 삼성전자 주식 데이터를 불러오기 (2021년 1월 1일부터 2024년 7월 31일까지)
# Ticker '005930'는 삼성전자의 종목 코드입니다.
df = fdr.DataReader('005930', '2021-01-01', '2024-07-31')

# 데이터의 상위 5개 행을 출력하여 확인
print(df.head())
```

이 코드를 실행해보시겠어요? 이대로 괜찮다면 다음 단계로 넘어가겠습니다.

> 네, 넘어가 주세요.

챗GPT의 1단계 답변

좋습니다! 첫 번째 단계를 실행하고, 데이터가 제대로 불러와졌다면 이제 두 번째 단계로 넘어가겠습니다.

2단계: 데이터 시각화

이제 불러온 삼성전자 주식 데이터를 시각화해보겠습니다. 'matplotlib' 라이브러리를 사용하여 종가(Close)를 시각화할 예정입니다.

아래 코드를 확인해보시고, 괜찮으시면 실행 후 피드백을 주세요.

```
# 그래프 크기를 설정
plt.figure(figsize=(14, 7))

# 종가(Close) 데이터를 그래프로 시각화
plt.plot(df['Close'])

# 그래프의 제목과 라벨 설정
plt.title('Samsung Electronics Closing Price')
plt.xlabel('Date')
plt.ylabel('Close')
```

> # 그래프를 화면에 표시
> plt.show()

이 단계에서 추가하고 싶은 사항이나 수정할 점이 있으면 말씀해 주세요!

없습니다.

 좋습니다! 그럼 두 번째 단계까지 완료하셨습니다. 이제 그래프가 제대로 표시되었는지 확인하셨다면, 추가적으로 더 필요한 작업이 있거나 다른 분석을 진행하고 싶으신 부분이 있는지 말씀해 주세요. 그렇지 않다면 이 단계에서 작업을 마무리할 수 있습니다.

챗GPT의 2단계 답변

2단계 코드가 코랩에서 실행된다면 다음과 같은 출력 결과가 나옵니다.

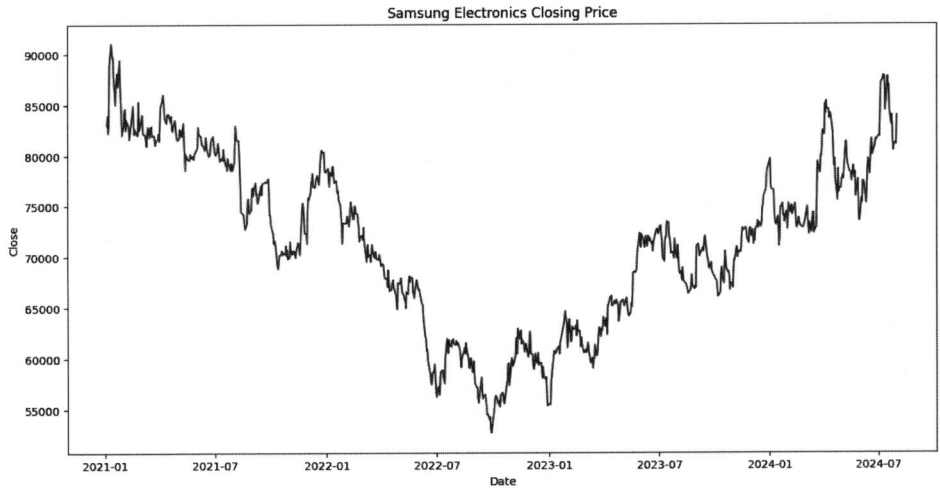

그림 10. 데이터 시각화 결과

Google Colab 실행용 최종 코드

다음 코드는 삼성전자의 주식 데이터를 가져와 시각화하는 코드입니다. 먼저, FinanceDataReader 라이브러리를 사용해 삼성전자의 2021년 1월부터 2024년 6월까지의 주식 데이터를 불러옵니다. 그다음 matplotlib를 활용해 주식의 종가(Close) 변화를 꺾은선 그래프로 표시하여, 시간에 따른 주식의 변동 흐름을 직관적으로 확인할 수 있도록 합니다. 그래프에는 보기 쉽게 제목, 축 라벨, 그리고 날짜 형식을 설정하여 가독성을 높였습니다. 전체적으로 간단하고 명확하게 주식 데이터를 분석하고 시각화하는 구조로 되어 있습니다.

```
# 필요한 라이브러리 설치
!pip install finance-datareader
!pip install matplotlib

# FinanceDataReader와 matplotlib 라이브러리 불러오기
import FinanceDataReader as fdr
import matplotlib.pyplot as plt
# 삼성전자 주식 데이터를 불러오기 (2021년 1월 1일부터 2024년 7월 31일까지)
# Ticker '005930'는 삼성전자의 종목 코드입니다.
df = fdr.DataReader('005930', '2021-01-01', '2024-07-31')

# 데이터의 상위 5개 행을 출력하여 확인
print(df.head())

# 그래프 크기를 설정
plt.figure(figsize=(14, 7))

# 종가(Close) 데이터를 그래프로 시각화
plt.plot(df['Close'])

# 그래프의 제목과 라벨 설정
plt.title('Samsung Electronics Closing Price')
plt.xlabel('Date')
plt.ylabel('Close')
```

```
# 그래프를 화면에 표시
plt.show()
```

> **참고**
>
> '영어 라벨(그래프 설명)'이 아닌 한글 라벨을 원하실 경우, 다음과 같이 한글용 프롬프트를 사용하셔도 됩니다.
>
> 나는 삼성전자 주식의 종가를 시각화하는 파이썬 코드를 작성하려고 해. 각 단계별로 나누어 진행하되 단계별로 항상 나에게 의견을 물어본 뒤 다음 단계를 진행해 줘. 파이썬 코드 정보는 다음과 같아.
>
> - 단계별로 코랩에서 파이썬 코드를 실행할 거야.
> - finance-datareader와 matplotlib 라이브러리 설치 후 사용해 줘.
> - DataReader 메서드를 사용해 줘.
> - 날짜는 2021년 1월 1일부터 2024년 7월 31일까지로 해 줘.
> - 코드는 최대한 심플하게 작성해 줘.
> - 파이썬 초보자도 쉽게 알 수 있게끔 주석을 달아 줘.
> - 그래프에서 한글이 깨지지 않도록 하기 위해 다음 명령어도 포함해 줘.
>   !sudo apt-get install -y fonts-nanum
>   !sudo fc-cache -fv
>   !rm ~/.cache/matplotlib -rf

1.7.2 종가, 거래량 시각화

종가와 거래량은 주식 데이터 분석에서 매우 중요한 요소입니다. 종가는 하루 동안의 주식 거래가 끝날 때의 마감 가격을 의미하며, 주식 변동을 한눈에 파악할 수 있는 중요한 지표입니다. 거래량은 하루 동안 거래된 주식의 수를 나타내며, 주식의 활동성을 보여줍니다. 많은 거래량은 그 주식에 대한 관심이 높다는 것을 의미합니다.

종가와 거래량을 시각화하면 주식의 가격 변동과 거래 활발도를 쉽게 파악할 수 있습니다. 예를 들어, 삼성전자의 주식 데이터를 분석할 때 종가와 거래량을 그래프로 나타내면, 주식이 언제 거래가 활발했는지 언제 가격이 상승하거나 하락했는지를 한눈에 확인할 수 있습니다. 이러한 시각화 그래프를 통해 주식의 패턴을 파악하고 더 나은 투자 결정을 내리는 데 유용하게 활용할 수 있습니다.

삼성전자 종가 및 거래량 시각화 실습

matplotlib를 사용해 삼성전자 주식 데이터의 종가와 거래량을 시각화하는 파이썬 코드를 작성해 보겠습니다. 파이썬 코드를 만들기 위한 프롬프트는 다음과 같습니다.

> **프롬프트 설계**
>
> 삼성전자 주식의 종가와 거래량을 시각화하는 파이썬 코드를 작성하려고 해. 각 단계별로 나누어 진행하되 단계별로 항상 나에게 의견을 물어본 뒤 다음 단계를 진행해 줘. 그리고 파이썬 코드 정보는 다음과 같아.
>
> - 단계별로 코랩에서 파이썬 코드를 실행할 거야.
> - finance-datareader와 matplotlib 설치한 후 사용해 줘.
> - DataReader 메서드를 사용해 줘.
> - 기간은 2023년 1월을 대상으로 해 줘.
> - 파이썬 초보자도 쉽게 알 수 있게끔 주석을 달아 줘.
> - 그래프 라벨은 데이터와 동일한 영어 변수로 해 줘.

 좋아요! 각 단계를 하나씩 진행하면서 의견을 물어보겠습니다. 시작하기 전에 첫 번째 단계는 finance-datareader와 matplotlib 라이브러리 설치를 위한 코드를 준비하는 것입니다. 이를 실행한 후 다음 단계로 넘어가면 됩니다.

1단계: finance-datareader와 matplotlib 라이브러리 설치

다음 코드를 코랩에서 실행해 주세요.

```
# 코랩에서 finance-datareader와 matplotlib 설치
!pip install finance-datareader
!pip install matplotlib
```

이 코드를 실행한 후 설치가 완료되면 알려주세요.

네

챗GPT의 1단계 답변

좋습니다! 그럼 다음 단계로 넘어가겠습니다.

2단계: FinanceDataReader 라이브러리를 사용하여 삼성전자의 2023년 1월 데이터를 불러오는 코드입니다. 이번 단계에서는 데이터를 불러오는 방법에 대해 작업할 거예요.

아래 코드를 코랩에서 실행해 보세요.

```python
# 필요한 라이브러리 불러오기
import FinanceDataReader as fdr
import matplotlib.pyplot as plt
from datetime import datetime

# 삼성전자 주식 데이터 불러오기 (기간: 2023년 1월 1일 ~ 1월 31일)
start_date = '2023-01-01'   # 시작 날짜
end_date = '2023-01-31'     # 종료 날짜
samsung_stock = fdr.DataReader('005930', start_date, end_date)

# 불러온 데이터 출력 (확인용)
print(samsung_stock)
```

이 코드를 실행하면, 2023년 1월 동안의 삼성전자 주식 데이터를 불러오게 됩니다. 데이터를 확인한 후에, 다음 단계로 넘어가도 좋을지 의견을 주세요.

> 넘어가 주세요.

챗GPT의 2단계 답변

좋습니다! 이제 3단계로 넘어가겠습니다.

3단계: 데이터를 시각화하기 위해 먼저 삼성전자의 종가(Close)와 거래량(Volume)을 그래프로 그릴 준비를 할 겁니다. 첫 번째로는 종가 그래프를 그리는 작업부터 시작하겠습니다.

아래 코드는 종가 데이터를 시각화하는 방법을 보여줍니다.

코드를 실행하기 전에 이 단계가 괜찮은지 확인 부탁드립니다.

```python
# 종가 데이터를 시각화하는 코드

# 그래프 크기 설정
plt.figure(figsize=(10, 6))

# 종가(Close) 그래프 그리기
plt.plot(samsung_stock.index, samsung_stock['Close'], label='Close')

# 그래프 제목과 라벨 설정
plt.title('Samsung Electronics Close Price (2023-01)', fontsize=16)
plt.xlabel('Date', fontsize=12)
plt.ylabel('Close', fontsize=12)

# x축 날짜 각도 조절
plt.xticks(rotation=45)

# 그래프 보이기
plt.legend()
plt.grid(True)
plt.show()
```

이 코드를 실행해 보시고, 종가 데이터가 잘 시각화되었는지 확인해 보세요. 이 작업이 끝나면, 거래량을 추가로 시각화할지에 대한 의견을 주세요!

챗GPT의 3단계 답변

Google Colab 실행용 최종 코드

다음 코드는 삼성전자의 2023년 1월 주식 데이터를 분석하고 시각화하는 파이썬 코드입니다. 먼저, FinanceDataReader 라이브러리를 사용해 지정된 기간 동안의 삼성전자 주식 데이터를 불러옵니다. 그다음, 데이터를 활용해 종가(Close)를 그래프로 시각화합니다. 그래프는 날짜를 기준으로 종가가 어떻게 변동했는지 한눈에 확인할 수 있도록 코드가 구성되었습니다.

```python
# 코랩에서 finance-datareader와 matplotlib 설치
!pip install finance-datareader
!pip install matplotlib

# 필요한 라이브러리 불러오기
import FinanceDataReader as fdr
import matplotlib.pyplot as plt
from datetime import datetime

# 삼성전자 주식 데이터 불러오기 (기간: 2023년 1월 1일 ~ 1월 31일)
start_date = '2023-01-01'    # 시작 날짜
end_date = '2023-01-31'      # 종료 날짜
samsung_stock = fdr.DataReader('005930', start_date, end_date)

# 불러온 데이터 출력 (확인용)
print(samsung_stock)

# 종가 데이터를 시각화하는 코드
# 그래프 크기 설정
plt.figure(figsize=(10, 6))

# 종가(Close) 그래프 그리기
plt.plot(samsung_stock.index, samsung_stock['Close'], label='Close')
```

```python
# 그래프 제목과 라벨 설정
plt.title('Samsung Electronics Close Price (2023-01)', fontsize=16)

plt.xlabel('Date', fontsize=12)
plt.ylabel('Close', fontsize=12)

# x축 날짜 각도 조절
plt.xticks(rotation=45)

# 그래프 보이기
plt.legend()
plt.grid(True)
plt.show()
```

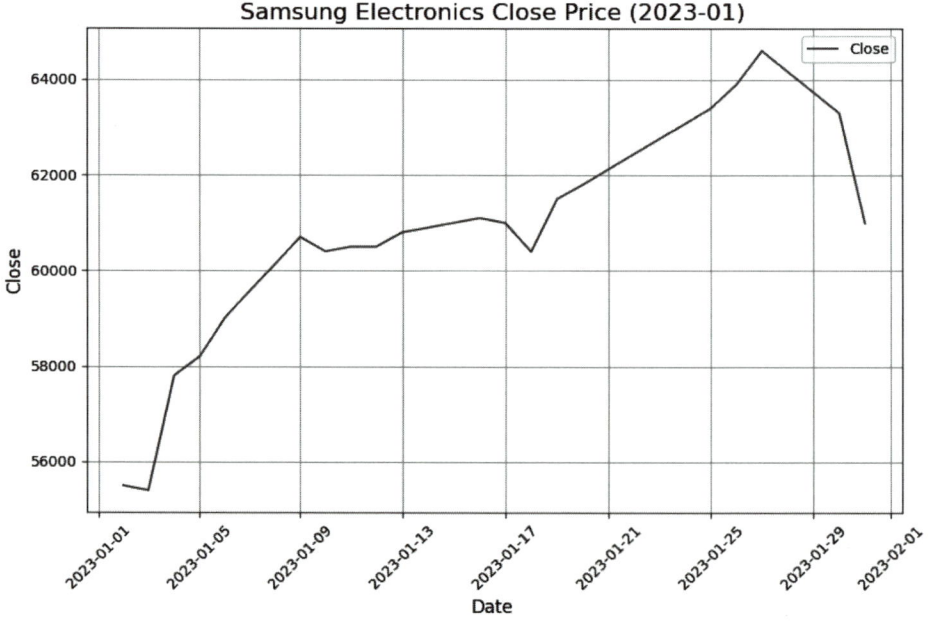

그림 11. 코드 실행 결과

1.7.3 주식 수익률 분포 확인하기

주식 수익률은 주식 가격이 일정 기간 동안 얼마나 상승했는지 혹은 하락했는지를 보여주는 지표입니다. 주식 수익률을 분석하면 주식의 변동성을 이해하는 데 도움이 되며, 투자자가 감수해야 할 위험 수준을 가늠할 수 있습니다.

주식 수익률 계산 방법

주식 수익률은 간단하게 계산할 수 있습니다. 현재 주식에서 이전 주식을 뺀 뒤, 그 값을 이전 주식으로 나누고 백분율로 표현하면 됩니다. 예를 들어, 주식이 100원에서 110원으로 올랐다면, 주식 수익률은 10%가 됩니다.

주식 수익률 분포의 중요성

주식 수익률 분포를 분석하는 것은 주식의 변동성을 파악하는 데 매우 중요합니다. 변동성이란 주식이 얼마나 크게, 자주 움직이는지를 나타내며, 이를 통해 투자자가 예상해야 할 위험 수준을 알 수 있습니다.

주식 수익률 분포를 보면 주식이 주로 어떤 범위에서 변동했는지 알 수 있습니다. 예를 들어 일일 주가 수익률이 주로 −1%에서 +1% 범위에 집중되어 있다면, 해당 주식은 비교적 안정적일 가능성이 큽니다. 반면, 분포가 넓거나 극단에 몰려 있다면 변동성이 크고 위험할 수 있습니다.

히스토그램으로 주식 수익률 분포 시각화하기

히스토그램은 주식 수익률 분포를 시각화하는 데 유용한 도구입니다. 히스토그램은 데이터를 특정 구간으로 나누고, 각 구간에 해당하는 데이터 빈도를 막대로 나타냅니다. 이를 통해 다음과 같은 정보를 한눈에 파악할 수 있습니다.

- 주식 수익률이 특정 구간에서 집중되는지 여부
- 수익률이 일정하게 분포되지 않는다면, 변동성이 높은 주식인지 여부

이러한 히스토그램을 활용한 분석은 투자 위험도를 평가하고, 앞으로의 변동성을 예측하는 데 유용한 정보를 제공합니다.

프롬프트 설계

삼성전자 주식의 주식 수익률 분포를 시각화하는 파이썬 코드를 작성하려고 해. 각 단계별로 나누어 진행하되 단계별로 항상 나에게 의견을 물어본 뒤 다음 단계를 진행해 줘. 그리고 파이썬 코드 정보는 다음과 같아.

- 단계별로 코랩에서 파이썬 코드를 실행할 거야.
- finance-datareader와 matplotlib 라이브러리 설치 후 사용해 줘.
- DataReader 메서드를 사용해 줘.
- 그래프는 히스토그램(막대그래프)을 사용해 줘.
- 기간은 2023년 1월을 대상으로 해 줘.
- 파이썬 초보자도 쉽게 알 수 있게끔 주석을 달아 줘.
- 그래프 라벨은 데이터와 동일한 영어 변수로 해 줘.

좋습니다! 삼성전자 주식의 주식 수익률 분포를 시각화하는 과정을 단계별로 진행하겠습니다. 먼저 필요한 라이브러리를 설치하고 데이터를 불러오는 첫 단계를 수행한 뒤, 다음 단계로 진행할 수 있는지 확인받겠습니다.

1단계: 라이브러리 설치 및 데이터 불러오기

이 단계에서는 FinanceDataReader 라이브러리와 matplotlib 라이브러리를 설치하고 삼성전자 주식 데이터를 2023년 1월에 대해 불러오는 코드를 작성하겠습니다.

```python
# Step 1: 필요한 라이브러리 설치
!pip install finance-datareader matplotlib

# Step 2: 필요한 라이브러리 임포트
import FinanceDataReader as fdr
import matplotlib.pyplot as plt

# Step 3: 삼성전자 주식 데이터 불러오기 (2023년 1월)
# 삼성전자의 종목 코드는 '005930'입니다.
samsung_data = fdr.DataReader('005930', '2023-01-01', '2023-01-31')
```

```
# 데이터 확인을 위해 상위 5개 행 출력
samsung_data.head()
```

이 단계에서는 필요한 라이브러리들을 설치한 후, 2023년 1월 동안의 삼성전자 주식 데이터를 불러오고, 데이터가 올바르게 불러왔는지 확인하기 위해 데이터의 상위 5개 행을 출력합니다.

이 단계까지 진행한 후, 데이터가 잘 불러졌는지 확인한 다음 다음 단계로 넘어가도록 할까요?

네, 넘어가 주세요.

챗GPT의 1단계 답변

좋습니다! 이제 데이터를 불러왔으니, 다음 단계로 넘어가서 주식 수익률(일별 수익률)을 계산한 후 이를 기반으로 히스토그램을 그리는 코드를 준비하겠습니다.

2단계: 일별 주식 수익률 계산

주식 수익률을 계산하기 위해, 주식 데이터에서 종가(Close)를 이용해 일별 수익률을 계산하겠습니다. 주식 수익률은 보통 오늘 종가 / 어제 종가 −1로 계산합니다.

```
# Step 4: 일별 주식 수익률 계산
# 수익률은 (오늘 종가 / 어제 종가) − 1 로 계산합니다.
samsung_data['Daily_Return'] = samsung_data['Close'].pct_change()

# 수익률 데이터 확인 (NaN 값 제거 후 상위 5개 출력)
samsung_data.dropna(inplace=True)  # 첫 번째 NaN 값 제거
samsung_data[['Close', 'Daily_Return']].head()
```

이 단계에서는 일별 수익률을 계산하고, 계산된 수익률이 올바르게 반영되었는지 확인하는 코드입니다. pct_change() 함수를 사용하여 일별 수익률을 계산하며, NaN 값을 제거했습니다.

계산된 수익률을 확인한 후, 그래프 그리기로 넘어가도 될까요?

네, 넘어가 주세요.

챗GPT의 2단계 답변

 좋습니다! 이제 일별 주식 수익률을 기반으로 히스토그램을 그려보겠습니다.

3단계: 주식 수익률 히스토그램 그리기

이번 단계에서는 matplotlib를 사용하여 수익률의 분포를 히스토그램으로 시각화합니다.

```python
# Step 5: 주식 수익률 히스토그램 그리기
plt.figure(figsize=(10, 6))  # 그래프 크기 설정

# 히스토그램 그리기
plt.hist(samsung_data['Daily_Return'], bins=20, color='blue', edgecolor='black', alpha=0.7)

# 그래프 제목과 라벨 설정
plt.title('Daily Return Distribution of Samsung Electronics (Jan 2023)')
plt.xlabel('Daily_Return')
plt.ylabel('Frequency')

# 그래프 보여주기
plt.show()
```

이 단계에서는 Daily_Return의 분포를 20개의 구간(bins=20)으로 나누어 히스토그램을 그립니다. 또한, 그래프의 제목과 x, y축 라벨을 추가하였습니다.

이제 수익률 분포를 시각화하는 그래프를 확인한 후, 추가적인 작업이나 수정이 필요하면 말씀해 주세요!

챗GPT의 3단계 답변

Google Colab 실행용 최종 코드

다음 코드는 삼성전자의 2023년 1월 주식 데이터를 활용하여 일별 주식 수익률을 계산하고, 그 분포를 히스토그램으로 시각화하는 코드입니다. 먼저, FinanceDataReader를 사용해 주식 데이터를 불러오고, 종가(Close)를 기준으로 일별 주식 수익률을 계산합니다. 이후 계산된 수익률 데이터를 기반으로, 히스토그램을 생성하여 수익률 분포를 직관적으로 보여줍니다. 이 히스토그램은 주식 수익률이 어떤 범위에 주로 분포하는지 확인하고, 주식의 변동성과 위험 수준을 파악하는 데 도움을 줍니다.

```
# Step 1: 필요한 라이브러리 설치
!pip install finance-datareader matplotlib

# Step 2: 필요한 라이브러리 임포트
import FinanceDataReader as fdr
import matplotlib.pyplot as plt

# Step 3: 삼성전자 주식 데이터 불러오기 (2023년 1월)
# 삼성전자의 종목 코드는 '005930'입니다.
samsung_data = fdr.DataReader('005930', '2023-01-01', '2023-01-31')

# 데이터 확인을 위해 상위 5개 행 출력
samsung_data.head()

# Step 4: 일별 주식 수익률 계산
# 수익률은 (오늘 종가 / 어제 종가) - 1 로 계산합니다.
samsung_data['Daily_Return'] = samsung_data['Close'].pct_change()

# 수익률 데이터 확인 (NaN 값 제거 후 상위 5개 출력)
samsung_data.dropna(inplace=True)  # 첫 번째 NaN 값 제거
samsung_data[['Close', 'Daily_Return']].head()
```

```python
# Step 5: 주식 수익률 히스토그램 그리기
plt.figure(figsize=(10, 6))  # 그래프 크기 설정

# 히스토그램 그리기
plt.hist(samsung_data['Daily_Return'], bins=20, color='blue', edgecolor='black', alpha=0.7)

# 그래프 제목과 라벨 설정
plt.title('Daily Return Distribution of Samsung Electronics (Jan 2023)')
plt.xlabel('Daily_Return')
plt.ylabel('Frequency')

# 그래프 보여주기
plt.show()
```

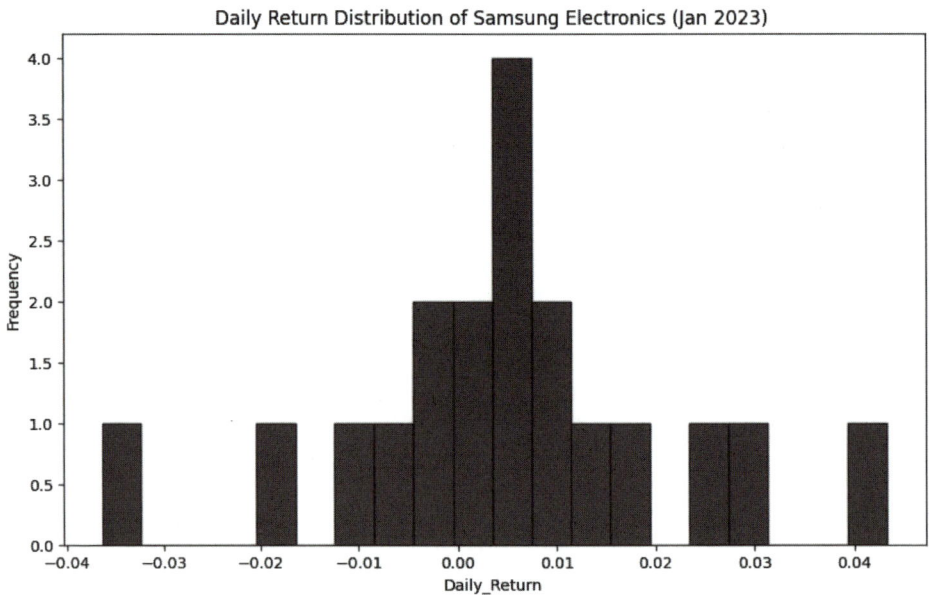

그림 12. 최종 코드 실행 결과

1.7.4 양봉과 음봉 개념

주식시장에서 '시가'는 장이 열릴 때의 주식 가격을, '종가'는 장이 마감될 때의 주식 가격을 의미합니다. '고가'는 하루 중에 가장 높았던 가격이고, '저가'는 가장 낮았던 가격을 뜻합니다.

하루 거래가 끝나면, 주식 변화에 따라 차트에 빨간색 또는 파란색의 봉이 그려집니다. 이 봉을 우리는 각각 '양봉'과 '음봉'이라고 부릅니다.

1) 양봉(빨간색 봉)

양봉은 종가가 시가보다 높을 때 나타납니다. 즉, 주식 가격이 하루 동안 하락하더라도 종가가 시가보다 높으면 양봉이 형성됩니다. 이는 매수세(주식을 사려는 사람들)가 매도세(주식을 팔려는 사람들)보다 더 적극적일 때 발생합니다. 쉽게 말해, 사람들이 그 주식을 더 높은 가격으로 많이 사려고 하면 가격이 오르고, 양봉이 생깁니다.

2) 음봉(파란색 봉)

음봉은 종가가 시가보다 낮을 때 나타납니다. 즉, 주식 가격이 하루 동안 상승하더라도 종가가 시가보다 낮으면 음봉이 형성됩니다. 이는 매도세가 매수세보다 더 적극적일 때 나타납니다. 쉽게 말해, 사람들이 그 주식을 더 낮은 가격으로 많이 팔려고 하면 가격은 내려가면서 음봉이 발생합니다.

> **프롬프트 설계**
>
> 나는 삼성전자 주식 데이터를 양봉과 음봉으로 시각화하는 파이썬 코드를 작성하려고 해. 각 단계별로 나누어 진행하되 단계별로 항상 나에게 의견을 물어본 뒤 다음 단계를 진행해 줘. 그리고 파이썬 코드 정보는 다음과 같아.
>
> - 단계별로 코랩에서 파이썬 코드를 실행해 줘.
> - finance-datareader와 matplotlib 라이브러리 설치 후 코드를 작성해 줘.
> - DataReader 메서드를 사용해 줘.
> - 기간은 2024년 1월부터 8월까지로 해 줘.
> - 시각화 시 양봉은 빨간색으로 음봉은 파란색으로 해 줘.

알겠습니다! 새로 요청하신 기간(2024년 1월부터 8월까지)을 적용하여, 양봉과 음봉을 시각화하는 코드를 작성해보겠습니다. 각 단계를 나누어서 진행하되, 매번 의견을 물어보겠습니다.

1단계: FinanceDataReader와 matplotlib 라이브러리 설치

첫 번째 단계로, 필요한 라이브러리를 설치하는 코드를 제공합니다.

```
!pip install finance-datareader
!pip install matplotlib
```

이 코드를 먼저 실행한 후, 다음 단계로 진행할지 알려주세요!

> 다음 단계로 진행해 주세요.

2단계: 삼성전자 주식 데이터 불러오기 (2024년 1월 ~ 8월)

이 단계에서는 FinanceDataReader를 사용해 삼성전자 주식 데이터를 2024년 1월부터 8월까지 불러오겠습니다.

다음은 해당 기간에 맞춘 주식 데이터를 가져오는 코드입니다.

```
import FinanceDataReader as fdr
import pandas as pd
import matplotlib.pyplot as plt
from datetime import datetime

# 삼성전자 티커: '005930.KS'
start_date = '2024-01-01'
end_date = '2024-08-31'
```

```
# 삼성전자 주식 데이터 불러오기
samsung_stock = fdr.DataReader('005930', start=start_date, end=end_date)

# 데이터 확인
print(samsung_stock.head())
```

이 코드는 2024년 1월부터 8월까지의 삼성전자 주식 데이터를 가져와 출력합니다. 데이터 확인 후, 계속 진행할지 알려주세요!

네, 진행해 주세요.

3단계: 양봉과 음봉을 구분하기

이제 삼성전자 주식 데이터에서 양봉(주식 상승)과 음봉(주식 하락)을 구분하겠습니다. Open보다 Close가 크면 양봉, 작으면 음봉으로 구분합니다.

다음 코드를 통해 주식의 양봉과 음봉을 구분할 수 있습니다.

```
# 양봉(True)과 음봉(False) 구분
samsung_stock['Bullish'] = samsung_stock['Close'] > samsung_stock['Open']

# 결과 확인
print(samsung_stock[['Open', 'Close', 'Bullish']].head())
```

이 코드는 각 날짜마다 주식이 양봉인지 음봉인지 여부를 판별해줍니다. 데이터를 확인한 후, 시각화 단계로 넘어가겠습니다.

계속 진행할지 알려주세요.

네, 진행해 주세요.

4단계: 양봉과 음봉을 시각화하기

이제 matplotlib를 사용하여 주식 데이터를 시각화하고, 양봉은 빨간색, 음봉은 파란색으로 표시하는 차트를 만들어보겠습니다.

아래 코드를 통해 삼성전자 주식의 양봉과 음봉을 구분하여 시각화합니다.

```python
# 양봉과 음봉을 위한 색상 설정
colors = ['red' if bullish else 'blue' for bullish in samsung_stock['Bullish']]

# 시각화
plt.figure(figsize=(12, 6))
plt.bar(samsung_stock.index, samsung_stock['Close'] - samsung_stock['Open'],
        bottom=samsung_stock['Open'], color=colors, width=0.7)

# 그래프 제목 및 레이블 설정
plt.title('Samsung Electronics Stock Price: Bullish (Red) and Bearish (Blue) from Jan to Aug 2024')
plt.xlabel('Date')
plt.ylabel('Price')

# 날짜가 겹치지 않게 조정
plt.xticks(rotation=45)

# 그래프 표시
plt.show()
```

Google Colab 실행용 최종 코드

다음 코드는 2024년 1월부터 8월까지의 삼성전자 주식 데이터를 분석하고, 양봉(주식 상승)과 음봉(주식 하락)을 구분하여 시각화합니다. 주식 데이터를 불러온 후, 종가(Close)와 시가(Open)를 비교해 양봉은 빨간색, 음봉은 파란색으로 표시합니다. 막대 그래프 형태로 양봉과 음봉을 시각화해 주식 변화 양상을 직관적으로 보여줍니다.

```
!pip install finance-datareader
!pip install matplotlib

import FinanceDataReader as fdr
import pandas as pd
import matplotlib.pyplot as plt
from datetime import datetime

# 삼성전자 티커: '005930.KS'
start_date = '2024-01-01'
end_date = '2024-08-31'

# 삼성전자 주식 데이터 불러오기
samsung_stock = fdr.DataReader('005930', start=start_date, end=end_date)

# 데이터 확인
print(samsung_stock.head())

# 양봉(True)과 음봉(False) 구분
samsung_stock['Bullish'] = samsung_stock['Close'] > samsung_stock['Open']

# 결과 확인
print(samsung_stock[['Open', 'Close', 'Bullish']].head())
```

```python
# 양봉과 음봉을 위한 색상 설정
colors = ['red' if bullish else 'blue' for bullish in samsung_stock['Bullish']]

# 시각화
plt.figure(figsize=(12, 6))
plt.bar(samsung_stock.index, samsung_stock['Close'] - samsung_stock['Open'],
        bottom=samsung_stock['Open'], color=colors, width=0.7)

# 그래프 제목 및 레이블 설정
plt.title('Samsung Electronics Stock Price: Bullish (Red) and Bearish (Blue) from Jan to Aug 2024')
plt.xlabel('Date')
plt.ylabel('Price')

# 날짜가 겹치지 않게 조정
plt.xticks(rotation=45)

# 그래프 표시
plt.show()
```

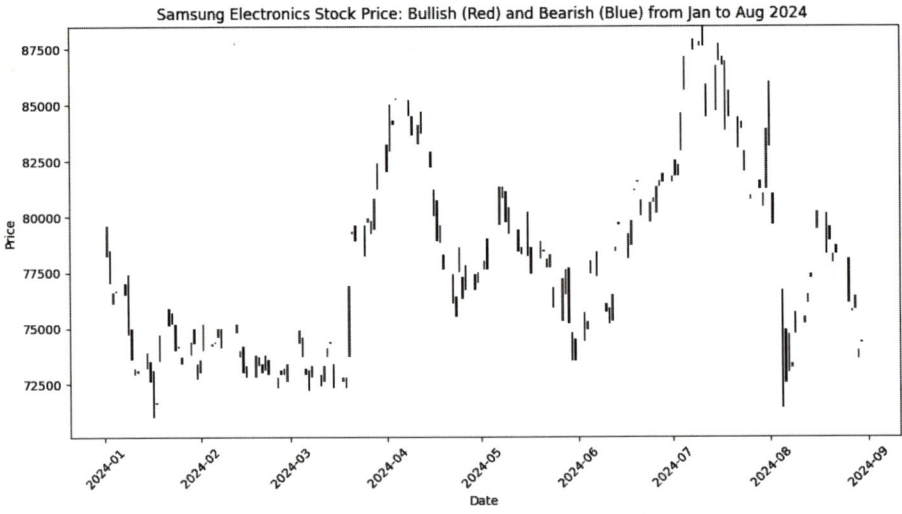

그림 13. 코드 실행 결과

1.8 주식 데이터 기본 분석

주식 데이터 분석은 다양한 지표를 통해 주식의 변동성과 패턴을 파악하는 데 중점을 둡니다. 이를 통해 데이터의 흐름과 특성을 이해하고, 데이터 기반의 인사이트를 얻을 수 있습니다. 주식 데이터에 대한 기본적인 분석들은 다음과 같습니다.

1) **일간 변동률 분석**: 하루 동안의 주식 변동폭을 수치화하여, 주식의 단기 변동성을 평가합니다. 이는 주식이 매일 얼마나 변동하는지를 정량적으로 파악하는 데 유용합니다.

2) **주식 등락 분석**: 특정 기간 동안의 주식 상승 및 하락을 비교하여 데이터의 중기 및 장기적 흐름을 이해합니다. 이 분석은 데이터가 일정 기간 동안 어떻게 움직였는지 확인하는 데 도움이 됩니다.

3) **거래 대금 분석**: 특정 종목의 거래 규모를 파악해 데이터의 주기적인 관심도와 유동성을 측정합니다. 거래 대금 상위 데이터를 통해 중요한 데이터 패턴을 식별할 수 있습니다.

4) **상승 주도주, 하락 주도주 분석**: 주식의 등락률을 기준으로 정렬해 특정 기간 동안 가장 큰 변동을 보인 종목을 파악합니다. 이를 통해 주식 변화가 활발한 데이터를 쉽게 확인할 수 있습니다.

5) **최대 예상 손실액(Value at Risk, VaR)**: 주식 데이터의 변동성을 기반으로 예상 가능한 최대 손실 범위를 계산합니다. 이는 데이터의 위험성을 수치로 표현하여 분석에 유용합니다.

6) **최대 손실 낙폭(Maximum Drawdown, MDD)**: 데이터의 최고점과 최저점 사이의 최대 하락 폭을 측정하여 변동성의 한계를 파악합니다. 이는 데이터에서 발생할 수 있는 최악의 손실 폭을 이해하는 데 유용한 지표입니다.

이러한 분석은 주식 데이터를 다각도로 이해하도록 돕습니다.

1.8.1 일간 변동률로 주식 비교하기

일간 변동률은 하루 동안의 주식 변동을 측정하는 지표로, 주식의 단기 변동성을 평가하는 데 중점을 둡니다. 일간 변동률을 통해 주식이 매일 얼마나 상승하거나 하락했는지, 그리고 그 변동폭이 어떠했는지를 명확히 알 수 있습니다.

일간 변동률 계산 방법은 다음과 같습니다.

1) 오늘의 주식에서 어제의 주식을 뺀 값을 구합니다.
2) 그 결과를 어제의 주식으로 나눈 후, 백분율로 표시합니다.

예를 들어, 어제 주식이 100원이고 오늘 주식이 105원이라면, 일간 변동률은 5%가 됩니다. 이는 매일의 주식 변화를 수치화하여 단기적인 변동성을 측정하는 데 유용합니다.

주식 수익률이 특정 기간의 전체 성과를 평가하는 장기적인 지표라면, 일간 변동률은 짧은 기간의 주식 움직임을 세밀하게 분석하는 데 사용됩니다. 일간 변동률을 활용하면 매일의 변화를 비교할 수 있어, 특정 주식의 일별 변동성을 더 정밀하게 파악할 수 있습니다.

프롬프트 설계

삼성전자 주식과 카카오 주식의 일간 변동률을 시각화하여 비교하는 파이썬 코드를 작성하려고 해. 각 단계별로 나누어 진행하되 각 단계별로 항상 나에게 의견을 물어본 뒤 다음 단계를 진행해 줘. 그리고 파이썬 코드 정보는 다음과 같아.

- 단계별로 코랩에서 파이썬 코드를 실행할 거야.
- finance-datareader와 matplotlib 라이브러리 설치 후 사용해 줘.
- DataReader 메서드를 사용해 줘.
- 기간은 2023년 1월을 대상으로 해 줘.
- 파이썬 초보자도 쉽게 알 수 있게끔 주석을 달아 줘.
- 그래프 라벨은 영어 변수로 해 줘.

좋습니다! 삼성전자와 카카오 주식의 일간 변동률을 시각화하는 파이썬 코드를 단계별로 나누어 진행하겠습니다. 각 단계가 끝날 때마다 의견을 물어본 뒤 다음 단계로 넘어갈 테니 걱정하지 마세요. 첫 번째 단계부터 시작하겠습니다.

1단계: 라이브러리 설치 및 기본 설정

먼저, 필요한 라이브러리를 설치하는 코드입니다. 코랩에서 실행할 수 있도록 !pip install을 사용하여 FinanceDataReader와 matplotlib를 설치합니다.

```
# 코랩 환경에서 라이브러리 설치
!pip install finance-datareader
!pip install matplotlib
```

이 코드를 먼저 실행해 주시고, 설치가 완료되면 다음 단계로 넘어가도록 하겠습니다.

> 네, 넘어가 주세요.

챗GPT의 1단계 답변

좋습니다! 이제 다음 단계로 넘어가겠습니다.

2단계: 삼성전자와 카카오의 주식 데이터를 불러오기

이번 단계에서는 FinanceDataReader 라이브러리를 사용해 삼성전자와 카카오의 2023년 1월 주식 데이터를 불러오겠습니다. 주식 데이터는 DataReader 메서드를 사용해 가져올 것입니다.

```python
# 라이브러리 임포트
import FinanceDataReader as fdr
import matplotlib.pyplot as plt

# 2023년 1월 데이터를 가져오기 위해 날짜 범위 설정
start_date = '2023-01-01'
end_date = '2023-01-31'

# 삼성전자(005930)와 카카오(035720) 주식 데이터를 불러오기
samsung = fdr.DataReader('005930', start_date, end_date)  # 삼성전자 주식 데이터
kakao = fdr.DataReader('035720', start_date, end_date)  # 카카오 주식 데이터

# 불러온 데이터 확인
print(samsung.head())
print(kakao.head())
```

이 코드를 실행하여 삼성전자와 카카오의 주식 데이터를 잘 불러왔는지 확인해 보세요. 데이터가 잘 출력되면 다음 단계로 넘어가겠습니다.

> 네, 넘어가 주세요.

챗GPT의 2단계 답변

좋습니다! 이제 다음 단계로 넘어가겠습니다.

3단계: 일간 변동률 계산

이번 단계에서는 삼성전자와 카카오의 일간 변동률을 계산하겠습니다. 주식 데이터에서 Close 가격(종가)을 기준으로 일간 변동률을 계산하고, 이를 새로운 열로 추가할 것입니다. 변동률은 아래와 같이 계산됩니다.

$$변동률 = (오늘\ 종가 - 어제\ 종가 / 어제\ 종가) \times 100$$

```
# 일간 변동률 계산
samsung['daily_return'] = samsung['Close'].pct_change() * 100
kakao['daily_return'] = kakao['Close'].pct_change() * 100
# 일간 변동률 데이터 확인
print(samsung[['Close', 'daily_return']].head())  # 삼성전자의 종가와 변동률 확인
print(kakao[['Close', 'daily_return']].head())   # 카카오의 종가와 변동률 확인
```

이 코드를 실행하여 일간 변동률이 잘 계산되었는지 확인해 보세요. 만약 변동률 계산이 정상적으로 완료되었다면, 다음 단계에서 두 회사의 변동률을 시각화하겠습니다.

챗GPT의 3단계 답변

 좋습니다! 이제 마지막 단계로 넘어가서 삼성전자와 카카오의 일간 변동률을 시각화하겠습니다.

4단계: 일간 변동률 시각화

이번 단계에서는 matplotlib를 사용하여 두 회사의 일간 변동률을 비교하는 그래프를 그리겠습니다. 각각의 변동률을 한 그래프에 나타내고, 그래프에 라벨과 제목을 추가하여 쉽게 이해할 수 있도록 하겠습니다.

```
# 그래프 크기 설정
plt.figure(figsize=(10, 6))

# 삼성전자 일간 변동률 그리기
plt.plot(samsung.index, samsung['daily_return'], label='Samsung', marker='o')

# 카카오 일간 변동률 그리기
plt.plot(kakao.index, kakao['daily_return'], label='Kakao', marker='o')

# 그래프 제목 및 라벨 추가
plt.title('Daily Return Comparison: Samsung vs Kakao (Jan 2023)')
plt.xlabel('Date')
plt.ylabel('Daily Return (%)')

# 범례 추가
plt.legend()

# 그래프 보여주기
plt.grid(True)
plt.show()
```

이 코드를 실행하면 삼성전자와 카카오의 일간 변동률을 비교한 그래프가 출력됩니다. 그래프에서 날짜별로 각 회사의 변동률을 확인할 수 있습니다.

확인 후 추가적인 조정이나 수정이 필요하면 말씀해 주세요!

챗GPT의 4단계 답변

Google Colab 실행용 최종 코드

다음 코드는 삼성전자와 카카오의 2023년 1월 주식 데이터를 불러와, 두 회사의 일간 변동률을 계산하고 이를 비교하여 시각화합니다. 주식 데이터는 FinanceDataReader를 사용해 가져오며, 변동률은 종가를 기준으로 하루 전날 대비 얼마나 상승했는지, 하락했는지를 백분율로 계산합니다. 그런 다음, matplotlib를 사용해 두 회사의 변동률을 한 그래프에 나타내어, 날짜별로 주식 변동성을 비교합니다. 이를 통해 각 회사 주식의 일간 변동 특징을 한눈에 파악할 수 있습니다.

```
# 코랩 환경에서 라이브러리 설치
!pip install finance-datareader
!pip install matplotlib

# 라이브러리 임포트
import FinanceDataReader as fdr
import matplotlib.pyplot as plt

# 2023년 1월 데이터를 가져오기 위해 날짜 범위 설정
start_date = '2023-01-01'
end_date = '2023-01-31'

# 삼성전자(005930)와 카카오(035720) 주식 데이터를 불러오기
samsung = fdr.DataReader('005930', start_date, end_date)  # 삼성전자 주식 데이터
kakao = fdr.DataReader('035720', start_date, end_date)    # 카카오 주식 데이터

# 불러온 데이터 확인
print(samsung.head())
print(kakao.head())
```

```python
# 일간 변동률 계산
samsung['daily_return'] = samsung['Close'].pct_change() * 100
kakao['daily_return'] = kakao['Close'].pct_change() * 10

# 일간 변동률 데이터 확인
print(samsung[['Close', 'daily_return']].head())  # 삼성전자의 종가와 변동률 확인
print(kakao[['Close', 'daily_return']].head())    # 카카오의 종가와 변동률 확인

# 그래프 크기 설정
plt.figure(figsize=(10, 6))

# 삼성전자 일간 변동률 그리기
plt.plot(samsung.index, samsung['daily_return'], label='Samsung', marker='o')
# 카카오 일간 변동률 그리기
plt.plot(kakao.index, kakao['daily_return'], label='Kakao', marker='o')

# 그래프 제목 및 라벨 추가
plt.title('Daily Return Comparison: Samsung vs Kakao (Jan 2023)')
plt.xlabel('Date')
plt.ylabel('Daily Return (%)')

# 범례 추가
plt.legend()

# 그래프 보여주기
plt.grid(True)
plt.show()
```

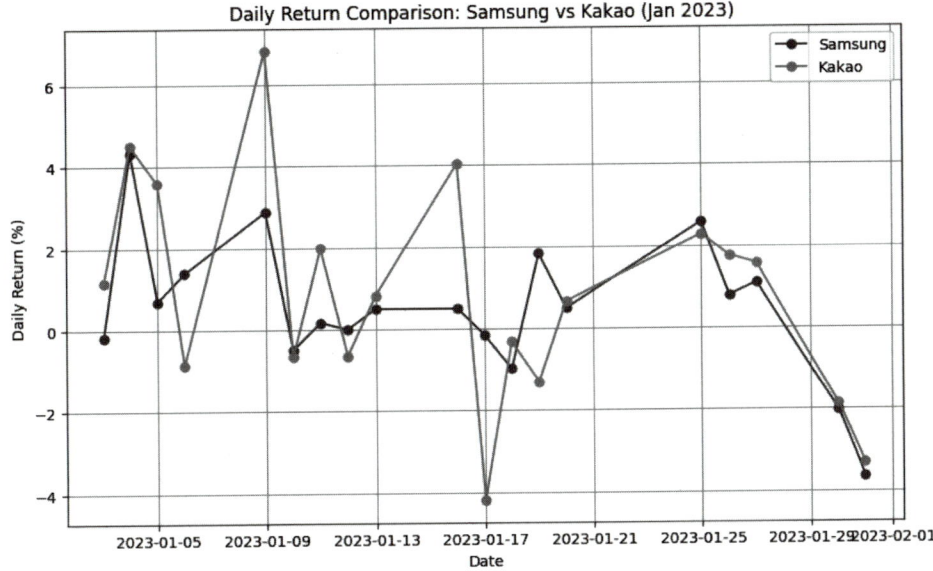

그림 14. 코드 실행 결과

1.8.2 주식 등락 분석

주식 등락은 주식의 가격이 일정 기간 동안 얼마나 상승했는지 또는 하락했는지를 나타내는 지표입니다. 이는 주식의 변동성을 측정하는 중요한 척도로, 투자자가 주식의 움직임을 이해하고 변동 패턴을 파악하는 데 도움을 줍니다. 예를 들어, 주식이 월요일에 100원이었고 금요일에 110원이라면, 주식 등락은 10원 또는 10% 상승한 것으로 해석할 수 있습니다.

주식 등락 계산 방법

주식 등락을 계산하는 방법은 간단합니다. 특정 기간 동안 주식의 시작 시점과 종료 시점의 주식을 비교하여 계산할 수 있습니다.

$$주가\ 등락(\%) = \frac{종료\ 시점\ 주가 - 시작\ 시점\ 주가}{시작\ 시점\ 주가} \times 100$$

이를 통해 투자자는 특정 기간 동안 주식이 얼마나 올랐는지 또는 내렸는지를 확인할 수 있으며, 이를 백분율로 표현하여 더 명확하게 이해할 수 있습니다.

일일, 20일, 30일, 60일 주식 등락 분석

주식 등락은 다양한 기간에 걸쳐 분석할 수 있습니다. 일반적으로 일일, 20일, 30일 등 다양한 기간을 설정하여 주식의 변동성을 측정하며, 각 기간은 주식의 단기 또는 중기 성과를 파악하는 데 유용합니다.

- **일일 주식 등락**: 하루 동안의 주식 변동을 측정하는 지표입니다. 일일 등락은 주식의 단기 변동성을 평가하는 데 유용하며, 주식이 하루 동안 얼마나 상승했는지, 하락했는지를 파악할 수 있습니다. 이 지표는 주식의 일별 변동성을 통해 시장 심리를 빠르게 반영하는 데 도움을 줍니다.
- **20일 주식 등락**: 20일은 일반적으로 한 달(거래일 기준) 동안의 주식 변동을 분석하는 데 사용됩니다. 20일 주식 등락은 주식의 중기적 흐름을 파악하고, 시장 트렌드를 평가하는 데 유용합니다. 이 기간 동안 주식이 어떻게 움직였는지를 분석하면, 주식의 중기 성과와 변동성을 가늠할 수 있습니다.
- **60일 주식 등락**: 장기적인 흐름을 파악하기 위해 자주 사용되는 지표로, 약 3개월 동안의 주식 변동성을 평가할 수 있습니다. 60일 주식 등락은 주식의 장기적 트렌드를 파악하는 데 도움을 주며, 장기 투자자들에게 유용한 분석 도구입니다.

> **프롬프트 설계**
>
> 삼성전자 주식의 등락을 시각화하는 파이썬 코드를 작성하려고 해. 각 단계를 나누어 진행하되 단계마다 항상 나에게 의견을 물어본 뒤 다음 단계로 진행해 줘. 그리고 파이썬 코드 정보는 다음과 같아.
> - 단계별로 코랩에서 파이썬 코드를 실행할 거야.
> - finance-datareader와 matplotlib 라이브러리 설치 후 사용해 줘.
> - DataReader 메서드를 사용해 줘.
> - 삼성전자 주식의 일일, 20일, 60일 주식 등락을 시각화해 줘.
> - 기간은 2024년 1월부터 4월까지를 대상으로 해 줘.
> - 파이썬 초보자도 쉽게 알 수 있게끔 주석을 달아 줘.
> - 그래프 라벨은 영어 변수로 해 줘.

좋습니다! 삼성전자 주식의 일일 및 이동 평균(20일, 60일) 시각화를 위한 파이썬 코드를 단계별로 작성하겠습니다. 각 단계를 진행하면서 설명드릴 테니, 매번 의견을 주시면 다음 단계로 넘어가겠습니다.

1단계: 필수 라이브러리 설치 및 불러오기

먼저, 'FinanceDataReader'와 'matplotlib' 라이브러리를 설치한 후, 불러오는 코드를 작성할게요. 이 라이브러리들은 주식 데이터를 가져오고, 그래프를 그리는 데 필요합니다.

```
# 코랩에서는 다음과 같이 라이브러리를 설치하세요.
!pip install finance-datareader
!pip install matplotlib

# 라이브러리 임포트
import FinanceDataReader as fdr
import matplotlib.pyplot as plt
import pandas as pd
```

이 단계는 필수적인 라이브러리 설치와 설정 단계입니다. 여기까지 괜찮다면, 주식 데이터를 가져오는 다음 단계로 넘어가겠습니다. 의견 부탁드립니다!

챗GPT의 1단계 답변

좋습니다! 이제 2단계로 넘어가서, 삼성전자 주식 데이터를 가져오는 코드를 작성하겠습니다.

2단계: 삼성전자 주식 데이터 가져오기

FinanceDataReader 라이브러리의 DataReader 메서드를 사용하여 삼성전자 주식 데이터를 2024년 1월부터 4월까지 가져오겠습니다.

```
# 2024년 1월부터 4월까지의 삼성전자 주식 데이터를 불러옵니다.
# '005930'은 삼성전자의 종목 코드입니다.
df = fdr.DataReader('005930', '2024-01-01', '2024-04-30')

# 데이터 확인
print(df.head())
```

이 코드는 삼성전자의 주식 데이터를 가져와서 df라는 데이터 프레임에 저장합니다. 데이터를 잘 가져왔는지 확인하는 코드도 추가했습니다. 이 단계는 데이터 수집 부분입니다.

데이터를 가져오는 이 과정까지 괜찮다면, 다음으로 이동 평균(20일, 60일)을 계산하고 시각화하는 단계로 넘어가겠습니다. 의견 부탁드립니다!

챗GPT의 2단계 답변

좋습니다! 이제 3단계로 넘어가서 20일 및 60일 이동 평균을 계산한 후, 이를 데이터프레임에 추가하겠습니다.

3단계: 20일 및 60일 이동 평균 계산하기

주식 시계열 데이터를 분석할 때 이동 평균(Moving Average)은 자주 사용됩니다. 여기서 20일 및 60일 이동 평균을 계산하고, 원래 데이터 프레임에 추가해보겠습니다.

```
# 20일 이동 평균 계산
df['MA20'] = df['Close'].rolling(window=20).mean()


# 60일 이동 평균 계산
df['MA60'] = df['Close'].rolling(window=60).mean()


# 계산된 데이터 확인
print(df[['Close', 'MA20', 'MA60']].head(30))
```

여기서 rolling(window=20)은 20일 동안의 평균을 계산하는 방법이고, 같은 방식으로 60일 이동 평균도 계산합니다. 계산 결과를 확인할 수 있도록 30개의 데이터를 출력합니다.

이 단계까지 괜찮으시면, 다음 단계에서 시각화를 진행하겠습니다. 의견 부탁드립니다!

챗GPT의 3단계 답변

좋습니다! 이제 4단계로 넘어가서 삼성전자 주식의 일일 종가와 20일, 60일 이동 평균을 시각화하는 그래프르 그려보겠습니다.

4단계: 주식과 이동 평균 시각화

matplotlib 라이브러리를 사용하여 삼성전자 주식과 이동 평균을 시각화하겠습니다. 그래프에는 일일 종가(Close), 20일 이동 평균(MA20), 6일 이동 평균(MA60)을 각각 다른 색으로 표시할 것입니다.

```python
# 그래프 크기 설정
plt.figure(figsize=(12, 6))

# 일일 종가를 그립니다.
plt.plot(df.index, df['Close'], label='Close', color='blue')

# 20일 이동 평균을 그립니다.
plt.plot(df.index, df['MA20'], label='MA20 (20-day moving average)', color='orange')

# 60일 이동 평균을 그립니다.
plt.plot(df.index, df['MA60'], label='MA60 (60-day moving average)', color='green')

# 그래프 제목과 라벨 설정
plt.title('Samsung Electronics Stock Price (Jan 2024 - Apr 2024)')
plt.xlabel('Date')
plt.ylabel('Price (KRW)')

# 범례 추가
plt.legend()

plt.show()
```

> 이 코드는 다음을 수행합니다.
>
> - plt.plot을 사용하여 일일 종가와 20일, 60일 이동 평균을 그립니다.
> - legend()로 각 선의 의미를 표시합니다.
> - title, xlabel, ylabel로 그래프 제목과 축 레이블을 설정합니다.
>
> 이제 이 그래프를 확인할 준비가 되었습니다 이 단계까지 괜찮으시면 마지막 단계에서 추가적인 커스터마이징 또는 질문에 대한 작업을 진행할 수 있습니다. 의견을 부탁드립니다!

챗GPT의 4단계 답변

Google Colab 실행용 최종 코드

다음 최종 코드는 삼성전자의 2024년 1월부터 4월까지의 주식 데이터를 불러와, 일일 종가와 20일, 60일 이동 평균을 계산하고 이를 시각화합니다. FinanceDataReader를 사용해 주식 데이터를 가져오고, pandas를 활용해 20일과 60일 동안의 평균값을 계산하여 데이터 프레임에 추가합니다. 이후 matplotlib를 사용하여 종가와 이동 평균을 그래프로 표현하며, 20일 이동 평균은 주식의 중기 흐름을, 60일 이동 평균은 장기적인 주식 트렌드를 보여줍니다. 이를 통해 주식의 단기 및 장기 패턴을 직관적으로 확인할 수 있습니다.

```
# 코랩에서는 다음과 같이 라이브러리를 설치하세요.
!pip install finance-datareader
!pip install matplotlib

# 라이브러리 임포트
import FinanceDataReader as fdr
import matplotlib.pyplot as plt
import pandas as pd
```

```python
# 2024년 1월부터 4월까지의 삼성전자 주식 데이터를 불러옵니다.
# '005930'은 삼성전자의 종목 코드입니다.
df = fdr.DataReader('005930', '2024-01-01', '2024-04-30')

# 데이터 확인
print(df.head())

# 20일 이동 평균 계산
df['MA20'] = df['Close'].rolling(window=20).mean()

# 60일 이동 평균 계산
df['MA60'] = df['Close'].rolling(window=60).mean()

# 계산된 데이터 확인
print(df[['Close', 'MA20', 'MA60']].head(30))

# 그래프 크기 설정
plt.figure(figsize=(12, 6))

# 일일 종가를 그립니다.
plt.plot(df.index, df['Close'], label='Close', color='blue')

# 20일 이동 평균을 그립니다.
plt.plot(df.index, df['MA20'], label='MA20 (20-day moving average)', color='orange')

# 60일 이동 평균을 그립니다.
plt.plot(df.index, df['MA60'], label='MA60 (60-day moving average)', color='green')
```

```python
# 그래프 제목과 라벨 설정
plt.title('Samsung Electronics Stock Price (Jan 2024 - Apr 2024)')
plt.xlabel('Date')
plt.ylabel('Price (KRW)')

# 범례 추가
plt.legend()

# 그래프 출력
plt.show()
```

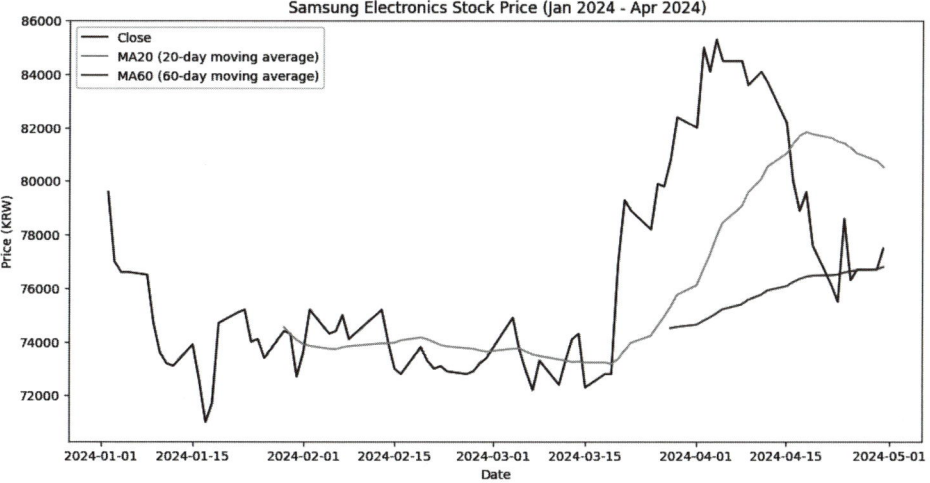

그림 15. 데이터 시각화 결과

1.8.3 거래 대금 구해보기

주식시장에서 거래 대금은 특정 기간 동안 주식을 사고파는 과정에서 발생한 총 금액을 의미합니다. 이는 거래된 주식의 가격과 수량을 곱한 값으로 계산됩니다. 예를 들어, 한 주식이 1,000원에 100주 거래되었다면 해당 주식의 거래 대금은 100,000원이 됩니다. 대개 투자자들은 거래량에 주목하고 거래 대금을 간과하는 경우가 많습니다. 그러나 거래 대금은 거래량만으로는 알 수 없는 거래의 실제 가치를 반영합니다.

거래 대금은 주식시장의 활발한 움직임을 보여주는 중요한 지표입니다. 거래 대금이 높을수록 그 주식에 대한 관심이 크다는 뜻이며, 반대로 거래 대금이 낮으면 상대적으로 관심이 적다는 것을 의미합니다. 이를 통해 투자자들은 시장의 분위기를 파악하고, 어떤 종목에 투자가 몰리고 있는지 확인할 수 있습니다. 또한, 거래 대금이 높은 주식은 매수와 매도가 활발하게 이루어져 유동성이 높습니다. 유동성이 높다는 것은 투자자들이 해당 주식을 쉽게 사고팔 수 있다는 장점을 제공합니다. 반면, 거래 대금이 적은 주식은 유동성이 낮아 매수나 매도가 어려울 수 있습니다.

투자자들은 이러한 거래 대금을 분석해 시장 흐름을 파악하고 투자 전략을 세울 수 있습니다. 특히, 거래 대금 상위 100위에 드는 종목들은 투자자들의 큰 관심을 받는 경우가 많아, 시장을 주도할 가능성이 높습니다. 이처럼 거래 대금은 시장의 활발함을 보여줄 뿐만 아니라, 투자 의사 결정을 돕는 중요한 지표로 활용됩니다.

프롬프트 설계를 통해 거래 대금 상위 100위를 추출하는 파이썬 코드 실습을 진행해 보도록 하겠습니다. 실습 시에는 상장된 종목 전체를 불러올 수 있게 도와주는 StockListing 메서드를 사용해 보겠습니다.

프롬프트 설계

KRX에서 거래 대금 상위 100위를 추출하는 파이썬 코드를 작성하려고 해. 각 단계별로 나누어 진행하되 단계별로 항상 나에게 의견을 물어본 뒤 다음 단계를 진행해 줘. 그리고 파이썬 코드 정보는 다음과 같아.

- 단계별로 코랩에서 파이썬 코드를 실행해 줘.
- finance-datareader 라이브러리 설치 후 사용해 줘.
- StockListing 메서드를 사용해 줘.
- 날짜는 오늘 날짜를 기준으로 해 줘.
- 데이터의 컬럼은 Code, ISU_CD, Name, Market, Dept, Close, ChangeCode, Changes, ChangesRatio, Open, High, Low, Volume, Amount, Marcap, Stocks, MarketId로 구성되어 있어.

참고 ↑ Finance-Datareader에서 StockListing과 DataReader 메서드의 차이

주식 데이터를 분석할 때, Python의 Finance-Datareader 라이브러리는 매우 유용한 도구입니다. 이 라이브러리를 사용하면, 다양한 금융 자산의 데이터를 간편하게 불러올 수 있습니다. 이때 많이 쓰이는 두 가지 메서드가 있는데, 바로 StockListing과 DataReader입니다. 이 두 메서드는 각각 종목 목록 조회와 과거 주식 데이터 불러오기를 위한 기능입니다.

먼저, StockListing 메서드는 특정 시장에 상장된 모든 종목의 목록을 불러올 때 사용됩니다. 예를 들어, 한국의 코스피(KOSPI) 시장에 상장된 모든 종목을 알고 싶을 때 이 메서드를 사용하면, 종목 코드와 회사명 등의 정보를 한 번에 받아올 수 있습니다. 이는 종목을 검색하거나 새로운 종목을 찾을 때 매우 유용합니다.

반면, DataReader 메서드는 특정 종목의 과거 주식 데이터를 가져오는 기능을 합니다. 예를 들어, 삼성전자의 과거 주식 데이터를 분석하고 싶다면, 이 메서드를 사용해 원하는 기간 동안의 주식 데이터를 조회할 수 있습니다. 이렇게 불러온 데이터는 주식의 시가, 종가, 고가, 저가, 거래량 등을 포함하고 있어, 다양한 분석에 사용할 수 있습니다.

정리하자면, StockListing 메서드는 시장에 상장된 종목의 전체 목록을 가져오는 데 쓰이고, DataReader는 특정 종목의 주식 데이터를 불러오는 데 사용됩니다.

좋습니다! 첫 번째 단계부터 시작하겠습니다.

1단계: finance-datareader 라이브러리 설치

코드를 실행하기 전에, 먼저 finance-datareader 라이브러리를 설치해야 합니다. 이를 위해 다음 코드를 코랩에서 실행할 수 있습니다.

```
!pip install finance-datareader
```

챗GPT의 1단계 답변

좋아요! finance-datareader 라이브러리가 설치되었다고 가정하고, 다음 단계로 넘어가겠습니다.

2단계: KRX에서 상장된 종목 리스트 불러오기

이 단계에서는 finance-datareader 라이브러리의 StockListing 메서드를 사용하여 KRX에서 상장된 종목 리스트를 불러오는 코드를 작성합니다. 이 코드를 실행하여 상장된 종목 리스트를 가져온 후, 데이터를 확인한 다음에 계속 진행할지 물어보겠습니다.

```python
import FinanceDataReader as fdr

# KRX 상장된 종목 리스트 불러오기
krx_stocks = fdr.StockListing('KRX')

# 상위 5개 데이터를 확인
krx_stocks.head()
```

이 명령어를 실행한 후에, 다음 단계로 넘어가도 될까요?

> 다음 단계로 넘어가 주세요.

챗GPT의 2단계 답변

좋습니다! 이제 KRX에서 상장된 종목 데이터를 불러왔다고 가정하고, 다음 단계로 넘어가겠습니다.

3단계: 거래 대금 기준 상위 100개 종목 추출

이 단계에서는 불러온 데이터를 거래 대금 기준으로 정렬하고, 상위 100개 종목을 추출합니다. 이를 위해 Amount(거래 대금) 컬럼을 기준으로 데이터를 정렬한 후 상위 100개의 데이터를 선택하는 코드를 작성하겠습니다.

```
# 거래 대금 기준으로 상위 100개 종목 추출
top_100_stocks = krx_stocks.sort_values(by='Amount', ascending=False).head(100)

# 상위 5개 데이터를 확인
top_100_stocks.head()
```

챗GPT의 3단계 답변

Google Colab 실행용 최종 코드

다음 최종 코드는 KRX(한국거래소)에 상장된 모든 종목의 데이터를 가져와, 거래 대금(Amount) 기준으로 상위 100개 종목을 추출하는 과정입니다. 먼저, FinanceDataReader 라이브러리의 StockListing 메서드를 사용해 KRX에 상장된 모든 종목의 목록과 관련 데이터를 불러옵니다. 이후, 가져온 데이터에서 거래 대금 컬럼을 기준으로 내림차순으로 정렬하고, 가장 거래 대금이 높은 100개 종목을 선택합니다.

```
!pip install finance-datareader

import FinanceDataReader as fdr

# KRX 상장된 종목 리스트 불러오기
krx_stocks = fdr.StockListing('KRX')

# 상위 5개 데이터를 확인
krx_stocks.head()

# 거래 대금 기준으로 상위 100개 종목 추출
top_100_stocks = krx_stocks.sort_values(by='Amount', ascending=False).head(100)

# 상위 5개 데이터를 확인
top_100_stocks.head()
```

	Code	ISU_CD	Name	Market	Dept	Close	ChangeCode	Changes	ChagesRatio	Open	High	Low	Volume	Amount	Marcap	Stocks	MarketId
0	005930	KR7005930003	삼성전자	KOSPI		69600	2	-400	-0.57	70100	71200	69600	14610877	1028201207000	415496865480000	5969782550	STK
1	000660	KR7000660001	SK하이닉스	KOSPI		158700	1	3900	2.52	157000	163000	156600	3822108	610499218300	115533975325500	728002365	STK
41	000100	KR7000100008	유한양행	KOSPI		132200	2	-7400	-5.30	141500	142100	131800	3157563	429313894000	106036638260800	80209064	STK
98	035250	KR7035250000	강원랜드	KOSPI		17710	1	1270	7.73	17230	18610	17020	13839847	248052870850	3788886255000	213940500	STK
23	196170	KR7196170005	알테오젠	KOSDAQ GLOBAL	기술성장기업부	297000	2	-10500	-3.41	307500	309500	295000	592733	178990336000	15785112816000	53148528	KSQ

그림 16. 거래량 상위 5개 종목 출력 결과

1.8.4 상승 주도주 구해보기

상승 주도주란 일정 기간 동안 주식이 크게 상승한 종목을 의미하며, 시장의 관심이 집중된 종목을 나타냅니다. 상승 주도주는 투자 기회를 포착하는 데 유용한 지표로 활용됩니다.

상승 주도주 확인 방법

거래 대금 상위 100위 종목을 등락률(주식 변동률) 기준으로 정렬하면 상승 주도주를 쉽게 확인할 수 있습니다. 등락률은 주식 변동을 백분율로 나타낸 값입니다.

이제 파이썬을 사용하여 KRX 시장에서 거래 대금 상위 100위 종목을 불러오고, 이들 종목을 등락률 기준으로 정렬하여 상승 주도주를 찾는 방법을 알아보겠습니다. 이 과정에서는 데이터 분석을 통해 시장의 주요 상승 종목을 한눈에 파악할 수 있어, 투자 기회를 쉽게 발견할 수 있습니다.

> **프롬프트 설계**
>
> KRX에서 거래 대금 상위 100위를 추출한 후 등락률이 높은 순으로 정렬해 상승 주도주를 파악하는 파이썬 코드를 작성하려고 해. 각 단계별로 나누어 진행하되 단계별로 항상 나에게 의견을 물어본 뒤 다음 단계를 진행해 줘. 그리고 파이썬 코드 정보는 다음과 같아.
> - 단계별로 코랩에서 파이썬 코드를 실행해 줘.
> - finance-datareader 라이브러리 설치 후 사용해 줘.
> - StockListing 메서드를 사용해 줘.
> - 날짜는 오늘 날짜를 기준으로 해 줘.
> - 데이터의 컬럼은 Code, ISU_CD, Name, Market, Dept, Close, ChangeCode, Changes, ChangesRatio, Open, High, Low, Volume, Amount, Marcap, Stocks, MarketId로 구성되어 있어.
> - 거래 대금이 높은 상위 100위 종목을 추출한 후에 이 종목을 등락률이 높은 순으로 정렬해서 보여줘.

 1단계로 FinanceDataReader 라이브러리를 설치하고, 2단계에서 KRX 데이터를 불러오는 파이썬 코드를 작성하겠습니다.

```
# 1단계: FinanceDataReader 설치
!pip install finance-datareader

# 2단계: FinanceDataReader를 통해 KRX 데이터 불러오기
import FinanceDataReader as fdr
import pandas as pd

# 오늘 날짜를 기준으로 KRX 데이터 불러오기
krx_stocks = fdr.StockListing('KRX')
```

```
# 데이터의 앞부분 확인
krx_stocks.head()
```

이렇게 먼저 데이터를 불러오고 나서, 다음 단계로 넘어가도 될까요?

> 네, 넘어가 주세요.

챗GPT의 1,2단계 답변

좋습니다! 이제 3단계로 거래 대금 상위 100개 종목을 추출하고, 4단계로 등락률이 높은 순으로 정렬하는 작업을 진행하겠습니다.

3단계: 거래 대금 상위 100개 종목 추출

- 데이터의 Amount(거래 대금) 열을 기준으로 상위 100개 종목을 추출합니다.

4단계: 등락률이 높은 순으로 정렬

- ChagesRatio(등락률) 열을 기준으로 내림차순으로 정렬합니다.

코드를 작성하면 아래와 같습니다.

```
# 3단계: 거래 대금 상위 100개 종목 추출
top_100_amount = krx_stocks.sort_values(by='Amount', ascending=False).head(100)

# 4단계: 등락률이 높은 순으로 정렬
top_100_sorted_by_changes = top_100_amount.sort_values(by='ChangesRatio', ascending=False)

# 결과 확인
top_100_sorted_by_changes.head()
```

챗GPT의 3,4단계 답변

Google Colab 실행용 최종 코드

다음 최종 코드는 KRX(한국거래소)에 상장된 종목 데이터를 불러와, 거래 대금(Amount) 기준 상위 100개 종목을 추출한 뒤, 등락률(ChangesRatio)이 높은 순으로 정렬해 상승 주도주를 파악하는 코드입니다. 먼저, FinanceDataReader 라이브러리를 사용해 KRX 전체 데이터를 가져옵니다. 이후 거래 대금을 기준으로 내림차순 정렬하여 상위 100개 종목을 추출합니다. 마지막으로, 이 상위 100개 종목을 등락률 기준으로 다시 정렬해 시장에서 가장 큰 상승세를 보이는 종목들을 식별합니다. 이를 통해 투자자들은 단기간에 가장 큰 변화를 보인 주식을 빠르게 파악할 수 있습니다.

```
# 1단계: FinanceDataReader 설치
!pip install finance-datareader

# 2단계: FinanceDataReader를 통해 KRX 데이터 불러오기
import FinanceDataReader as fdr
import pandas as pd

# 오늘 날짜를 기준으로 KRX 데이터 불러오기
krx_stocks = fdr.StockListing('KRX')

# 데이터의 앞부분 확인
krx_stocks.head()

# 3단계: 거래 대금 상위 100개 종목 추출
top_100_amount = krx_stocks.sort_values(by='Amount', ascending=False).head(100)

# 4단계: 등락률이 높은 순으로 정렬
top_100_sorted_by_changes = top_100_amount.sort_values(by='ChangesRatio', ascending=False)
```

```
# 결과 확인
top_100_sorted_by_changes.head()
```

1.8.5 하락 주도주 구해보기

하락 주도주는 일정 기간 동안 주식이 크게 하락한 종목을 말합니다. 이는 리스크를 나타내기도 하지만, 매수 기회를 제공할 수도 있어 중요한 분석 대상입니다. 하락 주도주는 등락률이 음수인 종목을 추출하고, 하락폭이 큰 순으로 정렬하면 찾을 수 있습니다.

파이썬을 사용해 거래 대금 상위 100위 종목 중 하락 주도주를 하락률 순으로 정렬하는 방법을 실습해 보겠습니다.

> **프롬프트 설계**
>
> KRX에서 거래 대금 상위 100위를 추출한 후 등락률이 낮은 순으로 정렬해 하락 주도주를 파악하는 파이썬 코드를 작성하려고 해. 각 단계별로 나누어 진행하되 단계별로 항상 나에게 의견을 물어본 뒤 다음 단계를 진행해 줘. 그리고 파이썬 코드 정보는 다음과 같아.
>
> - 단계별로 코랩에서 파이썬 코드를 실행해 줘.
> - finance-datareader 라이브러리 설치 후 사용해 줘.
> - StockListing 메서드를 사용해 줘
> - 날짜는 오늘 날짜를 기준으로 해 줘.
> - 데이터의 컬럼은 Code, ISU_CD, Name, Market, Dept, Close, ChangeCode, Changes, ChangesRatio, Open, High, Low, Volume, Amount, Marcap, Stocks, MarketId로 구성되어 있어.
> - 거래 대금이 높은 상위 100위 종목을 추출한 후에 이 종목을 등락률이 낮은 순으로 정렬해서 보여줘.

좋아요! 먼저 첫 번째 단계로 필요한 라이브러리를 설치하고, finance-datareader를 사용하여 KRX에서 데이터를 불러오겠습니다.

아래는 첫 번째 단계로, 필요한 라이브러리 설치 및 StockListing을 사용하는 코드를 작성했습니다.

```
!pip install finance-datareader

import FinanceDataReader as fdr

# KRX 전체 종목 리스트 불러오기
krx_stocks = fdr.StockListing('KRX')

# KRX 종목 리스트의 상위 데이터 미리보기
krx_stocks.head()
```

이 첫 번째 단계는 KRX에서 전체 종목 리스트를 불러오는 부분입니다. 이 단계를 진행할까요?

네, 진행해 주세요.

챗GPT의 1단계 답변

현재 코랩 환경이 아니어서 직접 실행은 어려우나, 제공된 코드를 코랩에서 직접 실행하면 됩니다.

다음으로는 상위 100위 종목을 추출한 후, 등락률이 낮은 순으로 정렬하는 두 번째 단계를 진행할 계획입니다. 우선 거래 대금 상위 100위 종목을 추출하는 코드입니다.

```
# 거래 대금 기준 상위 100위 추출
top_100_stocks = krx_stocks.sort_values(by='Amount', ascending=False).head(100)

# 상위 100위 종목 미리보기
top_100_stocks.head()
```

이 단계를 진행할까요?

> 네, 진행해 주세요.

챗GPT의 2단계 답변

좋습니다! 다음 단계로 상위 100위 종목을 등락률(ChangesRatio)이 낮은 순서대로 정렬하여 하락 종목을 파악하는 코드를 제안합니다. 아래 코드를 통해 정렬을 수행할 수 있습니다.

```
# 등락률(ChangesRatio) 기준으로 낮은 순으로 정렬
sorted_stocks = top_100_stocks.sort_values(by='ChangesRatio')

# 정렬된 상위 100위 종목 중 등락률 낮은 순서로 미리보기
sorted_stocks.head()
```

챗GPT의 3단계 답변

Google Colab 실행용 최종 코드

다음 최종 코드는 KRX(한국거래소) 데이터를 활용하여 하락 주도주를 파악하는 과정입니다. 먼저, FinanceDataReader 라이브러리를 사용해 KRX 전체 종목 데이터를 가져옵니다. 이후 거래 대금(Amount)을 기준으로 상위 100개 종목을 추출하여 관심 종목을 선별합니다. 다음으로, 이 상위 100개 종목을 등락률(ChangesRatio) 기준으로 오름차순 정렬하여, 주식 하락 폭이 가장 큰 종목들을 확인합니다. 이를 통해 시장에서 가장 큰 하락세를 보인 종목을 빠르게 파악할 수 있습니다.

```
!pip install finance-datareader

import FinanceDataReader as fdr

# KRX 전체 종목 리스트 불러오기
krx_stocks = fdr.StockListing('KRX')

# KRX 종목 리스트의 상위 데이터 미리보기
krx_stocks.head()

# 거래 대금 기준 상위 100위 추출
top_100_stocks = krx_stocks.sort_values(by='Amount', ascending=False).head(100)

# 상위 100위 종목 미리보기
top_100_stocks.head()

# 등락률(ChangesRatio) 기준으로 낮은 순으로 정렬
sorted_stocks = top_100_stocks.sort_values(by='ChangesRatio')

# 정렬된 상위 100위 종목 중 등락률 낮은 순서로 미리보기
sorted_stocks.head()
```

1.8.6 최대 예상 손실액 구하기

최대 예상 손실액(Value at Risk, VAR)은 주식 데이터 분석에서 중요한 개념으로, 투자자가 일정 기간 동안 감수할 수 있는 최대 손실 금액을 예측하는 도구입니다. 쉽게 말해, 투자자가 특정 기간 동안 직면할 수 있는 최악의 손실 시나리오를 가늠할 수 있도록 돕는 것입니다. 예를 들어, '95% 신뢰 수준에서 1일 최대 예상 손실액이 1,000달러'라는 말은 100번 중 95번은 하루 동안 1,000달러 이상의 손실이 발생하지 않을 확률이 있다는 의미입니다. 즉, 이는 5%의 확률로 1,000달러 이상의 손실이 발생할 수 있음을 암시합니다.

최대 예상 손실액을 계산하는 방법은 크게 세 가지로 나뉩니다. 첫 번째는 과거 데이터를 바탕으로 손실 분포를 분석하는 **히스토리컬 방법**입니다. 이 방법은 실제 발생했던 주식 변동을 기준으로 향후 손실 가능성을 예측합니다. 두 번째는 **몬테카를로 시뮬레이션**입니다. 이 방법은 수많은 가상 시나리오를 통해 다양한 시장 상황을 모의 실험하고, 그 결과를 바탕으로 손실 범위를 추정합니다. 세 번째는 **분산-공분산 방법**으로, 이는 주식의 변동성과 상관관계를 이용하여 잠재적인 손실을 계산하는 방법입니다.

최대 예상 손실액은 투자자가 리스크를 이해하고 관리하는 데 매우 유용한 도구입니다. 이를 통해 투자자는 자신의 포트폴리오가 어느 정도의 손실을 감수할 수 있을지 미리 파악할 수 있으며, 리스크에 맞는 투자 전략을 수립할 수 있습니다. 나아가, 최대 예상 손실액은 특정 시장 상황에서 예상되는 최악의 손실 규모를 시각화해 주기 때문에, 감정에 치우치지 않고 객관적으로 리스크를 평가하는 데 도움을 줍니다. 따라서 투자 의사 결정 과정에서 최대 예상 손실액을 참고함으로써 보다 전략적이고 안정적인 투자 관리가 가능합니다.

프롬프트 설계

삼성전자 주식을 보유할 때, 최대 예상 손실액을 구하는 파이썬 코드를 작성하려고 해. 각 단계별로 나누어 진행하되 단계별로 항상 나에게 의견을 물어본 뒤 다음 단계를 진행해 줘. 그리고 파이썬 코드 정보는 다음과 같아.

- 단계별로 코랩에서 파이썬 코드를 실행할 거야.
- finance-datareader와 matplotlib 라이브러리 설치한 후 사용해 줘.
- datareader 메서드를 사용해 줘.
- 1억 원을 6개월간 보유할 때의 최대 예상 손실액을 구해 줘.
- 최근 10년간의 데이터를 참고해 줘.

좋습니다! 첫 번째 단계로 필요한 라이브러리인 finance-datareader와 matplotlib를 설치하는 코드를 준비했습니다. 코랩에서 먼저 실행해 주세요.

```
!pip install finance-datareader
import FinanceDataReader as fdr
import matplotlib.pyplot as plt
```

이 단계를 먼저 실행한 후 다음으로 넘어갈까요?

> 넘어가 주세요.

챗GPT의 1단계 답변

다음 단계로, 최근 10년간의 삼성전자 주식 데이터를 불러오는 코드를 작성했습니다. datareader 메서드를 사용하여 데이터를 가져올 것이며, 10년간의 데이터를 불러온 후 주식 추이를 확인할 수 있도록 간단한 시각화도 추가할게요.

```python
import FinanceDataReader as fdr
import matplotlib.pyplot as plt
from datetime import datetime

# 삼성전자 티커: '005930'
ticker = '005930'

# 오늘 날짜 기준으로 10년 전 데이터를 가져오기
start_date = (datetime.now().year - 10, datetime.now().month, datetime.now().day)
start_date = datetime(*start_date).strftime('%Y-%m-%d')
end_date = datetime.now().strftime('%Y-%m-%d')

# 삼성전자 주식 데이터 불러오기
samsung_data = fdr.DataReader(ticker, start=start_date, end=end_date)

# 주식 시각화
plt.figure(figsize=(10, 5))
plt.plot(samsung_data['Close'])
plt.title('Samsung Electronics Stock Price (10 years)')
plt.xlabel('Date')
plt.ylabel('Stock Price (KRW)')
plt.show()
```

이 코드를 실행하여 삼성전자의 10년간 주식 데이터를 불러오고 시각화한 뒤 확인해 주세요. 다음 단계로 넘어갈까요?

넘어가 주세요.

챗GPT의 2단계 답변

이제 1억원을 6개월간 보유했을 때의 최대 예상 손실액(VAR)을 계산하는 코드를 작성해 보겠습니다. 이를 위해 주식의 일일 수익률을 계산하고, Value at Risk(VAR)를 추정할 것입니다. 일반적으로 95% 또는 99% 신뢰 구간을 사용합니다. 먼저, 일일 수익률을 계산한 후, VAR을 계산하는 과정을 추가하겠습니다.

```python
import numpy as np

# 일일 수익률 계산
samsung_data['Returns'] = samsung_data['Close'].pct_change()

# 6개월 = 126 거래일(영업일 기준 약 21일 * 6개월)
holding_period = 126

# 95% 신뢰 수준에서 VAR 계산
confidence_level = 0.95
var_95 = np.percentile(samsung_data['Returns'].dropna(), (1 - confidence_level) * 100)

# 1억원에 대한 예상 손실 (6개월 기준)
investment_value = 100_000_000  # 1억원
var_95_6months = var_95 * np.sqrt(holding_period)  # 6개월 동안의 VAR 조정
expected_loss_95 = investment_value * var_95_6months

print(f"95% 신뢰 수준에서 6개월 동안의 최대 예상 손실액: {expected_loss_95:,.0f} KRW")
```

이 코드는 95% 신뢰 수준에서 6개월 동안의 최대 예상 손실액(VAR)을 계산합니다. 일단 이 코드를 실행해보고 결과를 확인한 후, 99% 신뢰 수준으로도 계산을 추가할까요?

네, 추가해 주세요.

챗GPT의 3단계 답변

좋습니다! 이제 99% 신뢰 수준에서 최대 예상 손실액(VAR)을 계산하는 부분을 추가했습니다. 두 신뢰 수준(95% 및 99%) 모두 비교할 수 있도록 코드를 수정했습니다.

```python
# 99% 신뢰 수준에서 VAR 계산
confidence_level_99 = 0.99
var_99 = np.percentile(samsung_data['Returns'].dropna(), (1 - confidence_level_99) * 100)

# 99% 신뢰 수준에서 6개월 동안의 VAR 조정
var_99_6months = var_99 * np.sqrt(holding_period)
expected_loss_99 = investment_value * var_99_6months

# 결과 출력
print(f"95% 신뢰 수준에서 6개월 동안의 최대 예상 손실액: {expected_loss_95:,.0f} KRW")
print(f"99% 신뢰 수준에서 6개월 동안의 최대 예상 손실액: {expected_loss_99:,.0f} KRW")
```

챗GPT의 4단계 답변

Google Colab 실행용 최종 코드

다음 최종 코드는 삼성전자 주식 데이터를 기반으로 1억 원을 6개월간 보유했을 때의 최대 예상 손실액을 계산합니다. 먼저, 최근 10년간의 주식 데이터를 불러오고 시각화하여 가격 변동을 확인합니다. 이후, 주식의 일일 수익률을 계산한 뒤, 95% 및 99% 신뢰 수준에서의 최대 예상 손실액을 추정합니다. 최대 예상 손실액은 주식 변동률의 특정 백분위수를 기반으로 하며, 6개월간의 손실 가능성을 반영하기 위해 기간을 조정합니다. 이를 통해 투자자는 최악의 경우에 대비한 리스크를 정량적으로 파악할 수 있습니다.

```
!pip install finance-datareader
import FinanceDataReader as fdr
import matplotlib.pyplot as plt
from datetime import datetime

# 삼성전자 티커: '005930'
ticker = '005930'

# 오늘 날짜 기준으로 10년 전 데이터를 가져오기
start_date = (datetime.now().year - 10, datetime.now().month, datetime.now().day)
start_date = datetime(*start_date).strftime('%Y-%m-%d')
end_date = datetime.now().strftime('%Y-%m-%d')

# 삼성전자 주식 데이터 불러오기
samsung_data = fdr.DataReader(ticker, start=start_date, end=end_date)

# 주식 시각화
plt.figure(figsize=(10, 5))
plt.plot(samsung_data['Close'])
plt.title('Samsung Electronics Stock Price (10 years)')
plt.xlabel('Date')
plt.ylabel('Stock Price (KRW)')
plt.show()
```

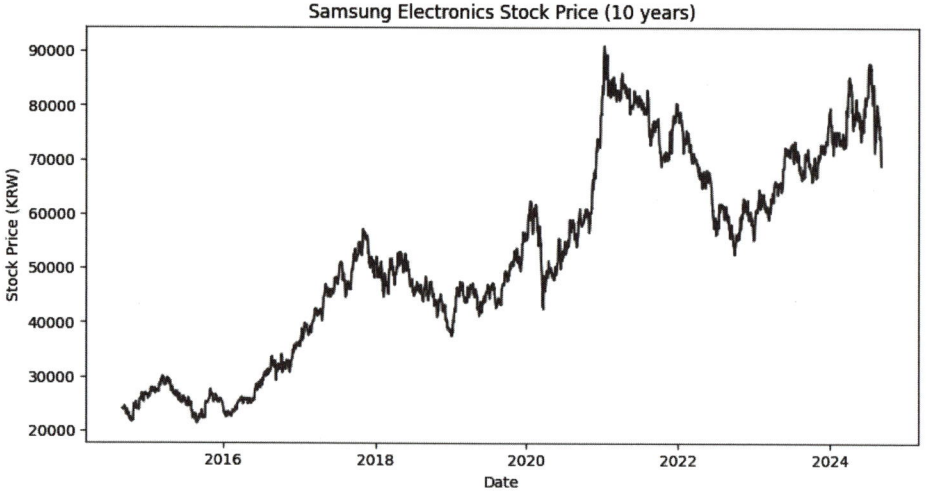

그림 17. 데이터 시각화 결과 1

```
import numpy as np

# 일일 수익률 계산
samsung_data['Returns'] = samsung_data['Close'].pct_change()

# 6개월 = 126 거래일(영업일 기준 약 21일 * 6개월)
holding_period = 126

# 95% 신뢰 수준에서 VAR 계산
confidence_level = 0.95
var_95 = np.percentile(samsung_data['Returns'].dropna(), (1 - confidence_level) * 100)

# 1억원에 대한 예상 손실 (6개월 기준)
investment_value = 100_000_000  # 1억원
var_95_6months = var_95 * np.sqrt(holding_period)  # 6개월 동안의 VAR 조정
expected_loss_95 = investment_value * var_95_6months

print(f"95% 신뢰 수준에서 6개월 동안의 최대 예상 손실액: {expected_loss_95:,.0f} KRW")
```

> 95% 신뢰 수준에서 6개월 동안의 최대 예상 손실액: -28,206,457 KRW

그림 18. 데이터 시각화 결과 2

```
# 99% 신뢰 수준에서 VAR 계산
confidence_level_99 = 0.99
var_99 = np.percentile(samsung_data['Returns'].dropna(), (1 - confidence_level_99) * 100)

# 99% 신뢰 수준에서 6개월 동안의 VAR 조정
var_99_6months = var_99 * np.sqrt(holding_period)
expected_loss_99 = investment_value * var_99_6months

# 결과 출력
print(f"95% 신뢰 수준에서 6개월 동안의 최대 예상 손실액: {expected_loss_95:,.0f} KRW")
print(f"99% 신뢰 수준에서 6개월 동안의 최대 예상 손실액: {expected_loss_99:,.0f} KRW")
```

> 95% 신뢰 수준에서 6개월 동안의 최대 예상 손실액: -28,206,457 KRW
> 99% 신뢰 수준에서 6개월 동안의 최대 예상 손실액: -41,162,711 KRW

그림 19. 데이터 시각화 결과 3

이외에 최대 예산 손실액을 몬테카를로 시뮬레이션 방법과 분산-공분산 방법으로 구하기 위한 프롬프트 설계는 다음과 같습니다.

> **프롬프트 설계(몬테카를로 시뮬레이션 방법)**
>
> 삼성전자 주식을 보유할 시 최대 예상 손실액을 구하는 파이썬 코드를 작성하려고 해. 각 단계별로 나누어 진행하되 단계별로 항상 나에게 의견을 물어본 뒤 다음 단계를 진행해 줘. 그리고 파이썬 코드 정보는 다음과 같아.
>
> - 단계별로 코랩에서 파이썬 코드를 실행할 거야.
> - finance-datareader와 matplotlib 라이브러리 설치한 후 사용해 줘.
> - datareader 메서드를 사용해 줘.
> - 1억 원을 6개월간 보유할 때의 최대 예상 손실액을 몬테카를로 시뮬레이션 방법으로 구해 줘.
> - 최근 10년간의 데이터를 참고해 줘.

> **프롬프트 설계(분산-공분산 방법)**
>
> 삼성전자 주식을 보유할 시 최대 예상 손실액을 구하는 파이썬 코드를 작성하려고 해. 각 단계별로 나누어 진행하되 단계별로 항상 나에게 의견을 물어본 뒤 다음 단계를 진행해 줘. 그리고 파이썬 코드 정보는 다음과 같아.
>
> - 단계별로 코랩에서 파이썬 코드를 실행할 거야.
> - finance-datareader와 matplotlib 라이브러리 설치한 후 사용해 줘.
> - datareader 메서드를 사용해 줘.
> - 1억 원을 6개월간 보유할 때의 최대 예상 손실액을 분산-공분산 방법으로 구해 줘.
> - 최근 10년간의 데이터를 참고해 줘.

1.8.7 최대 손실 낙폭(Maximum Drawdown, MDD)

최대 손실 낙폭은 특정 기간 동안 자산의 최고점에서 최저점까지 발생한 가장 큰 손실을 측정하는 지표입니다. 쉽게 말해, 특정 기간 동안 투자 자산이 얼마나 큰 손실을 겪을 수 있는지를 나타내는 중요한 위험 평가 지표입니다. 퀀트 투자에서는 수익률을 높이는 것보다 최대 손실 낙폭을 낮추는 것이 더 나은 투자 전략이라고 평가될 정도로 중요한 지표로 여겨집니다.

예를 들어, 투자 초기 자산 가치가 1,000달러였다고 가정해 봅시다. 자산의 가치가 최고점인 1,200달러로 상승한 후, 최저점인 800달러로 하락했다면, 최대 손실 낙폭은 400달러가 됩니다. 이는 자산이 최고점에서 최저점까지 400달러의 손실을 기록했음을 의미합니다.

최대 손실 낙폭은 투자 리스크를 측정하고 관리하는 데 매우 중요한 역할을 합니다. 투자자는 이 지표를 통해 특정 기간 동안 발생할 수 있는 최악의 손실을 예상할 수 있으며, 이를 바탕으로 리스크를 관리하고 투자 전략을 세울 수 있습니다. 예를 들어, 최대 손실 낙폭이 낮으면 상대적으로 리스크가 적은 투자로 평가되며, 최대 손실 낙폭이 높으면 더 큰 리스크가 있는 투자로 간주될 수 있습니다.

최대 손실 낙폭은 단순히 수익률만을 고려하는 대신, 리스크 관리의 관점에서 장기적인 투자 성과를 최적화하는 데 중요한 지표로 활용됩니다. 이는 투자자에게 중요한 투자 전략 수립의 근거가 될 수 있습니다.

finance-datareader 라이브러리를 활용해 주식 데이터를 불러오고, 주식의 최고점에서 최저점까지의 손실을 계산하여 최대 손실 낙폭을 구하는 프롬프트를 다음과 같이 설계합니다.

프롬프트 설계

삼성전자 주식의 최대 손실 낙폭을 구하는 파이썬 코드를 작성하려고 해. 각 단계별로 나누어 진행하되 단계별로 항상 나에게 의견을 물어본 뒤 다음 단계를 진행해 줘. 그리고 파이썬 코드 정보는 다음과 같아

- 단계별로 코랩에서 파이썬 코드를 실행할 거야.
- finance-datareader와 matplotlib 라이브러리 설치한 후 사용해 줘.
- datareader 메서드를 사용해 줘.
- 기간은 2024년 1월-6월을 대상으로 해서 최대 손실 낙폭을 구해 줘.
- 도출한 최대 손실 낙폭을 보기 좋게 시각화해 줘.

좋아요! 첫 번째 단계로, 필요한 라이브러리를 설치하고 데이터를 불러오는 코드를 작성할게요. 먼저 finance-datareader와 matplotlib를 설치하고, 삼성전자 주식 데이터를 2024년 1월부터 6월까지 가져오는 코드를 아래와 같이 구성했습니다.

1단계: 라이브러리 설치 및 주식 데이터 불러오기

```
# 코랩에서 라이브러리 설치
!pip install finance-datareader
!pip install matplotlib

# 라이브러리 불러오기
import FinanceDataReader as fdr
import matplotlib.pyplot as plt

# 삼성전자 주식 데이터 불러오기(2024년 1월-6월)
start_date = '2024-01-01'
end_date = '2024-06-30'
samsung_stock = fdr.DataReader('005930', start_date, end_date)

# 불러온 데이터 확인
samsung_stock.head()
```

이 코드를 실행하면 2024년 1월부터 6월까지의 삼성전자 주식 데이터를 확인할 수 있습니다. 이 단계가 괜찮다면 다음 단계로 넘어가서 최대 손실 낙폭(Maximum Drawdown)을 계산하는 코드를 작성하겠습니다. 어떻게 생각하세요?

> 네, 진행해 주세요.

챗GPT의 1단계 답변

좋습니다! 이제 두 번째 단계로 넘어가서 최대 손실 낙폭(Maximum Drawdown)을 계산하는 코드를 작성하겠습니다.

2단계: 최대 손실 낙폭 계산

최대 손실 낙폭 계산하기 위해 주식의 최고점과 최저점을 기준으로 낙폭을 구하고, 그 중 최대 낙폭을 찾는 코드를 작성할게요.

```python
# 주식의 최고점 기준으로 누적 최댓값을 계산
samsung_stock['Peak'] = samsung_stock['Close'].cummax()

# 낙폭 계산(현재 주식이 최고점 대비 얼마나 하락했는지 계산)
samsung_stock['Drawdown'] = (samsung_stock['Close'] - samsung_stock['Peak']) / samsung_stock['Peak']

# 최대 손실 낙폭(최대 낙폭) 계산
max_drawdown = samsung_stock['Drawdown'].min()

# 결과 출력
print(f"2024년 1월부터 6월까지의 삼성전자 최대 손실 낙폭: {max_drawdown * 100:.2f}%")
```

이 코드를 실행하면 2024년 1월부터 6월까지의 삼성전자 주식의 최대 손실 낙폭을 계산할 수 있습니다. 이 단계가 괜찮다면, 마지막으로 시각화하는 단계를 진행하겠습니다. 계속 진행할까요?

네, 진행해 주세요.

챗GPT의 2단계 답변

좋아요! 이제 마지막 단계로, 계산된 최대 손실 낙폭을 보기 좋게 시각화하는 코드를 작성하겠습니다.

3단계: 최대 손실 낙폭 시각화

```
# 시각화 설정
plt.figure(figsize=(12, 6))

# 종가(Closing Price)와 피크(Peak)를 함께 시각화
plt.plot(samsung_stock.index, samsung_stock['Close'], label='Closing Price', color='blue')
plt.plot(samsung_stock.index, samsung_stock['Peak'], label='Peak Price', linestyle='--', color='orange')

# 낙폭(Drawdown)을 시각화
plt.fill_between(samsung_stock.index, samsung_stock['Peak'], samsung_stock['Close'], color='red', alpha=0.3, label='Drawdown')

# 제목과 축 라벨 설정
plt.title('Samsung Electronics Maximum Drawdown (Jan - Jun 2024)', fontsize=16)
plt.xlabel('Date', fontsize=12)
plt.ylabel('Price (KRW)', fontsize=12)

# 범례 추가
plt.legend(loc='best')

# 그래프 보여주기
plt.show()
```

챗GPT의 3단계 답변

Google Colab 실행용 최종 코드

다음 최종 코드는 2024년 1월부터 6월까지 삼성전자 주식 데이터를 기반으로 최대 손실 낙폭을 계산하고 시각화합니다. 먼저 FinanceDataReader를 사용해 해당 기간의 주식 데이터를 불러옵니다. 이후, 누적 최고가를 기준으로 현재 주식과의 차이를 계산해 낙폭(Drawdown)을 구합니다. 낙폭 값 중 가장 큰 하락률이 최대 손실 낙폭으로 산출됩니다. 시각화 단계에서는 종가(Closing Price)와 누적 최고가(Peak)를 그래프로 나타내고, 낙폭 구간은 시각적으로 강조해 보여줍니다

```python
# 코랩에서 라이브러리 설치
!pip install finance-datareader
!pip install matplotlib

# 라이브러리 불러오기
import FinanceDataReader as fdr
import matplotlib.pyplot as plt

# 삼성전자 주식 데이터 불러오기(2024년 1월-6월)
start_date = '2024-01-01'
end_date = '2024-06-30'
samsung_stock = fdr.DataReader('005930', start_date, end_date)

# 불러온 데이터 확인
samsung_stock.head()

# 주식의 최고점 기준으로 누적 최댓값을 계산
samsung_stock['Peak'] = samsung_stock['Close'].cummax()

# 낙폭 계산(현재 주식이 최고점 대비 얼마나 하락했는지 계산)
samsung_stock['Drawdown'] = (samsung_stock['Close'] - samsung_stock['Peak']) / samsung_stock['Peak']
```

```python
# 최대 손실 낙폭(최대 낙폭) 계산
max_drawdown = samsung_stock['Drawdown'].min()

# 결과 출력
print(f"2024년 1월부터 6월까지의 삼성전자 최대 손실 낙폭: {max_drawdown * 100:.2f}%")
```

 2024년 1월부터 6월까지의 삼성전자 최대손실 낙폭: -13.83%

그림 20. 데이터 출력 결과

```python
# 시각화 설정
plt.figure(figsize=(12, 6))

# 종가(Closing Price)와 피크(Peak)를 함께 시각화
plt.plot(samsung_stock.index, samsung_stock['Close'], label='Closing Price', color='blue')
plt.plot(samsung_stock.index, samsung_stock['Peak'], label='Peak Price', linestyle='--', color='orange')

# 낙폭(Drawdown)을 시각화
plt.fill_between(samsung_stock.index, samsung_stock['Peak'], samsung_stock['Close'], color='red', alpha=0.3, label='Drawdown')

# 제목과 축 라벨 설정
plt.title('Samsung Electronics Maximum Drawdown (Jan - Jun 2024)', fontsize=16)
plt.xlabel('Date', fontsize=12)
plt.ylabel('Price (KRW)', fontsize=12)

# 범례 추가
plt.legend(loc='best')
```

# 그래프 보여주기
plt.show()

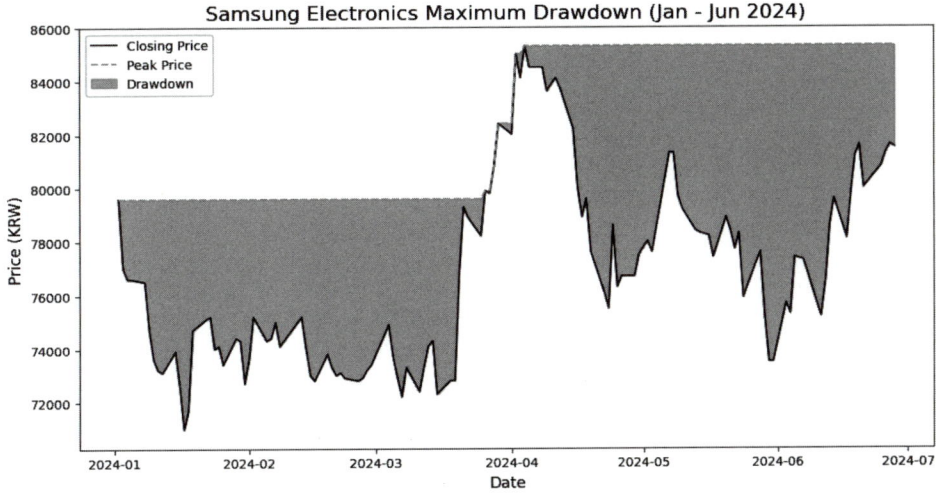

그림 21. 데이터 출력 결과

1.9 주식 데이터 상관관계 및 회귀 분석

주식 데이터에서 변수 간의 관계를 이해하는 것은 시장 흐름을 파악하는 데 유용합니다. 상관관계 분석을 통해 두 변수가 얼마나 연관되어 있는지를 확인할 수 있으며, 회귀 분석을 활용하면 한 변수가 다른 변수에 미치는 영향을 수치적으로 분석할 수 있습니다. 예를 들어, 코스피와 다우존스 지수의 상관관계를 분석하면 두 지수가 유사한 움직임을 보이는지 확인할 수 있습니다. 또한, 회귀 분석을 적용하면 다우존스 지수의 변화가 코스피 지수에 미치는 영향을 예측할 수 있습니다. 이 장에서는 상관관계와 회귀 분석의 개념을 이해하고, 이를 주식 데이터에 적용하는 방법을 살펴보겠습니다.

1.9.1 상관관계 및 회귀 분석 개념

상관관계와 회귀 분석은 두 변수 간의 관계를 이해하고 분석하는 데 중요한 도구입니다. 이를 통해 주식시장에서 다양한 데이터 간의 연관성을 파악할 수 있습니다.

상관관계는 두 변수 사이의 관계를 설명하는 개념으로, 쉽게 말해 한 변수가 변할 때 다른 변수가 어떻게 변하는지를 파악하는 것입니다. 예를 들어, 주식시장에서 거래량과 주가 간의 관계를 생각해 보면, 거래량이 증가할 때 주가도 함께 상승하는 경향이 있다면, 두 변수는 서로 상관관계를 가진다고 볼 수 있습니다. 상관관계는 일반적으로 -1에서 1 사이의 값으로 나타납니다. 1에 가까울수록 두 변수는 강한 양의 상관관계를 가지며, 이는 두 변수가 같은 방향으로 움직입니다. 반대로 -1에 가까울수록 강한 음의 상관관계를 의미하며, 이는 두 변수가 반대 방향으로 움직입니다. 상관관계가 0에 가까울수록 두 변수 간에는 거의 관계가 없음을 의미합니다.

상관관계를 이해하는 것은 주식시장 분석에서 매우 중요합니다. 같은 산업에 속한 두 회사의 주식은 외부 요인의 영향을 비슷하게 받을 가능성이 높기 때문입니다. 예를 들어, 삼성전자와 SK하이닉스와 같은 반도체 관련 기업들은 같은 산업 환경에 영향을 받기 때문에 주식이 비슷한 양상으로 움직이는 경향이 있습니다. 이러한 경우, 두 주식 간에는 긍정적 상관관계가 있다고 말합니다. 상관계수가 +1에 가까울수록 두 주식의 움직임은 거의 동일하다고 볼 수 있습니다.

반면, 부정적 상관관계는 한 주식의 가격이 오를 때 다른 주식의 가격이 하락하는 관계를 의미합니다. 예를 들어, 전통적인 에너지 산업과 전기차 관련 산업은 서로 반대 방향으로 움직일 가능성이 큽니다. 회귀 분석은 상관관계를 더 심화한 분석 방법입니다. 이는 한 변수가 다른 변수에 미치는 영향을 수치적으로 분석하는 도구입니다. 회귀 분석을 통해 독립 변수(예: 거래량)가 종속 변수(예: 주가)에 어떤 영향을 미치는지를 파악할 수 있습니다. 구체적으로는, 특정 주식의 거래량이 증가할 때 주식이 얼마나 변하는지를 예측할 수 있습니다. 예컨대 거래량이 100만주 증가할 때 주식이 평균적으로 얼마나 상승하거나 하락하는지를 측정할 수 있습니다.

이처럼 상관관계 분석과 회귀 분석은 주식시장 데이터를 이해하고 예측하는 데 필수적인 도구입니다. 상관관계를 통해 변수 간의 관계를 파악하고, 회귀 분석을 통해 그 관계의 구체적인 영향을 수치적으로 확인할 수 있습니다.

1.9.2 상관관계 구하기 및 시각화

프롬프트 설계를 통해 상관관계를 시각화하는 파이썬 코드를 실습해 보겠습니다.

> **프롬프트 설계**
>
> 코스피와 다우존스 지수의 상관관계를 시각화하는 파이썬 코드를 작성하려고 해. 각 단계별로 나누어 진행하되 단계마다 항상 나에게 의견을 물어본 뒤 다음 단계를 진행해 줘. 그리고 파이썬 코드 정보는 다음과 같아.
>
> - 단계별로 코랩에서 파이썬 코드를 실행할 거야.
> - finance-datareader와 matplotlib 라이브러리 설치 후 사용해 줘.
> - DataReader 메서드를 사용해 줘.
> - 기간은 2015년 1월 1일부터 2024년 6월 30일까지로 해 줘.
> - 상관계수를 출력해 줘.
> - 산점도로 시각화해 줘.

좋은 계획이네요! 단계별로 코드를 작성하면서 진행할 수 있도록 하겠습니다.

1단계는 필요한 라이브러리인 finance-datareader와 matplotlib를 설치하는 것입니다. 코랩에서 사용할 수 있도록 해당 라이브러리들을 설치하는 코드를 먼저 제공하겠습니다. 이 코드가 제대로 실행된 후 다음 단계로 진행할 수 있습니다.

```
!pip install finance-datareader matplotlib
```

이 코드를 실행한 후 라이브러리가 잘 설치되었는지 확인해보고, 문제가 없다면 다음 단계로 넘어가겠습니다. 라이브러리 설치가 완료되었는지 확인한 후 알려주세요!

> 네, 다음 단계로 진행해 주세요.

챗GPT의 1단계 답변

좋습니다! 이제 2단계로 넘어가겠습니다.

2단계에서는 코스피와 다우존스 지수 데이터를 가져오는 과정을 진행할 겁니다. FinanceDataReader 라이브러리의 DataReader 메서드를 사용하여 두 지수의 데이터를 2015년 1월 1일부터 2024년 6월 30일까지 불러오겠습니다.

우선 이 데이터를 가져오는 코드입니다.

2단계: 코스피와 다우존스 지수 데이터 불러오기

```python
import FinanceDataReader as fdr
import pandas as pd

# 2015-01-01 ~ 2024-06-30 기간 설정
start_date = '2015-01-01'
end_date = '2024-06-30'

# 코스피와 다우존스 지수 데이터 불러오기
kospi = fdr.DataReader('KS11', start_date, end_date)
dow_jones = fdr.DataReader('DJI', start_date, end_date)

# 데이터를 확인하기 위해 상위 5개 행 출력
print(kospi.head())
print(dow_jones.head())
```

이 코드를 실행하면 두 지수의 데이터를 확인할 수 있습니다. 데이터가 잘 불러와졌는지 확인해보고, 이상이 없다면 다음 단계로 넘어가겠습니다. 데이터가 잘 불러와졌는지 확인한 후 알려주세요.

> 네, 다음 단계로 넘어가 주세요.

챗GPT의 2단계 답변

 좋습니다! 데이터가 잘 불러와졌다면, 이제 3단계로 넘어가겠습니다.

3단계에서는 두 지수의 일자별 종가(Close) 데이터를 기준으로 상관계수를 계산할 것입니다. 두 지수의 종가 데이터를 하나의 데이터 프레임으로 합친 후 상관계수를 구할 겁니다.

3단계: 상관계수 계산

```python
# 두 지수의 종가 데이터만 추출하여 합치기
merged_data = pd.DataFrame({
    'KOSPI': kospi['Close'],
    'Dow Jones': dow_jones['Close']
})

# 결측치 처리 (공통된 날짜만 사용)
merged_data.dropna(inplace=True)

# 상관계수 계산
correlation = merged_data.corr()
print("코스피와 다우존스 지수의 상관계수:")
print(correlation)
```

이 코드를 실행하면 코스피와 다우존스 지수의 상관계수가 출력될 것입니다. 상관계수가 제대로 출력되었는지 확인한 후, 이상이 없다면 산점도 시각화를 위한 다음 단계로 넘어가겠습니다.

상관계수 확인 후 알려주세요!

네, 넘어가 주세요.

챗GPT의 3단계 답변

 좋습니다! 이제 4단계에서는 코스피와 다우존스 지수의 종가 데이터를 이용하여 산점도(scatter plot)를 시각화하겠습니다.

matplotlib 라이브러리를 사용하여 산점도를 그릴 예정입니다. 코스피 지수를 x축, 다우존스 지수를 y축으로 하여 상관관계를 시각화할 수 있습니다.

4단계: 산점도 시각화

```python
import matplotlib.pyplot as plt
# 산점도 그리기
plt.figure(figsize=(10, 6))
plt.scatter(merged_data['KOSPI'], merged_data['Dow Jones'], alpha=0.5)
plt.title('KOSPI vs Dow Jones (2015-2024)')
plt.xlabel('KOSPI')
plt.ylabel('Dow Jones')
plt.grid(True)
# 그래프 출력
plt.show()
```

챗GPT의 4단계 답변

Google Colab 실행용 최종 코드

다음 최종 코드는 2015년부터 2024년까지의 코스피와 다우존스 지수 데이터를 가져와, 두 지수 간의 관계를 분석하고 시각화하는 데 사용됩니다. 데이터를 불러오는 데는 FinanceDataReader 라이브러리가 활용되며, 이후 종가 데이터를 기준으로 두 지수를 비교합니다. 결측치를 제거한 뒤, 두 지수 간의 상관계수를 계산하여 얼마나 밀접한 관계가 있는지 숫자로 확인합니다. 마지막으로, matplotlib 라이브러리를 사용해 산점도를 그려 코스피와 다우존스 지수가 서로 어떤 패턴으로 움직였는지 시각적으로 표현합니다.

```
!pip install finance-datareader matplotlib
import FinanceDataReader as fdr
import pandas as pd

# 2015-01-01 ~ 2024-06-30 기간 설정
start_date = '2015-01-01'
end_date = '2024-06-30'

# 코스피와 다우존스 지수 데이터 불러오기
kospi = fdr.DataReader('KS11', start_date, end_date)
dow_jones = fdr.DataReader('DJI', start_date, end_date)

# 데이터를 확인하기 위해 상위 5개 행 출력
print(kospi.head())
print(dow_jones.head())

# 두 지수의 종가 데이터만 추출하여 합치기
merged_data = pd.DataFrame({
    'KOSPI': kospi['Close'],
    'Dow Jones': dow_jones['Close']
})

# 결측치 처리 (공통된 날짜만 사용)
merged_data.dropna(inplace=True)
```

```
# 상관계수 계산
correlation = merged_data.corr()
print("코스피와 다우존스 지수의 상관계수:")
print(correlation) import matplotlib.pyplot as plt

# 산점도 그리기
plt.figure(figsize=(10, 6))
plt.scatter(merged_data['KOSPI'], merged_data['Dow Jones'], alpha=0.5)
plt.title('KOSPI vs Dow Jones (2015-2024)')
plt.xlabel('KOSPI')
plt.ylabel('Dow Jones')
plt.grid(True)

# 그래프 출력
plt.show()
```

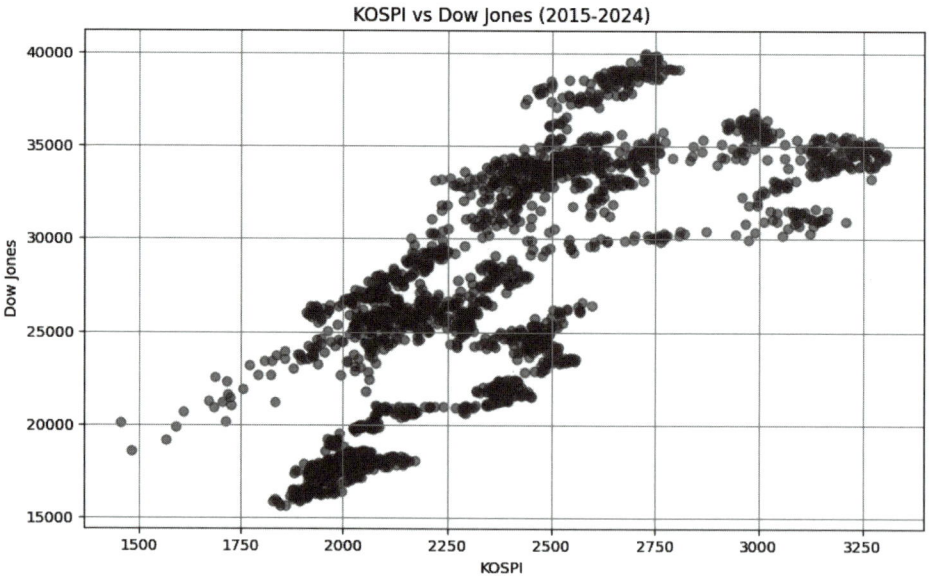

그림 22. 데이터 출력 결과

1.9.3 선형 회귀 분석

프롬프트 설계를 통해 상관관계를 시각화하는 파이썬 코드를 실습해 보겠습니다.

> **프롬프트 설계**
>
> 다우존스와 코스피 지수의 회귀 분석을 수행하는 파이썬 코드를 작성하려고 해. 각 단계별로 나누어 진행하되 단계마다 항상 나에게 의견을 물어본 뒤 다음 단계를 진행해 줘. 그리고 파이썬 코드 정보는 다음과 같아.
>
> – 단계별로 코랩에서 파이썬 코드를 실행할 거야.
> – finance-datareader와 matplotlib 라이브러리 설치 후 사용해 줘.
> – DataReader 메서드를 사용해 줘.
> – 다우존스를 독립변수로 코스피 지수를 종속변수로 해 줘.
> – 산점도와 함께 회귀직선도 시각화해 줘.
> – 기간은 2015년 1월 1일부터 2024년 6월 30일까지로 해 줘.
> – 파이썬 초보자도 쉽게 알 수 있게끔 주석을 달아줘.
> – 그래프 라벨은 영어 변수로 해 줘.

 좋아요! 단계별로 코드를 작성하면서 설명을 드릴게요. 첫 단계는 필요한 라이브러리를 설치하고 데이터를 가져오는 부분입니다. 이 부분이 잘 동작하는지 확인한 뒤 다음 단계로 넘어가도록 할게요.

1단계: 라이브러리 설치 및 데이터 가져오기

먼저, finance-datareader와 matplotlib 라이브러리를 설치하고, 이를 사용하여 다우존스와 코스피 데이터를 가져오는 코드를 작성하겠습니다. 데이터는 2015년 1월 1일부터 2024년 6월 30일까지로 설정합니다.

```
# 라이브러리 설치 (코랩에서만 필요)
!pip install finance-datareader
!pip install matplotlib
```

```
# 필요한 라이브러리 임포트
import FinanceDataReader as fdr
import matplotlib.pyplot as plt

# 기간 설정
start_date = '2015-01-01'
end_date = '2024-06-30'

# 다우존스(Dow Jones) 데이터 가져오기
dow_jones = fdr.DataReader('DJI', start_date, end_date)

# 코스피 데이터 가져오기
kospi = fdr.DataReader('KS11', start_date, end_date)

# 가져온 데이터 확인 (5줄만 출력)
print("Dow Jones data:")
print(dow_jones.head())
print("\nKOSPI data:")
print(kospi.head())
```

이 코드를 실행하면, 다우존스와 코스피 데이터를 DataReader 메서드를 사용하여 가져오게 됩니다. 여기서 먼저 데이터를 성공적으로 불러오는지 확인하고, 다음 단계로 진행하겠습니다.

이 코드에서 추가하고 싶은 사항이나 궁금한 부분이 있으신가요?

> 다음 단계로 진행해 주세요.

챗GPT의 1단계 답변

좋습니다! 다음 단계에서는 데이터를 정리하고, 두 지수의 날짜를 맞추기 위해 공통 날짜에 해당하는 데이터를 선택한 뒤, 산점도를 그려보도록 하겠습니다.

2단계: 데이터 정리 및 산점도 그리기

먼저, 다우존스(Dow Jones)와 코스피 지수의 날짜를 기준으로 데이터를 합친 후, 산점도를 그리겠습니다. 여기서 각 지수의 Close 가격(종가)을 사용하겠습니다.

```python
# 다우존스와 코스피의 'Close' 가격만 사용
dow_close = dow_jones[['Close']]
kospi_close = kospi[['Close']]

# 날짜를 기준으로 데이터 합치기 (공통 날짜만 남김)
merged_data = dow_close.join(kospi_close, lsuffix='_Dow', rsuffix='_KOSPI', how='inner')

# 합친 데이터 확인 (5줄만 출력)
print("Merged Data (Dow Jones & KOSPI):")
print(merged_data.head())

# 산점도 그리기
plt.figure(figsize=(8,6))
plt.scatter(merged_data['Close_Dow'], merged_data['Close_KOSPI'], alpha=0.5)
plt.title('Scatter plot of Dow Jones vs. KOSPI')
plt.xlabel('Dow Jones Close Price')
plt.ylabel('KOSPI Close Price')
plt.grid(True)
plt.show()
```

설명:

- join 메서드를 사용하여 다우존스와 코스피 데이터를 날짜 기준으로 합쳤습니다. 이때, 공통된 날짜에 해당하는 데이터만 남도록 how='iner'를 사용했습니다.
- 산점도를 그려서 다우존스 지수와 코스피 지수 간의 관계를 시각적으로 확인합니다.

여기서 더 궁금한 점이 있거나 추가하고 싶은 부분이 있나요? 아니면 다음 단계로 진행할까요?

> 진행해 주세요.

챗GPT의 2단계 답변

좋습니다! 이제 회귀 분석을 통해 다우존스 지수(Dow Jones)와 코스피 지수 간의 관계를 분석하고, 그 결과를 시각화하는 단계를 진행하겠습니다.

3단계: 회귀 분석 및 회귀 직선 그리기

이 단계에서는 다우존스를 독립변수로, 코스피를 종속변수로 설정하여 회귀 분석을 수행하고, 산점도 위에 회귀 직선을 추가합니다. scikit-learn 라이브러리를 사용하여 회귀 분석을 진행하겠습니다.

먼저 필요한 라이브러리를 설치하고, 회귀 분석을 진행하는 코드를 작성하겠습니다.

```
# 필요한 라이브러리 설치
!pip install scikit-learn

# 라이브러리 임포트
from sklearn.linear_model import LinearRegression
import numpy as np
```

```python
# X와 y 데이터를 준비 (다우존스: 독립변수, 코스피: 종속변수)
X = merged_data[['Close_Dow']].values  # 2D 배열로 변환
y = merged_data[['Close_KOSPI']].values  # 2D 배열로 변환

# 회귀 모델 생성 및 학습
model = LinearRegression()
model.fit(X, y)

# 회귀 계수와 절편 출력
slope = model.coef_[0][0]
intercept = model.intercept_[0]
print(f"Slope (기울기): {slope}")
print(f"Intercept (절편): {intercept}")

# 예측된 코스피 값 계산 (회귀 직선에 해당)
y_pred = model.predict(X)

# 산점도와 회귀 직선 그리기
plt.figure(figsize=(8,6))
plt.scatter(merged_data['Close_Dow'], merged_data['Close_KOSPI'], alpha=0.5, label='Data Points')
plt.plot(merged_data['Close_Dow'], y_pred, color='red', label='Regression Line')  # 회귀 직선
plt.title('Dow Jones vs. KOSPI with Regression Line')
plt.xlabel('Dow Jones Close Price')
plt.ylabel('KOSPI Close Price')
plt.legend()
plt.grid(True)
plt.show()
```

설명:
- LinearRegression()을 사용하여 회귀 분석을 수행하고, 독립변수(x)는 다우존스의 종가, 종속 변수(y)는 코스피의 종가로 설정했습니다.
- 회귀 직선의 기울기(slope)와 절편(intercept)을 출력해 줍니다.
- 산점도와 함께 회귀 직선을 그려서 다우존스와 코스피 지수 간의 관계를 시각적으로 확인할 수 있습니다.

챗GPT의 3단계 답변

Google Colab 실행용 최종 코드

다음 최종 코드는 다우존스 지수를 독립변수로, 코스피 지수를 종속변수로 설정하여 두 지수 간의 관계를 분석하고 시각화하는 과정입니다. 먼저, 2015년부터 2024년까지 두 지수의 데이터를 가져오고, 날짜를 기준으로 공통 데이터를 합칩니다. 이후, 산점도를 통해 두 지수 간의 관계를 시각적으로 표현합니다. 이어서 회귀 분석을 수행해, 다우존스 지수가 코스피 지수에 미치는 영향을 수치적으로 확인합니다. 마지막으로, 산점도 위에 회귀 직선을 추가하여 두 지수 간의 관계를 직관적으로 이해할 수 있도록 시각화합니다.

```
# 1단계: 필요한 라이브러리 설치
# FinanceDataReader는 한국 주식시장 데이터를 쉽게 불러올 수 있는 라이브러리입니다.
# Matplotlib는 데이터를 시각화하는 데 사용됩니다.
# 라이브러리 설치(코랩에서만 필요)
!pip install finance-datareader
!pip install matplotlib

# 필요한 라이브러리 임포트
import FinanceDataReader as fdr
import matplotlib.pyplot as plt
```

```
# 기간 설정
start_date = '2015-01-01'
end_date = '2024-06-30'

# 다우존스(Dow Jones) 데이터 가져오기
dow_jones = fdr.DataReader('DJI', start_date, end_date)

# 코스피 데이터 가져오기
kospi = fdr.DataReader('KS11', start_date, end_date)

# 가져온 데이터 확인 (5줄만 출력)
print("Dow Jones data:")
print(dow_jones.head())
print("\nKOSPI data:")
print(kospi.head())

# 다우존스와 코스피의 'Close' 가격만 사용
dow_close = dow_jones[['Close']]
kospi_close = kospi[['Close']]

# 날짜를 기준으로 데이터 합치기 (공통 날짜만 남김)
merged_data = dow_close.join(kospi_close, lsuffix='_Dow', rsuffix='_KOSPI', how='inner')

# 합친 데이터 확인 (5줄만 출력)
print("Merged Data (Dow Jones & KOSPI):")
print(merged_data.head())
```

```python
# 산점도 그리기
plt.figure(figsize=(8,6))
plt.scatter(merged_data['Close_Dow'], merged_data['Close_KOSPI'], alpha=0.5)
plt.title('Scatter plot of Dow Jones vs. KOSPI')
plt.xlabel('Dow Jones Close Price')
plt.ylabel('KOSPI Close Price')
plt.grid(True)
plt.show()
```

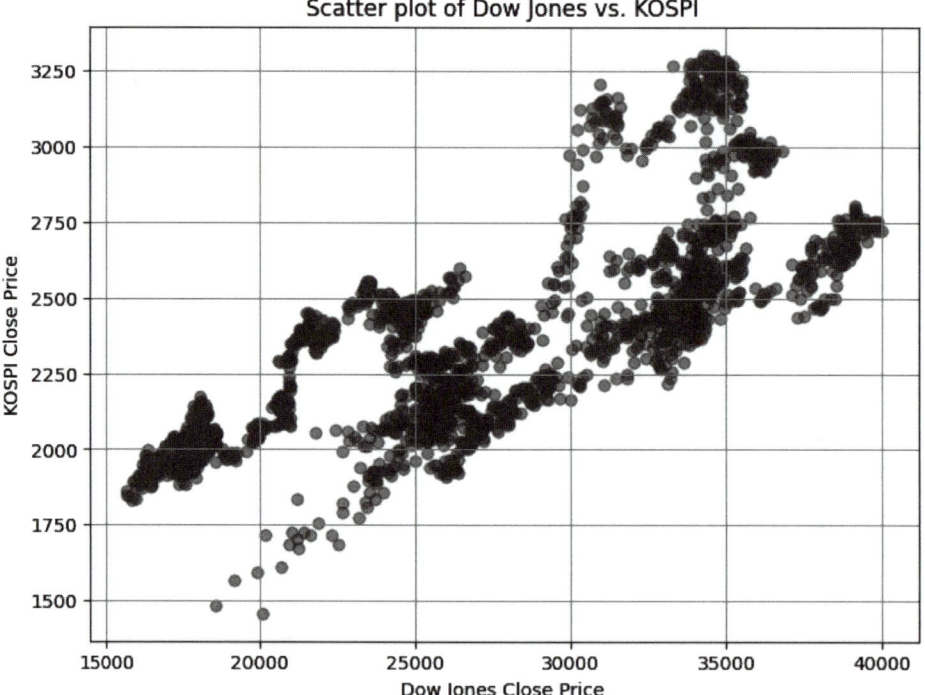

그림 23. 데이터 시각화 결과

```python
# 필요한 라이브러리 설치
!pip install scikit-learn

# 라이브러리 임포트
from sklearn.linear_model import LinearRegression
import numpy as np

# X와 y 데이터를 준비(다우존스: 독립변수, 코스피: 종속변수)
X = merged_data[['Close_Dow']].values  # 2D 배열로 변환
y = merged_data[['Close_KOSPI']].values  # 2D 배열로 변환

# 회귀 모델 생성 및 학습
model = LinearRegression()
model.fit(X, y)

# 회귀 계수와 절편 출력
slope = model.coef_[0][0]
intercept = model.intercept_[0]
print(f"Slope (기울기): {slope}")
print(f"Intercept (절편): {intercept}")

# 예측된 코스피 값 계산(회귀 직선에 해당)
y_pred = model.predict(X)

# 산점도와 회귀 직선 그리기
plt.figure(figsize=(8,6))
plt.scatter(merged_data['Close_Dow'], merged_data['Close_KOSPI'], alpha=0.5, label='Data Points')
plt.plot(merged_data['Close_Dow'], y_pred, color='red', label='Regression Line')
```

```
# 회귀 직선
plt.title('Dow Jones vs. KOSPI with Regression Line')
plt.xlabel('Dow Jones Close Price')
plt.ylabel('KOSPI Close Price')
plt.legend()
plt.grid(True)
plt.show()
```

Slope (기울기): 0.0410655617144671
Intercept (절편): 1254.2817737956643

그림 24. 데이터 출력 결과

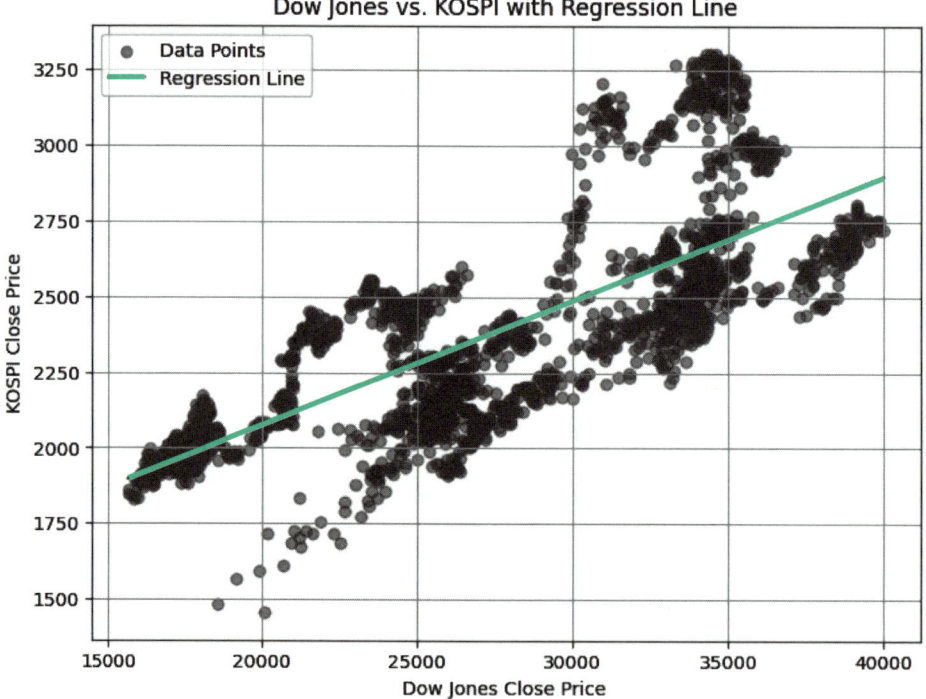

그림 25. 데이터 출력 결과

참고 ↑

회귀분석 결과, 기울기(slope)는 0.041로 나왔습니다. 이 값은 다우존스 지수가 1만큼 증가할 때 코스피 지수가 평균적으로 약 0.041만큼 상승한다는 의미입니다. 즉, 다우존스 지수의 변동이 코스피 지수에 영향을 미친다는 것을 보여줍니다. 하지만 기울기의 값이 크지 않기 때문에, 다우존스 지수의 변화가 코스피 지수에 미치는 영향은 비교적 적은 편입니다.

또한, 절편(intercept)은 1254.28로 계산되었습니다. 이 값은 다우존스 지수가 0일 때 코스피 지수가 이론적으로 1254.28이라는 의미지만, 실제 상황에서는 다우존스 지수가 0이 되는 일은 없기 때문에, 절편은 단순히 회귀 직선의 위치를 결정하는 기준점으로 이해하면 됩니다. 결론적으로, 다우존스와 코스피 간의 관계가 존재하지만, 매우 강한 영향은 아니라는 것을 시사합니다.

2부

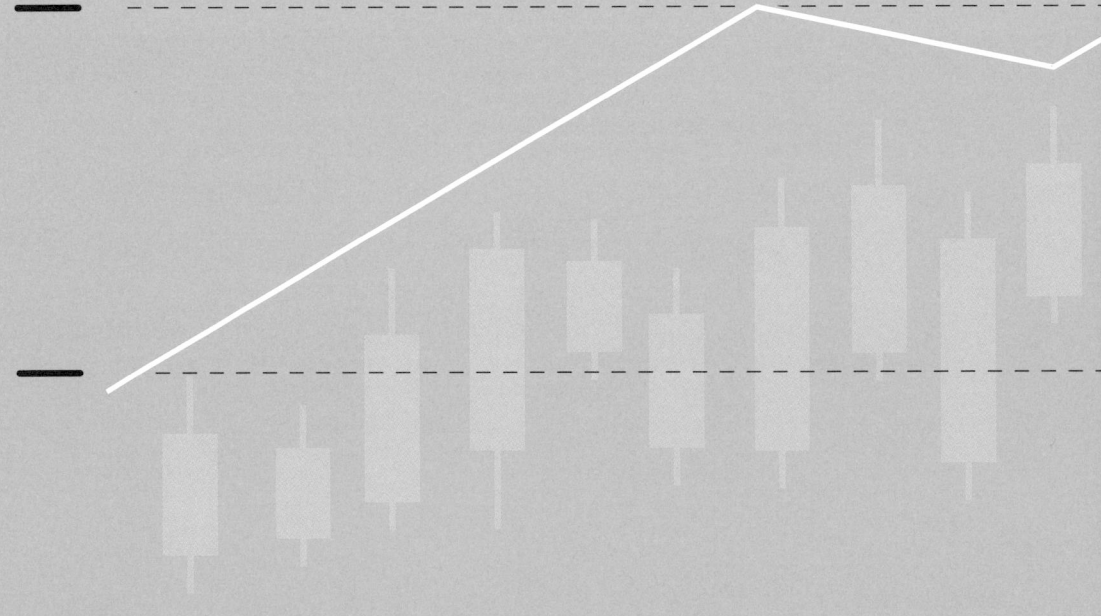

투자 전략 및 구현

- **2.1** 기술적 분석과 기본적 분석 개념
- **2.2** 주식 지표 소개
- **2.3** 모멘텀
- **2.4** PBR+PER 전략
- **2.5** RSI(Relative Strength Index, 상대강도지수)
- **2.6** 시계열 분석
- **2.7** 볼린저 밴드
- **2.8** 백테스팅
- **2.9** 추세 추종, 평균 회귀 전략
- **2.10** 인공지능과 머신러닝을 활용한 주식 예측

2.1 기술적 분석과 기본적 분석 개념

기술적 분석은 과거 주식과 거래량 데이터를 바탕으로 미래 주식의 움직임을 예측하는 기법입니다. 주식 차트를 분석하여 패턴과 추세를 찾아내고, 이를 토대로 시장의 변동을 이해하는 데 중점을 둡니다. 주요 지표로는 이동평균선, RSI(상대강도지수)와 같은 보조지표들이 있으며, 이러한 지표를 활용해 주식의 흐름을 분석할 수 있습니다. 기술적 분석은 단기부터 장기까지 다양한 기간의 주식 변동을 예측하는 데 활용될 수 있으며, 투자자들의 심리 변화와 거래 패턴을 반영하여 데이터를 해석하기 때문에 실전에서 매우 유용합니다.

반면, 기본적 분석은 기업의 내재 가치를 평가하는 데 초점을 맞춥니다. 기업의 재무제표, 수익, 성장 가능성, 산업 동향 등 다양한 요소를 분석하여 해당 기업의 실제 가치를 판단합니다. 기본적 분석은 주로 기업의 장기적인 성장 가능성과 재무 건전성을 평가하는 데 중점을 두지만, 단기적인 기업 실적 분석에도 사용될 수 있습니다.

이 두 가지 분석 방법은 각각의 장단점을 가지고 있으며, 서로 보완적으로 활용하면 데이터를 더욱 종합적으로 이해할 수 있습니다. 기술적 분석은 특정 기간의 시장 흐름을 파악하는 데 효과적이며, 기본적 분석은 기업의 재무 상태와 미래 성장 가능성을 평가하는 데 유용합니다. 따라서 기술적 분석을 통해 주식의 변동성과 시장 심리를 파악하면서, 기본적 분석을 통해 기업의 내재 가치를 평가하는 것이 데이터를 보다 폭넓게 이해하는 데 도움이 됩니다.

이번에는 우선 기술적 분석을 위한 방법을 설명합니다. 특히, 주식 지표를 활용하여 주식 데이터를 어떻게 분석하고 해석할 수 있는지에 중점을 둘 것입니다. 이를 통해 독자가 주식 변동에 대한 기초적인 이해를 바탕으로 주식 데이터를 더 체계적으로 분석할 수 있도록 돕는 것이 목표입니다.

2.2 주식 지표 소개

기술적 분석 시, 주식의 가격 움직임을 구체적이고 체계적으로 이해하기 위해서는 다양한 주식 지표의 활용이 중요합니다. 주식 지표는 과거의 가격과 거래량 데이터를 기반으로 주식의 추세, 강도, 변동성 등을 분석하는 도구로, 기술적 분석의 핵심적인 역할을 합니다.

주식 지표들은 각각의 특성과 용도가 다르지만, 모두 주식의 움직임을 분석하고 데이터를 해석하는 데 중요한 역할을 합니다. 여러 지표를 함께 사용하면 더욱 정확한 분석이 가능하며, 이를 통해 주식 데이터를 더 깊이 있게 이해할 수 있습니다. 그러나 주식시장은 지표나 차트만으로 100% 설명되지 않으며, 시장이 항상 지표대로 움직이지는 않는다는 점을 명심해야 합니다. 지표는 데이터를 해석하는 보조 수단일 뿐입니다. 따라서 참고용 기준으로 생각하는 것이 바람직합니다.

그렇다면 이러한 지표들이 왜 필요할까요? 지표들은 단순히 감각에 의존한 해석보다는 데이터를 기반으로 주식의 움직임을 좀 더 논리적으로 설명해 줄 수 있기 때문에, 보다 안정적이고 신뢰할 수 있는 해석을 가능하게 해줍니다. 지표들은 주식 데이터를 체계적으로 이해하는 데 중요한 도구로 작용하며, 시장의 움직임을 파악하고 분석하는 데 큰 도움이 됩니다. 또한 지표는 매수, 매도 시점을 판단하는 기준으로 활용되기도 합니다.

이 장에서 설명하는 다양한 지표들은 주식 데이터를 이해하는 데 매우 유용하지만, 이들만으로 시장의 모든 측면을 해석할 수는 없습니다. 너무 많은 지표를 동시에 사용하면 오히려 혼란을 초래할 수 있기 때문에, 자신에게 맞는 1~2개의 지표를 선택하여 이를 중심으로 주식 데이터를 분석하는 것이 좋습니다. 이처럼 선택과 집중을 통해 주식 데이터를 보다 명확하게 해석할 수 있습니다.

> **참고 ↑ 주식 지표의 역할**
>
> 주식 지표는 주식의 가격 움직임을 분석하고 미래의 변동성을 예측하는 데 사용되는 도구입니다. 이 지표들을 활용해 시장의 흐름과 변동성을 보다 정확하게 파악할 수 있으며, 이를 바탕으로 데이터를 논리적이고 체계적으로 이해할 수 있습니다. 비록 지표가 절대적인 예측 도구는 아니지만, 주식 데이터를 해석하는 데 중요한 보조 수단으로서 그 가치는 분명합니다.

2.3 모멘텀

모멘텀은 주식의 일정 기간 동안 추세를 수치화한 지표이고, 모멘텀 전략은 이러한 지표를 활용하여 상승 추세에 있는 주식을 분석하고 추세가 지속될 가능성을 알아보고 투자 결정을 내리는 방법입니다.

2.3.1 모멘텀의 정의와 역사

모멘텀 전략은 매우 간단한 원칙에 기반을 둡니다. "오르는 주식은 더 오르고, 떨어지는 주식은 더 떨어진다"는 것입니다. 이는 주식시장의 흐름, 즉 추세를 따라가는 방식입니다. 1980년대 초부터 여러 학술 연구에서 이 전략의 효과가 입증되었습니다.

특히, 주식은 3개월에서 12개월 사이의 중기적인 기간 동안 같은 방향으로 움직이는 경향이 자주 관찰됩니다. 한국 시장에서는 3개월 모멘텀 전략이 효과적이라는 연구 결과도 있습니다.

역사적으로 제시 리버모어(Jesse Livermore)는 "큰 수익을 얻으려면 개별 주식의 작은 변동에 집착하기보다는, 시장 전체의 큰 흐름을 판단해야 한다"고 말했습니다. 이는 모멘텀 투자의 핵심을 잘 설명하는 말입니다. 즉, 상승 추세에 있는 주식을 사서 더 오를 것을 기대하고, 하락 추세에 있는 주식은 피하는 것이 모멘텀의 기본 원칙입니다.

> **참고** 추세(Trend)
>
> 주식시장에서 가격이 일정한 방향으로 지속적으로 움직이는 현상을 말합니다. 추세는 상승, 하락, 또는 횡보(일정 범위에서 변동)로 나눌 수 있습니다.

2.3.2 모멘텀의 이해

모멘텀은 원래 물리학에서 '운동량'을 뜻하는 용어입니다. 주식시장에서는 주식이 얼마나 강하게 오르거나 내리고 있는지를 나타냅니다.

- 모멘텀이 높다: 주식의 상승 추세가 강하다는 뜻입니다.
- 모멘텀이 낮다: 주식의 하락 추세가 강하다는 뜻입니다.

따라서 모멘텀 전략은 상승 추세에 있는 주식(모멘텀이 높은 주식)을 매수하고, 하락 추세에 있는 주식(모멘텀이 낮은 주식)을 피하는 방식입니다.

2.3.3 주식 데이터에서 모멘텀 구하기

주식 데이터에서 모멘텀을 계산할 때, 효과적인 방법 중 하나가 K-ratio를 사용하는 것입니다. K-ratio는 주식의 성과를 수치화하여 비교할 수 있는 지표로, 이 값이 높을수록 주식의 성과가 좋다는 것을 의미합니다. 이를 통해 모멘텀이 높은 주식을 쉽게 찾아낼 수 있습니다.

- K-ratio: 주식 데이터에서 성과를 측정하는 지표로, 특정 기간 동안의 성과를 수치화하여 비교할 수 있습니다. 성과가 좋을수록 K-ratio 값이 높아지며, 이를 바탕으로 주식이 상승 추세에 있는지 확인할 수 있습니다.

주식 데이터 분석에서는 모멘텀을 통해 주식의 변동 추세를 파악하는 것이 중요합니다. 이를 통해 상승세에 있는 주식과 하락세에 있는 주식을 구분할 수 있으며, 분석 결과를 바탕으로 주식의 향후 방향을 예측할 수 있습니다.

결론적으로, 주식 데이터에서 모멘텀을 구하는 것은 시장의 흐름을 수치화하여 해석하는 작업입니다. 상승 추세에 있는 주식을 데이터로 확인하고, 하락 추세에 있는 주식은 미리 파악하여 이를 바탕으로 향후 데이터를 더 분석하는 데 활용할 수 있습니다.

2.3.4 모멘텀 전략 코드구현하기

프롬프트 설계를 통해 주식 데이터의 모멘텀을 구해보는 실습을 진행하겠습니다.

> **프롬프트 설계**
>
> 삼성전자 주식 데이터의 모멘텀을 계산하고 시각화하는 파이썬 코드를 작성하려고 해. 각 단계별로 나누어 진행하되 단계마다 항상 나에게 의견을 물어본 뒤 다음 단계를 진행해 줘. 그리고 파이썬 코드 정보는 다음과 같아.
> - 단계별로 코랩에서 파이썬 코드를 실행해 줘.
> - finance-datareader와 matplotlib 라이브러리를 설치한 후 코드를 작성해 줘.
> - DataReader 메서드를 사용해 줘.
> - 모멘텀은 k-ratio를 사용해서 계산해 줘.(주식의 일정 기간 수익률 비율로 모멘텀을 구하는 방식)
> - 모멘텀 추세와 매수/매도 신호도 시각화해 줘.
> - 기간은 2023년 1월 1일부터 2024년 6월 30일까지로 해 줘.

좋아요! 삼성전자 주식 데이터를 사용하여 모멘텀을 계산하고 시각화하는 작업을 단계별로 진행하겠습니다. 먼저 1단계로 필요한 라이브러리 설치 및 데이터 불러오는 부분부터 진행하고, 이후 단계별로 진행할 때마다 의견을 물어보도록 하겠습니다.

1단계: 라이브러리 설치 및 주식 데이터 불러오기

우선, finance-datareader 와 matplotlib 라이브러리를 설치하고, 삼성전자 주식 데이터를 financeDataReader의 DataReader 메서드를 사용해 불러오는 코드를 작성하겠습니다.

해당 코드 실행 후 의견을 물어보겠습니다.

```
# 필요한 라이브러리 설치
!pip install finance-datareader matplotlib

# 라이브러리 불러오기
import FinanceDataReader as fdr
import matplotlib.pyplot as plt

# 삼성전자 주식 데이터 불러오기
start_date = '2023-01-01'
end_date = '2024-06-30'
ticker = '005930'  # 삼성전자 티커 (한국 증권 코드)

# 삼성전자 데이터 불러오기
df = fdr.DataReader(ticker, start_date, end_date)

# 데이터 확인
df.head()
```

이 코드는 삼성전자의 주식 데이터를 2023년 1월 1일부터 2024년 6월 30일까지 불러오는 기능을 합니다. 우선 이 코드가 잘 실행되고 주식 데이터가 정상적으로 불러와지는지 확인한 후, 다음 단계로 진행할까요?

> 다음 단계로 진행해 주세요.

챗GPT의 1단계 답변

좋습니다! 데이터가 정상적으로 불러와졌다면, 이제 2단계로 k-ratio를 사용해 모멘텀을 계산하는 코드를 작성하겠습니다. k-ratio는 일정 기간 동안의 수익률 비율을 계산하여 모멘텀을 측정하는 방식입니다. 이를 위해서는 일정 기간 동안의 수익률 변화를 계산한 후 모멘텀으로 반환하는 작업이 필요합니다.

2단계: 모멘텀(k-ratio) 계산

여기서는 20일 이동 수익률을 기준으로 모멘텀을 계산하는 방식으로 진행할 것입니다. 주식의 일정 기간 수익률을 계산한 후, 이를 k-ratio 방식으로 변환해 모멘텀 값을 계산합니다.

```python
# 모멘텀(k-ratio) 계산 함수 정의
def calculate_momentum(data, period=20):
    # 수익률 (종가 기준) 계산
    data['Returns'] = data['Close'].pct_change()

    # k-ratio 모멘텀 계산 (기간 내 수익률 비율)
    data['Momentum'] = data['Close'].pct_change(periods=period)

    return data

# 20일 k-ratio 모멘텀 계산
df = calculate_momentum(df, period=20)

# 모멘텀과 주식 데이터 확인
df[['Close', 'Momentum']].tail()
```

이 코드는 20일간의 주식 수익률 비율을 바탕으로 Momentum 열을 추가하여 모멘텀 값을 계산합니다. 주식과 모멘텀을 계산한 후, 데이터의 일부를 확인할 수 있도록 출력하는 코드입 니다.

이 단계가 잘 실행되었는지 확인한 후, 다음 단계로 모멘텀 추세와 매수/매도 신호를 시각화하는 작업으로 넘어갈까요?

네 넘어가 주세요.

챗GPT의 2단계 답변

좋습니다! 이제 3 단계로 모멘텀 추세와 매수/매도 신호를 시각화하는 작업을 진행하겠습니다. 모멘텀 값이 0을 기준으로 양수일 때는 상승 추세, 음수일 때는 하락 추세로 보고 매수/매도 신호를 생성하겠습니다.

- 매수 신호: 모멘텀이 0을 상향 돌파할 때
- 매도 신호: 모멘텀이 0을 하향 돌파할 때

3단계: 모멘텀 추세와 매수/매도 신호 시각화

```
# 매수/매도 신호 생성
def generate_signals(data):
    data['Buy_Signal'] = (data['Momentum'] > 0) & (data['Momentum'].shift(1) <= 0)
    data['Sell_Signal'] = (data['Momentum'] < 0) & (data['Momentum'].shift(1) >= 0)
    return data

# 신호 생성
df = generate_signals(df)

# 시각화
plt.figure(figsize=(14, 7))
```

```
# 종가 그래프
plt.subplot(2, 1, 1)
plt.plot(df.index, df['Close'], label='Close Price', color='blue')
plt.scatter(df.index[df['Buy_Signal']], df['Close'][df['Buy_Signal']], marker='^', color='green', label='Buy Signal', alpha=1)
plt.scatter(df.index[df['Sell_Signal']], df['Close'][df['Sell_Signal']], marker='v', color='red', label='Sell Signal', alpha=1)
plt.title('Samsung Electronics Close Price with Buy/Sell Signals')
plt.legend()

# 모멘텀 그래프
plt.subplot(2, 1, 2)
plt.plot(df.index, df['Momentum'], label='Momentum (K-ratio)', color='orange')
plt.axhline(0, color='black', linestyle='--')
plt.title('Momentum (K-ratio)')
plt.legend()

plt.tight_layout()
plt.show()
```

이 코드는 매수 신호(Buy_Signal)와 매도 신호(Sell_Signal)를 생성한 뒤, 이를 기반으로 주식 차트 위에 매수/매도 신호를 표시하고, 아래에는 모멘텀 그래프를 그려줍니다.

챗GPT의 3단계 답변

Google Colab 실행용 최종 코드

다음 최종 코드는 삼성전자의 주식 데이터를 사용하여 모멘텀 지표를 계산하고, 이를 기반으로 매수와 매도 신호를 시각화하는 작업을 수행합니다. 주식은 2023년부터 2024년까지의 데이터를 가져오며, 일정 기간 동안의 주식 변동률을 계산하여 모멘텀 지표를 만듭니다. 모멘텀이 0을 상향 돌파하면 매수 신호, 하향 돌파하면 매도 신호를 생성합니다. 마지막으로, 주식 그래프와 함께 매수·매도 신호를 표시하고, 모멘텀 그래프를 시각화하여 추세를 명확히 보여줍니다.

```
# 필요한 라이브러리 설치
!pip install finance-datareader matplotlib

# 라이브러리 불러오기
import FinanceDataReader as fdr
import matplotlib.pyplot as plt

# 삼성전자 주식 데이터 불러오기
start_date = '2023-01-01'
end_date = '2024-06-30'
ticker = '005930'  # 삼성전자 티커 (한국 증권 코드)

# 삼성전자 데이터 불러오기
df = fdr.DataReader(ticker, start_date, end_date)

# 데이터 확인
df.head()

# 모멘텀(k-ratio) 계산 함수 정의
def calculate_momentum(data, period=20):
    # 수익률 (종가 기준) 계산
    data['Returns'] = data['Close'].pct_change()

    # k-ratio 모멘텀 계산 (기간 내 수익률 비율)
    data['Momentum'] = data['Close'].pct_change(periods=period)

    return data
```

```python
# 20일 k-ratio 모멘텀 계산
df = calculate_momentum(df, period=20)

# 모멘텀과 주식 데이터 확인
df[['Close', 'Momentum']].tail()

# 매수/매도 신호 생성
def generate_signals(data):
    data['Buy_Signal'] = (data['Momentum'] > 0) & (data['Momentum'].shift(1) <= 0)
    data['Sell_Signal'] = (data['Momentum'] < 0) & (data['Momentum'].shift(1) >= 0)
    return data

# 신호 생성
df = generate_signals(df)

# 시각화
plt.figure(figsize=(14, 7))

# 종가 그래프
plt.subplot(2, 1, 1)
plt.plot(df.index, df['Close'], label='Close Price', color='blue')
plt.scatter(df.index[df['Buy_Signal']], df['Close'][df['Buy_Signal']], marker='^', color='green', label='Buy Signal', alpha=1)
plt.scatter(df.index[df['Sell_Signal']], df['Close'][df['Sell_Signal']], marker='v', color='red', label='Sell Signal', alpha=1)
plt.title('Samsung Electronics Close Price with Buy/Sell Signals')
plt.legend()

# 모멘텀 그래프
plt.subplot(2, 1, 2)
plt.plot(df.index, df['Momentum'], label='Momentum (K-ratio)', color='orange')
```

```
plt.axhline(0, color='black', linestyle='--')
plt.title('Momentum (K-ratio)')
plt.legend()

plt.tight_layout()
plt.show()
```

> **참고↑** 이동평균을 기반으로 한 모멘텀 계산하는 프롬프트

삼성전자 주식 데이터의 모멘텀을 계산하고 시각화하는 파이썬 코드를 작성하려고 해. 각 단계별로 나누어 진행하되 단계마다 항상 나에게 의견을 물어본 뒤 다음 단계를 진행해 줘. 그리고 파이썬 코드 정보는 다음과 같아.

- 단계별로 코랩에서 파이썬 코드를 실행해 줘.
- finance-datareader와 matplotlib 라이브러리를 설치 후 코드를 작성해 줘.
- DataReader 메서드를 사용해 줘.
- 모멘텀은 이동평균을 사용해서 계산해 줘.(예: 20일, 60일)
- 모멘텀 추세와 매수/매도 신호도 시각화해 줘.
- 기간은 2023년 1월 1일부터 2024년 6월 30일까지로 해 줘.

2.4 PBR+PER 전략

PBR과 PER은 주식 데이터를 분석할 때 기업의 자산가치와 수익성을 정량적으로 평가하는 데 유용한 핵심 지표입니다. 이를 통해 데이터 기반으로 저평가된 종목을 효과적으로 식별할 수 있습니다.

2.4.1 PER(주가수익비율), 이익 대비 저평가 종목

PER(Price to Earnings Ratio, 주가수익비율)은 주식이 기업의 순이익 대비 몇 배인지를 나타내는 중요한 투자 지표입니다. 쉽게 말해, 기업이 벌어들이는 이익을 기준으로 현재 주식이 적정하게 평가되고 있는지를 보여줍니다. 이를 통해 특정 주식이 저평가되었는지, 혹은 고평가되었는지를 판단할 수 있습니다.

PER을 쉽게 이해하려면 부동산 투자를 예로 들어보면 좋습니다. 예를 들어, 1억 원에 아파트를 구매했다고 가정해 보겠습니다. 이 아파트가 매년 1,000만 원의 임대 수익을 창출한다고 하면, 1억 원을 회수하는 데 10년이 걸립니다. 이때 "10년"이라는 기간이 바로 PER입니다. 즉, PER은 투자한 금액을 매년 얻는 수익으로 몇 년을 거쳐 회수할 수 있는지를 나타내는 지표입니다. 주식도 마찬가지입니다. PER이 10이라는 것은 주식이 현재 이익의 10배로 평가되고 있다는 의미입니다. 즉, 기업이 벌어들이는 이익을 통해 현재 주식을 회수하는 데 10년이 걸린다는 의미입니다. 이처럼 PER은 기업의 수익성과 주가 수준을 비교할 수 있는 지표로, 투자 판단에 매우 중요한 기준이 됩니다.

1) EPS(주당순이익, Earnings Per Share)란?

PER을 계산할 때 필수적인 개념 중 하나가 EPS입니다. EPS는 기업이 벌어들인 이익을 발행 주식 수로 나눈 값으로, 주주 한 명당 받을 수 있는 이익을 나타냅니다. PER 계산 공식은 다음과 같습니다.

$$PER = \frac{현재\ 주가}{EPS}$$

즉, EPS는 기업의 한 주당 순이익을 나타내며, EPS가 클수록 기업의 이익이 크다는 것을 의미합니다. 이를 바탕으로 PER을 통해 주식이 이익에 비해 저평가 또는 고평가되었는지를 판단할 수 있습니다.

2) PER 값의 해석: 저평가와 고평가

PER 값이 높거나 낮을 때의 의미를 해석해보면 다음과 같습니다.

– PER이 낮은 경우 (예: 5)

다시 아파트 예시로 돌아가서, 이번에는 아파트를 1억 원에 샀지만 매년 2,000만 원의 임대수익을 창출한다고 가정해 보겠습니다. 투자금을 회수하는 데 5년이 걸립니다. 이때 PER은 5가 됩니다. PER이 낮다는 것은 주식이 순이익에 비해 상대적으로 낮게 평가되고 있다는 의미입니다. 이는 그 기업의 주식이 저평가되었을 가능성을 시사합니다.

- PER이 높은 경우 (예: 20)

반대로, 아파트를 1억 원에 샀지만 매년 500만 원밖에 벌어들이지 못한다고 가정하면, 투자금을 회수하는 데 20년이 걸립니다. 이때 PER이 20이라는 것은 주식이 수익성에 비해 높게 평가되고 있음을 의미합니다. PER이 높으면 주식이 고평가 되었거나, 시장이 해당 기업의 미래 성장 가능성을 크게 보고 있을 수 있습니다.

3) PER을 계산하는 방법

PER을 계산하려면 기업의 EPS 값을 알아야 합니다. 그러나 FinanceDataReader 와 같은 파이썬 라이브러리는 다양한 주식 데이터를 제공하지만 EPS와 같은 세부 재무 데이터는 제공하지 않습니다. 그래서 네이버 금융과 같은 외부 사이트에서 EPS 데이터를 수집해야 정확한 PER 계산이 가능합니다.

PER은 단순히 주식 가격이 비싸거나 싼지를 판단하는 것이 아니라, 기업의 수익성을 기준으로 주식이 적정하게 평가되고 있는지를 해석하는 중요한 지표입니다. PER이 낮으면 주식이 저평가되었을 가능성이 크고, PER이 높으면 시장이 해당 기업의 미래 성장성을 크게 보고 있을 수 있습니다. 이를 통해 우리는 주식의 가치를 더 깊이 있게 분석할 수 있습니다.

이제 프롬프트 엔지니어링을 통해 PER을 계산하는 코드를 실습해 보겠습니다.

> **프롬프트 설계**
>
> 삼성전자 종목에 대한 PER과 EPS 정보를 구하는 파이썬 코드를 작성려고 해. 각 계별로 나누어 파이썬 코드를 작성하며 진행하되, 단계마다 항상 나에게 의견을 물어본 뒤 다음 단계를 진행해 줘. 그리고 파이썬 코드 정보는 다음과 같아.
>
> - 단계별로 코랩에서 파이썬 코드를 실행할 거야.
> - 네이버 금융에서 PER과 EPS 정보를 가져와줘.(HTML 태그: #_per, #_eps)★
> - 날짜는 오늘 날짜를 기준으로 해 줘.

★ PER과 EPS 값은 웹페이지의 HTML 구조(DOM) 안에 포함되어 있으며, 크롬 브라우저의 개발자 도구(F12)를 통해 해당 값이 들어 있는 태그의 id나 class를 확인할 수 있습니다.

좋아요! 먼저 첫 번째 단계로 네이버 금융에서 삼성전자 종목 페이지를 요청하고 해당 페이지의 HTML을 가져오는 코드부터 시작하겠습니다 이를 통해 PER과 EPS 정보를 추출할 수 있는 준비를 하게 됩니다. 진행 후에 다음 단계로 넘어갈지 의견을 물어보겠습니다.

1단계: 네이버 금융에서 삼성전자 종목 페이지 HTML 가져오기

우선, 필요한 라이브러리 requests와 BeautifulSoup를 사용하여 페이지의 HTML을 가져오겠습니다. 네이버 금융의 삼성전자 페이지는 "https://finance.naver.com/item/mai n.nhn?code = 005930"입니다.

아래 코드를 확인해 주세요.

```python
import requests
from bs4 import BeautifulSoup

# 삼성전자 종목 페이지 URL
url = "https://finance.naver.com/item/main.nhn?code=005930"

# 요청을 통해 페이지 HTML 가져오기
response = requests.get(url)
html = response.text

# HTML 파싱 준비
soup = BeautifulSoup(html, 'html.parser')

# HTML 출력 (디버깅을 위해 일단 확인)
print(soup.prettify()[:1000])  # 처음 1000자만 출력
```

위 코드는 페이지에서 HTML을 가져와 BeautifulSoup으로 파싱 준비를 합니다. 이 단계를 코랩에서 실행해보시고, 다음 단계로 진행할지 알려주세요.

> 네, 진행해 주세요.

챗GPT의 1단계 답변

좋습니다! 이제 두 번째 단계로 가져온 HTML에서 PER과 EPS 정보를 추출하는 코드를 작성하겠습니다. 네이버 금융에서 PER과 EPS 값은 각각 #_per과 #_eps라는 HTML 태그 ID로 표시되어 있습니다 이를 활용해 데이터를 추출해 보겠습니다.

1단계: 네이버 금융에서 삼성전자 종목 페이지 HTML 가져오기

아래 코드를 확인해 주세요.

```
# PER과 EPS 값을 추출하는 코드
per = soup.select_one('#_per').text  # PER 값 추출
eps = soup.select_one('#_eps').text  # EPS 값 추출

# 결과 출력
print("PER:", per)
print("EPS:", eps)
```

챗GPT의 2단계 답변

Google Colab 실행용 최종 코드

다음 최종 코드는 네이버 금융 웹페이지에서 삼성전자의 PER과 EPS를 추출하는 작업을 수행합니다. 먼저 requests 라이브러리를 사용해 웹페이지 HTML을 가져오고, BeautifulSoup을 활용해 HTML을 분석합니다. 이후, PER과 EPS 값이 포함된 태그(#_per, #_eps)를 선택하여 해당 데이터를 추출합니다. 이를 통해 삼성전자의 현재 주식이 수익성 대비 적정하게 평가되었는지를 판단할 수 있습니다.

```
import requests
from bs4 import BeautifulSoup

# 삼성전자 종목 페이지 URL
url = "https://finance.naver.com/item/main.nhn?code=005930"

# 요청을 통해 페이지 HTML 가져오기
response = requests.get(url)
html = response.text

# HTML 파싱 준비
soup = BeautifulSoup(html, 'html.parser')

# HTML 출력 (디버깅을 위해 일단 확인)
print(soup.prettify()[:1000])  # 처음 1000자만 출력

# PER과 EPS 값을 추출하는 코드
per = soup.select_one('#_per').text  # PER 값 추출
eps = soup.select_one('#_eps').text  # EPS 값 추출

# 결과 출력
print("PER:", per)
print("EPS:", eps)
```

```
PER: 14.08
EPS: 4,091
```

그림 26. 데이터 출력 결과

2.4.2 PBR(주가순자산비율), 장부가치 대비 저평가 종목

PBR(Price to Book Ratio, 주가순자산비율)은 주식 가격이 회사의 순자산(즉, 자산에서 부채를 뺀 금액) 대비 몇 배로 평가되고 있는지를 보여주는 중요한 투자 지표입니다. 쉽게 말해, 한 기업이 가지고 있는 자산을 기준으로 그 주식이 저평가되었는지 혹은 고평가되었는지 판단하는 데 도움을 줍니다.

PBR을 쉽게 설명하기 위해 예를 들어보겠습니다. 만약 한 회사가 모든 자산을 팔고 부채를 갚은 뒤 남은 돈을 주식으로 나눠 준다면, 한 주당 얼마를 받을 수 있을까요? 바로 이 값을 '주당 순자산 가치'라고 부르며, PBR은 현재 주식 가격이 이 주당 순자산 가치에 비해 어떻게 평가되고 있는지를 나타냅니다.

PBR을 계산하는 공식은 다음과 같습니다.

$$PBR = \frac{현재\ 주식\ 가치}{주당\ 순자산\ 가치}$$

여기서 '주당 순자산 가치'는 회사의 총 자산에서 부채를 뺀 후 남은 순자산을 발행된 총 주식 수로 나눈 값입니다. 이 지표는 현재 주식 가격이 회사의 순자산 대비 얼마나 비싸거나 싼지를 파악하는 데 유용합니다.

1) PBR 값의 해석: 저평가와 고평가

PBR이 높거나 낮을 때 어떻게 해석할 수 있을까요? 몇 가지 사례를 통해 설명해 보겠습니다.

- PBR이 1인 경우

'A'라는 회사의 주식이 주당 10달러에 거래되고 있다고 가정해 봅시다. 이때 회사의 주당 순자산 가치도 10달러라면, PBR은 1이 됩니다. 이는 주식의 시장 가격이 회사의 순자산가치와 정확히 일치한다는 의미입니다. 즉, 투자자들은 이 회사의 자산 가치를 그대로 평가하고 있다는 뜻입니다.

– PBR이 1보다 큰 경우

이번에는 'A' 회사의 주식이 주당 20달러에 거래된다고 가정해 보겠습니다. 주당 순자산 가치는 여전히 10달러입니다. 이 경우 PBR은 2가 되며, 이는 주식 가격이 회사 자산 가치의 두 배로 평가되고 있다는 뜻입니다. 즉, 투자자들이 이 회사의 미래 성장 가능성을 높게 평가하고 있는 것입니다. 회사가 앞으로 더 많은 이익을 낼 것이라는 기대가 반영된 결과입니다.

– PBR이 1보다 작은 경우

반대로, 'A' 회사의 주식이 주당 5달러에 거래되고 있다고 가정하면, PBR은 0.5가 됩니다. 이는 주식이 회사의 자산 가치 대비 절반 가격에 거래되고 있다는 뜻입니다. 이 상황에서는 시장에서 해당 기업이 저평가되었다고 볼 수 있으며, 이는 미래 성장에 대한 기대가 낮거나, 회사의 자산 가치를 충분히 반영하지 못하고 있음을 의미할 수 있습니다.

정리하면, PBR이 1인 경우, 주식의 시장 가격이 회사의 자산 가치와 일치한다는 뜻입니다. 이는 현재 시장에서 그 회사의 자산 가치를 그대로 반영하고 있다고 볼 수 있습니다. PBR이 1보다 크다면, 주식이 자산 가치보다 높게 평가된 것으로, 이는 투자자들이 해당 기업의 미래 성장 가능성을 긍정적으로 보고 있다는 의미입니다. 즉, 회사가 앞으로 더 많은 이익을 창출할 것으로 기대하고 있다는 것을 나타냅니다. 반면, PBR이 1보다 작을 경우, 주식이 자산 가치보다 낮게 평가된 것으로, 이는 해당 주식이 저평가되었을 가능성이 있다는 뜻입니다. 시장에서 그 회사의 자산 가치를 충분히 반영하지 못했거나, 미래 성장성에 대한 기대가 낮을 때 이런 현상이 나타날 수 있습니다.

요약하자면, PBR은 주식의 시장 가격이 자산 가치에 비해 얼마나 비싸거나 저렴한지를 알려주는 지표로, 저평가·고평가 여부를 가늠할 수 있게 해줍니다.

> **프롬프트 설계**
>
> 삼성전자 종목에 대한 PBR 정보를 구하는 파이썬 코드를 작성하려고 해. 각 단계를 나누어 파이썬 코드를 작성해 주되, 단계마다 항상 나에게 의견을 물어본 뒤 다음 단계로 진행해 줘. 그리고 파이썬 코드 정보는 다음과 같아.
>
> - 단계별로 코랩에서 파이썬 코드를 실행할 거야.
> - 네이버 금융에서 PBR 정보를 가져와 줘.(HTML 태그: #_pbr)
> - 날짜는 오늘 날짜를 기준으로 해 줘.

 좋습니다! 코드를 단계별로 설명하고 진행하면서 의견을 묻겠습니다. 첫 단계로, 네이버 금융 웹페이지에서 삼성전자 종목의 정보를 가져오기 위해 웹 스크래핑을 할 수 있는 기본 코드를 작성하겠습니다 이 코드는 requests와 BeautifulSoup 라이브러리를 사용할 것입니다 첫 번째 단계에서는 네이버 금융 페이지에서 HTML을 가져오는 작업부터 시작하겠습니다.

1단계: 네이버 금융 웹 페이지 HTML 가져오기

우선 requests와 BeautifulSoup 라이브러리를 이용해 네이버 금융에서 삼성전자 종목 페 이지의 HTML을 가져오는 코드를 작성합니다.

```python
import requests
from bs4 import BeautifulSoup

# 삼성전자 종목 URL 설정
url = "https://finance.naver.com/item/main.nhn?code=005930"  # 삼성전자 종목 코드: 005930

# 페이지 요청
response = requests.get(url)

# 응답 상태 확인
if response.status_code == 200:
    print("페이지를 성공적으로 불러왔습니다.")
```

```
else:
    print(f"페이지를 불러오는 데 실패했습니다. 상태 코드: {response.status_code}")
```

이 코드를 실행하면 페이지가 정상적으로 불러와지는지 확인할 수 있습니다. 이 단계에서는 페이지 응답 여부만 확인하므로 HTML 파싱 작업은 다음 단계로 넘기겠습니다.

이 코드를 실행하고 문제가 없으면, 다음 단계로 넘어가도 괜찮을까요?

네, 진행해 주세요.

챗GPT의 1단계 답변

 좋습니다! 이제 2단계로 넘어가서 불러온 HTML에서 필요한 PBR 정보를 추출하기 위해 파싱 작업을 진행하겠습니다. 네이버 금융 페이지의 PBR 값이 위치한 HTML 태그를 정확히 지정해 추출해 보겠습니다.

2단계: HTML 파싱 및 PBR 정보 추출

PBR 정보는 HTML에서 #_pbr 아이디를 사용해 표시되므로, Beautifulsoup을 이용해 해당 요소를 찾도록 하겠습니다.

```
from bs4 import BeautifulSoup

# HTML 파싱
soup = BeautifulSoup(response.text, 'html.parser')

# PBR 값 추출
pbr_element = soup.select_one("#_pbr")  # '#_pbr' 아이디로 선택
if pbr_element:
    pbr_value = pbr_element.get_text().strip()  # PBR 값 텍스트 추출 및 공백 제거
    print(f"삼성전자 PBR: {pbr_value}")
```

```
else:
    print("PBR 정보를 찾을 수 없습니다.")
```

챗GPT의 2단계 답변

Google Colab 실행용 최종 코드

다음 최종 코드는 네이버 금융에서 삼성전자의 PBR(주가순자산비율)을 가져오는 작업을 수행합니다. 먼저 requests 라이브러리를 사용해 삼성전자 주식 페이지의 HTML을 가져옵니다. 그런 다음, BeautifulSoup을 활용해 HTML을 분석하고, PBR 값이 저장된 태그(#_pbr)를 찾아 데이터를 추출합니다. 이를 통해 삼성전자의 현재 주식이 순자산 가치 대비 어떻게 평가되고 있는지 확인할 수 있습니다. 이 코드는 간단한 웹 스크래핑 과정을 통해 실시간 PBR 정보를 효율적으로 가져오는 방법을 보여줍니다.

```python
import requests
from bs4 import BeautifulSoup

# 삼성전자 종목 URL 설정
url = "https://finance.naver.com/item/main.nhn?code=005930"  # 삼성전자 종목 코드: 005930

# 페이지 요청
response = requests.get(url)

# 응답 상태 확인
if response.status_code == 200:
    print("페이지를 성공적으로 불러왔습니다.")
else:
    print(f"페이지를 불러오는 데 실패했습니다. 상태 코드: {response.status_code}")
```

```
from bs4 import BeautifulSoup

# HTML 파싱
soup = BeautifulSoup(response.text, 'html.parser')

# PBR 값 추출
pbr_element = soup.select_one("#_pbr")  # '#_pbr' 아이디로 선택
if pbr_element:
    pbr_value = pbr_element.get_text().strip()  # PBR 값 텍스트 추출 및 공백 제거
    print(f"삼성전자 PBR: {pbr_value}")
else:
    print("PBR 정보를 찾을 수 없습니다.")
```

```
삼성전자 PBR: 1.05
```

그림 27. 데이터 출력 결과

2.5 RSI(Relative Strength Index, 상대강도지수)

RSI는 주식의 가격 변동을 분석하여 주식의 상승과 하락 강도를 측정하는 지표입니다. 이를 통해 주식이 현재 과매수 상태에 있는지, 또는 과매도 상태에 있는지를 판단할 수 있습니다. RSI는 주식 거래에서 널리 사용되며, 투자자가 주식을 언제 사고 팔아야 할지 결정하는 데 도움을 주는 중요한 지표입니다.

1) RSI 계산 방법

RSI는 주로 14일의 기간을 기준으로 계산되며, 그 과정은 크게 세 단계로 이루어집니다.

1 단계 평균 상승폭과 평균 하락폭 구하기: 14일 동안 주식이 상승한 날의 평균 상승폭과 하락한 날의 평균 하락폭을 계산합니다.

2 단계 강도(RS) 계산하기: 강도(RS)는 '평균 상승폭÷평균 하락폭'으로 계산됩니다. 예를 들어, 14일 동안 주식이 상승한 날의 평균 상승폭이 0.8%, 하락한 날의 평균 하락폭이 0.2%라면, RS는 4가 됩니다.

3 단계 RSI 공식 적용하기

RSI는 다음 공식으로 계산됩니다.

$$RSI = 100 - \left(\frac{100}{1+RS}\right)$$

2단계 예시를 공식에 대입하면 RSI는 약 80이 됩니다. 이는 주식이 과매수 상태에 매우 가까운 신호입니다.

2) RSI 해석 방법

RSI는 주식이 과매수 상태인지 과매도 상태인지를 파악하는 데 중요한 역할을 합니다. RSI는 0에서 100 사이의 값으로 나타나며, 보통 아래와 같이 해석됩니다.

- **RSI가 70 이상일 경우:** 주식이 과매수 상태로, 주식이 많이 상승했을 가능성이 큽니다. 이는 시장에서 주식이 과열되었을 수 있음을 의미하며, 이때는 매도할 시점을 고려할 수 있습니다.
- **RSI가 30 이하일 경우:** 주식이 과매도 상태로, 주식이 많이 하락했을 가능성이 큽니다. 이는 주식이 저평가되었을 수 있음을 나타내며, 매수할 좋은 기회가 될 수 있습니다.

예를 들어, 한 주식의 RSI가 75라면, 많은 투자자들이 주식을 매수하여 주식이 과매수 상태에 있다는 신호일 수 있으며, 매도를 고려할 수 있는 시점입니다. 반대로, RSI가 25라면, 주식이 과매도 상태에 있을 가능성이 크므로 매수 기회로 볼 수 있습니다.

RSI는 단순히 주식의 과매수나 과매도 상태를 파악하는 것뿐만 아니라, 시장 심리를 이해하는 데도 중요한 역할을 합니다. 주식이 과도하게 매수되거나 매도될 때

그 흐름을 읽어, 현명한 투자 결정을 내릴 수 있습니다. 또한, RSI는 보통 14일을 기준으로 계산되지만, 트레이딩 스타일에 따라 더 짧은 기간(7일, 9일) 또는 긴 기간(20일, 30일)을 사용할 수도 있습니다.

프롬프트 설계

나는 삼성전자 주식 데이터의 RSI를 구하는 파이썬 코드를 작성하려고 해. 각 단계별로 나누어 진행하되 단계마다 항상 나에게 의견을 물어본 뒤 다음 단계를 진행해 줘. 그리고 파이썬 코드 정보는 다음과 같아.

- 단계별로 코랩에서 파이썬 코드를 실행해 줘.
- finance-datareader와 matplotlib 라이브러리를 설치 후 코드를 작성해 줘.
- DataRader 메서드를 사용해 줘.
- RSI 계산 시 14일을 기준으로 해 줘.
- 최근 30일간의 RSI를 시각화해 줘.

첫 번째 단계는 필요한 라이브러리 설치 및 기본적인 설정입니다. 주식 데이터를 가져오기 위한 FinanceDataReader와 시각화를 위한 matplotlib 라이브러리를 설치해야 합니다.

우선, 아래 코드를 사용하여 라이브러리를 설치하는 방법부터 제안할게요.

1단계: 라이브러리 설치

```
!pip install finance-datareader matplotlib
```

이렇게 하면 FinanceDataReader로 주식 데이터를 가져오고, matplotlib 을 이용해 테이터를 시각화 할 수 있게 됩니다.

이 단계 진행 후 다음 단계로 넘어가도 괜찮을까요?

> 네, 넘어가 주세요.

챗GPT의 1단계 답변

좋습니다! 이제 다음 단계로 넘어가서 FinanceDataReader를 사용하여 삼성전자의 주식 데이터를 가져오는 부분을 구현하겠습니다. 여기서는 FinanceDataReader 라이브러리를 사용하여 주식 데이터를 불러오고, 그 중 최근 30일간의 데이터를 가져오는 코드를 작성할 거예요.

2단계: 삼성전자 주식 데이터 가져오기

```python
import FinanceDataReader as fdr
import pandas as pd

# 삼성전자 (005930) 데이터를 가져오기 (삼성전자의 예시)
# 실제 삼성전자의 종목 코드를 확인 후 해당 코드를 사용해주세요.
stock_code = '005930'  # 예시로 삼성전자 종목 코드 사용
start_date = '2023-01-01'  # 원하는 시작 날짜
end_date = '2023-12-31'    # 원하는 종료 날짜

# 주식 데이터를 가져옵니다
df = fdr.DataReader(stock_code, start_date, end_date)

# 최근 30일간의 데이터를 확인
recent_data = df.tail(30)

# 데이터를 출력해봅니다
print(recent_data)
```

위 코드는 삼성전자의 주식 데이터를 2023년 동안 가져오고, 최근 30일간의 데이터를 출력하는 방식입니다. 이후에 이 데이터를 기반으로 RSI 계산을 진행할 수 있어요.

이 단계 진행 후 RSI 계산으로 넘어갈까요?

> 네, 넘어가 주세요.

챗GPT의 2단계 답변

좋습니다! 이제 다음 단계로 넘어가서 RSI(Relative Strength Index)를 계산하는 부분을 구현하겠습니다. 일반적으로 RSI는 14일을 기준으로 계산합니다. RSI 공식은 다음과 같습니다.

- RSI = 100 − (100 / (1 + RS))
- 여기서 RS는 평균 상승폭 / 평균 하락폭으로 계산됩니다.

평균 상승폭과 평균 하락폭을 구한 후 RSI 값을 계산하는 방법을 아래 코드로 보여드리겠습니다.

3단계: 14일 기준으로 RSI 계산

```
def calculate_rsi(data, period=14):
    delta = data['Close'].diff(1)  # 종가의 변화량
    gain = delta.where(delta > 0, 0)  # 상승분
    loss = -delta.where(delta < 0, 0)  # 하락분

    avg_gain = gain.rolling(window=period, min_periods=1).mean()
# 평균 상승
    avg_loss = loss.rolling(window=period, min_periods=1).mean()
# 평균 하락

    rs = avg_gain / avg_loss  # 상대 강도
    rsi = 100 - (100 / (1 + rs))  # RSI 계산

    data['RSI'] = rsi  # 데이터프레임에 RSI 값 추가
    return data

# RSI를 계산한 데이터를 얻습니다
df_with_rsi = calculate_rsi(df)
```

```
# 최근 30일간의 RSI 값을 확인
recent_rsi_data = df_with_rsi.tail(30)

# RSI 값을 출력해봅니다
print(recent_rsi_data[['Close', 'RSI']])
```

이 코드는 주식 데이터의 종가(Close)를 기준으로 14일간의 RSI를 계산하는 함수입니다. 이 후 df_with_rsi에 RSI 값이 추가됩니다.

RSI 계산이 완료된 데이터를 확인한 후 시각화 단계로 넘어갈까요?

네, 넘어가 주세요.

챗GPT의 3단계 답변

이제 마지막 단계로 RSI 시각화를 진행하겠습니다. 최근 30일간의 RSI를 시각화하여 그래 프로 표시해 드릴게요. matplotlib 라이브러리를 사용하여 주식과 RSI 값을 한 그래프에 그릴 수 있습니다.

4단계: 최근 30일간의 RSI 시각화

```
import matplotlib.pyplot as plt

# 최근 30일간의 RSI 데이터를 시각화
def plot_rsi(data):
    plt.figure(figsize=(10, 6))

    # 종가 그래프
    plt.subplot(2, 1, 1)
    plt.plot(data.index, data['Close'], label='Close Price', color='blue')
    plt.title('Close Price (Last 30 Days)')
    plt.legend()
```

```
# RSI 그래프
plt.subplot(2, 1, 2)
plt.plot(data.index, data['RSI'], label='RSI', color='red')
plt.axhline(70, linestyle='--', alpha=0.5, color='gray')  # 과매수선
plt.axhline(30, linestyle='--', alpha=0.5, color='gray')  # 과매도선
plt.title('RSI (Last 30 Days)')
plt.legend()
plt.tight_layout()
plt.show()

# 최근 30일간의 데이터로 시각화
plot_rsi(recent_rsi_data)
```

이 코드는 최근 30일간의 종가와 RSI를 각각의 서브플롯으로 시각화하는 방법입니다. 그래프에는 RSI가 70을 넘으면 과매수, 30을 밑돌면 과매도를 나타내는 선도 표시됩니다.

이제 이 코드를 실행해보면 최근 30일간의 주식과 RSI 그래프가 표시됩니다.

챗GPT의 4단계 답변

Google Colab 실행용 최종 코드

다음 최종 코드는 삼성전자의 주식 데이터를 활용해 RSI(Relative Strength Index)를 계산하고 시각화하는 과정입니다. 먼저, 2023년 한 해 동안의 주식 데이터를 가져오고, 이를 기준으로 RSI를 계산합니다. RSI는 주식의 평균 상승폭과 하락폭을 바탕으로 과매수(70 이상) 및 과매도(30 이하) 상태를 나타내는 지표입니다. 계산된 RSI와 최근 30일간의 주식을 그래프로 시각화하여 투자자가 매수와 매도 시점을 쉽게 파악할 수 있도록 도와줍니다.

```
!pip install finance-datareader
!pip install matplotlib

import FinanceDataReader as fdr
import pandas as pd

# 삼성전자 (005930) 데이터를 가져오기 (삼성전자의 예시)
# 실제 삼성전자의 종목 코드를 확인 후 해당 코드를 사용해주세요.
stock_code = '005930'  # 예시로 삼성전자 종목 코드 사용
start_date = '2023-01-01'  # 원하는 시작 날짜
end_date = '2023-12-31'   # 원하는 종료 날짜

# 주식 데이터를 가져옵니다
df = fdr.DataReader(stock_code, start_date, end_date)

# 최근 30일간의 데이터를 확인
recent_data = df.tail(30)

# 데이터를 출력해봅니다
print(recent_data)

def calculate_rsi(data, period=14):
    delta = data['Close'].diff(1)  # 종가의 변화량
    gain = delta.where(delta > 0, 0)  # 상승분
    loss = -delta.where(delta < 0, 0)  # 하락분

    avg_gain = gain.rolling(window=period, min_periods=1).mean()  # 평균 상승
    avg_loss = loss.rolling(window=period, min_periods=1).mean()  # 평균 하락

    rs = avg_gain / avg_loss  # 상대 강도
    rsi = 100 - (100 / (1 + rs))  # RSI 계산
```

```python
    data['RSI'] = rsi  # 데이터프레임에 RSI 값 추가
    return data

# RSI를 계산한 데이터를 얻습니다
df_with_rsi = calculate_rsi(df)

# 최근 30일간의 RSI 값을 확인
recent_rsi_data = df_with_rsi.tail(30)

# RSI 값을 출력해봅니다
print(recent_rsi_data[['Close', 'RSI']])
import matplotlib.pyplot as plt

# 최근 30일간의 RSI 데이터를 시각화
def plot_rsi(data):
    plt.figure(figsize=(10, 6))

    # 종가 그래프
    plt.subplot(2, 1, 1)
    plt.plot(data.index, data['Close'], label='Close Price', color='blue')
    plt.title('Close Price (Last 30 Days)')
    plt.legend()

    # RSI 그래프
    plt.subplot(2, 1, 2)
    plt.plot(data.index, data['RSI'], label='RSI', color='red')
    plt.axhline(70, linestyle='--', alpha=0.5, color='gray')  # 과매수선
    plt.axhline(30, linestyle='--', alpha=0.5, color='gray')  # 과매도선
    plt.title('RSI (Last 30 Days)')
    plt.legend()
```

```
    plt.tight_layout()
plt.show()

# 최근 30일간의 데이터로 시각화
plot_rsi(recent_rsi_data)
```

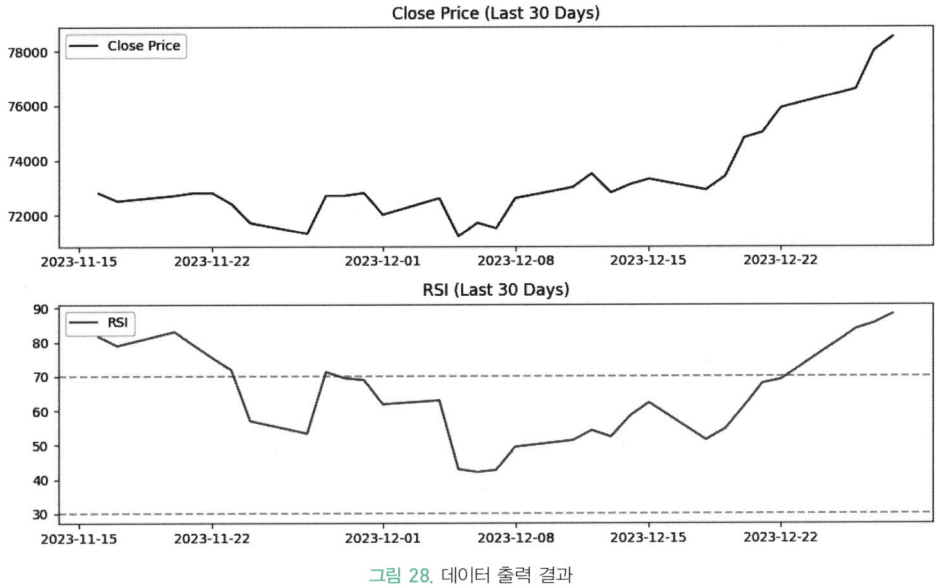

그림 28. 데이터 출력 결과

2.6 시계열 분석

시계열 분석(Time Series Analysis)은 시간 순서대로 수집된 데이터를 분석하여 미래를 예측하는 기법입니다. 시간의 흐름이 중요한 요소이기 때문에, 데이터를 시간에 따라 분석하는 것이 핵심입니다. 주식 데이터를 시계열 분석에 적용하면 과거 주식의 변동 패턴을 기반으로 향후 주식 변동을 예측할 수 있습니다.

시계열 분석에는 다양한 방법이 있으며, 데이터의 특성에 따라 적절한 기법을 선택해야 합니다. 주요 기법은 이동평균법(Moving Average), 지수 평활법(Exponential

Smoothing), 회귀 모델(Regression Model), ARIMA 모델, 머신러닝 및 딥러닝 기반 방법 등이 있습니다. 이러한 기법들을 깊이 있고 실습 중심으로 배우려면, 박유성 『시계열 예측과 분석』(2024) 또는 이상열 『시계열 분석: 이론 및 R 실습』 (2025) 같은 국내 전문서를 참고하면 좋습니다.

시계열 분석은 과거 데이터를 바탕으로 미래를 예측하는 데 중요한 역할을 합니다. 시간에 따른 데이터 패턴을 분석함으로써 더 나은 의사결정을 내릴 수 있으며, 이는 주식 예측의 정확도를 높이는 데 기여합니다.

2.6.1 이동평균선

이동평균선은 일정 기간 동안의 주식 종가의 평균을 선으로 연결한 것으로, 주식 시장에서 많이 활용되는 기법 중 하나입니다. 단순하지만 강력한 이 방법은 데이터 분석 관점에서도 시계열 데이터를 이해하는 데 큰 도움이 됩니다.

일반적으로 주식시장에서 이동평균선으로 가장 많이 사용되는 기간은 5일, 10일, 20일, 60일, 120일이며, 이는 단기, 중기, 장기 추세를 각각 파악하는 데 활용됩니다. 먼저, 5일 이동평균은 주식시장의 일주일 흐름을 반영하므로, 단기적인 추세를 파악할 때 주로 사용됩니다. 최근 며칠간의 가격 변동에 민감하게 반응해 현재 시장 흐름을 신속하게 이해할 수 있습니다. 10일 이동평균은 2주간의 평균을 나타내며, 단기와 중기 추세 사이의 흐름을 부드럽게 보여줍니다. 20일 이동평균은 한 달간의 시장 움직임을 반영하여 중기 추세를 파악하는 데 유용합니다. 일시적인 변동보다 전반적인 추세를 파악할 때 사용되며, 투자자들이 중요하게 여기는 대표적인 기간입니다. 60일 이동평균은 세 달 정도의 시장 움직임을 보여주기 때문에, 중기 추세를 더 명확하게 나타내고 단기 변동에 덜 민감하게 반응합니다. 마지막으로, 120일 이동평균은 약 6개월의 기간을 반영하여 장기 추세를 파악하는 데 사용됩니다. 장기적인 관점에서 주식의 흐름을 이해하고 시장의 전반적인 방향을 판단하는 데 도움이 됩니다.

이동평균선은 크게 단순 이동평균(SMA: Simple Moving Average)과 지수 이동평균(EMA: Exponential Moving Average)으로 구분됩니다. 단순 이동평균은 일정 기간의 종가를 단순히 평균 내는 방식인 반면, 지수 이동평균은 최근 데이터에 더 큰 가중치를 부여하여 최근의 가격 변동을 좀 더 민감하게 반영합니다. 이제 각 개념을 쉽게 풀어보겠습니다.

2.6.1.1 단순 이동평균

단순 이동평균은 일정 기간 동안의 종가를 모두 더한 후 그 기간의 일수로 나눈 값입니다. 말 그대로 '단순'하게 평균을 내는 방식이죠. 이 방법을 통해 최근 주식의 흐름을 파악할 수 있고, 일시적인 가격 변동보다는 전반적인 추세를 볼 수 있습니다. 일반인에게도 익숙한 방식으로, 종가의 변동을 한눈에 쉽게 파악할 수 있는 장점이 있습니다.

예를 들어, 어떤 주식의 최근 5일간 종가가 100, 102, 105, 107, 110이라고 가정해 보겠습니다. 이때 5일 단순 이동평균은 다음과 같이 계산됩니다.

$$5일\ 단순\ 이동평균(5일\ SMA) = (100+102+105+107+110)/5 = 104.8$$

이렇게 계산된 값을 차트 위에 점으로 표시하고, 각 날짜별로 이어주면 5일 이동평균선이 만들어집니다. 이 선을 보고 현재 주식이 평균적으로 상승 추세인지 하락 추세인지를 판단할 수 있습니다.

수식으로 나타내면 다음과 같습니다.

$$SMA_t = \frac{P_{t-n+1} + P_{t-n+2} + \cdots + P_t}{n}$$

- SMA_t는 시점 t에서의 단순 이동평균 값입니다.
- P_t는 시점 t의 종가입니다.
- n은 이동평균을 구할 기간입니다.

단순 이동평균은 데이터 분석에 있어 시간의 흐름에 따라 평균적인 변화 추세를 파악하는 데 매우 유용합니다. 특히 노이즈가 많은 주식 데이터에서 일시적인 변동에 휘둘리지 않고 전반적인 흐름을 볼 수 있게 해줍니다. 이동평균선을 통해 상승 또는 하락 추세를 식별하거나, 시장의 과열 상태를 판단하는 등 다양한 분석에 활용할 수 있습니다.

다만 단순 이동평균은 모든 데이터에 동일한 가중치를 부여하기 때문에, 최근 데이터의 변화에 둔감하다는 단점이 있습니다. 즉, 단순 이동평균은 최근 가격의 변동과 과거의 가격 변동도 동일하게 반영하기 때문에 최근의 시장 상황에 민감하지 못합니다. 따라서 최근 시장 상황에 더 민감하게 반응하기 위해 지수 이동평균(EMA)과 같은 다른 이동평균 기법을 사용하기도 합니다.

프롬프트 설계

나는 삼성전자 주식 데이터의 이동평균선으로 주식을 예측하는 파이썬 코드를 작성하려고 해 각 단계별로 나누어 진행하되 단계마다 항상 나에게 의견을 물어본 뒤 다음 단계를 진행해 줘. 그리고 파이썬 코드 정보는 다음과 같아.

- 단계별로 코랩에서 파이썬 코드를 실행할 수 있게 코드를 작성해 줘.
- finance-datareader와 matplotlib 라이브러리를 설치 후 코드를 작성해 줘.
- DataRader 메서드를 사용해 줘.
- 삼성전자 종가를 대상으로 5일, 60일, 120일 단순 이동평균선을 계산해 줘.
- 2016년부터 2024년 6월까지 단순 이동평균선을 시각화해 줘.
- 2025년에 대한 예측값을 시각화하는 코드를 작성해 줘.

좋아요! 주어진 요구사항을 바탕으로 삼성전자 주식 데이터를 이용해 이동평균선을 계산하고, 이를 시각화하여 주식을 예측하는 파이썬 코드를 단계별로 작성해드릴게요. 각 단계별로 코드를 설명하고 의견을 물어보면서 진행하도록 하겠습니다.

Step 1: 필요한 라이브러리 설치하기

먼저, 필요한 라이브러리인 finance-datareader와 matplotlib를 설치하는 코드입니다. 이를 통해 데이터를 불러오고 시각화할 수 있습니다.

이 단계를 진행해도 될까요?

> 네

 좋습니다! 그럼 먼저 finance-datareader와 matplotlib 라이브러리를 설치하는 코드를 작성 하겠습니다.

```
!pip install finance-datareader
!pip install matplotlib
```

위 코드를 코랩에서 실행해 주세요. 라이브러리 설치가 완료되면, 다음 단계로 넘어가겠습니다.

설치가 끝나면 준비가 되었는지 알려주세요, 다음 단계로 이동할 수 있도록 하겠습니다.

> 네, 진행해 주세요.

챗GPT의 1단계 답변

좋습니다! 이제 삼성전자 종가 데이터를 DataReader를 사용하여 불러오고, 5일, 60일, 120일 단순 이동평균선을 계산해보겠습니다. 이 데이터는 2016년부터 2024년 6월까지의 기간을 대상으로 할 것입니다.

Step 2: 삼성전자 주식 데이터 불러오기 및 이동평균선 계산

아래 코드는 FinanceDataReader를 이용해 삼성전자 주식 데이터를 불러오고, 5일, 60일, 120일 이동평균선을 계산하는 코드입니다.

```python
import FinanceDataReader as fdr
import pandas as pd
import matplotlib.pyplot as plt

# 삼성전자 주식 데이터를 2016년부터 2024년 6월까지 불러오기
df = fdr.DataReader('005930', '2016-01-01', '2024-06-30')

# 종가 데이터에서 이동평균선 계산 (5일, 60일, 120일)
df['MA_5'] = df['Close'].rolling(window=5).mean()
df['MA_60'] = df['Close'].rolling(window=60).mean()
df['MA_120'] = df['Close'].rolling(window=120).mean()

# 계산된 데이터 일부를 출력해보기
print(df.head())

# 간단히 이동평균선 확인을 위한 시각화
plt.figure(figsize=(14, 7))
plt.plot(df.index, df['Close'], label='Close Price', color='blue')
plt.plot(df.index, df['MA_5'], label='5-Day Moving Average', color='orange')
plt.plot(df.index, df['MA_60'], label='60-Day Moving Average', color='green')
plt.plot(df.index, df['MA_120'], label='120-Day Moving Average', color='red')
plt.title('Samsung Electronics Stock Price with Moving Averages')
plt.xlabel('Date')
```

```
plt.ylabel('Price (KRW)')
plt.legend()
plt.grid()
plt.show()
```

이 코드를 코랩에 실행하셔서 삼성전자 종가와 이동평균선을 시각화하는 작업을 해주세요.

- 삼성전자 주식 데이터를 2016년부터 2024년 6월까지 불러왔습니다.
- 이동평균선(5일, 60일, 120일)을 계산하고 이를 그래프에 표시했습니다.

그래프가 잘 시각화되었다면 다음 단계로 2025년 예측을 위한 코드로 넘어가겠습니다 준비되셨으면 알려주세요.

네, 넘어가 주세요.

챗GPT의 2단계 답변

 좋습니다! 이제 2025년에 대한 예측값을 시각화하는 단계를 진행하겠습니다.

Step 3: 2025년 주식 예측 및 시각화

이 단계에서는 이동평균선을 기반으로 단순한 방법으로 미래의 주식을 예측합니다. 이동평균선을 사용하는 방법은 통계적인 방법이므로 매우 단순한 추세 연장입니다. 이를 통해 2025년의 주식이 어떻게 변화할지를 시각적으로 나타내려고 합니다.

여기에서는 예측을 위해 간단히 선형 모델을 사용하거나, 마지막 주식 및 이동평균의 추세를 연장하는 방식으로 예측할 것입니다. 이는 단순 참고용일 뿐, 실제 투자 결정을 위한 예측은 아님을 유의해주세요.

아래 코드는 2024년의 데이터를 이용해 2025년을 단순히 연장 예측하는 방식입니다.

```python
import numpy as np
import datetime as dt

# 2025년 1년 동안의 날짜 생성 (영업일 기준)
future_dates = pd.date_range(start='2025-01-01', end='2025-12-31', freq='B')

# 마지막 날짜부터 예측 값을 계속 추가 (여기서는 단순히 최근의 이동평균값으로 예측)
last_close_price = df['Close'].iloc[-1]
last_ma_5 = df['MA_5'].iloc[-1]
last_ma_60 = df['MA_60'].iloc[-1]
last_ma_120 = df['MA_120'].iloc[-1]

# 이동평균을 고정된 값으로 연장하여 예측
future_df = pd.DataFrame(index=future_dates)
future_df['Close_Prediction'] = last_close_price
future_df['MA_5_Prediction'] = last_ma_5
future_df['MA_60_Prediction'] = last_ma_60
future_df['MA_120_Prediction'] = last_ma_120

# 기존 데이터와 예측 데이터를 합침
combined_df = pd.concat([df, future_df])

# 시각화
plt.figure(figsize=(14, 7))
plt.plot(combined_df.index, combined_df['Close'], label='Close Price (Historical)', color='blue')
plt.plot(combined_df.index, combined_df['MA_5'], label='5-Day Moving Average (Historical)', color='orange')
```

```
plt.plot(combined_df.index, combined_df['MA_60'], label='60-Day Moving
Average (Historical)', color='green')
plt.plot(combined_df.index, combined_df['MA_120'], label='120-Day
Moving Average (Historical)', color='red')

# 예측 부분 시각화
plt.plot(future_df.index, future_df['Close_Prediction'], '--',
label='Close Price Prediction (2025)', color='blue', alpha=0.5)
plt.plot(future_df.index, future_df['MA_5_Prediction'], '--',
label='5-Day MA Prediction (2025)', color='orange', alpha=0.5)
plt.plot(future_df.index, future_df['MA_60_Prediction'], '--',
label='60-Day MA Prediction (2025)', color='green', alpha=0.5)
plt.plot(future_df.index, future_df['MA_120_Prediction'], '--',
label='120-Day MA Prediction (2025)', color='red', alpha=0.5)

plt.title('Samsung Electronics Stock Price Prediction for 2025')
plt.xlabel('Date')
plt.ylabel('Price (KRW)')
plt.legend()
plt.grid()
plt.show()
```

챗GPT의 3단계 답변

Google Colab 실행용 최종 코드

다음 최종 코드는 삼성전자 주식 데이터를 활용해 5일, 60일, 120일 단순 이동평 균선을 계산하고 이를 시각화하며, 2025년 주식을 간단히 예측하는 과정을 담고 있습니다. 먼저 2016년부터 2024년 6월까지의 주식 데이터를 불러와 각 기간별 이동평균선을 계산합니다. 이후, 계산된 이동평균선과 종가 데이터를 그래프로 시각화하여 추세를 한눈에 확인할 수 있게 합니다. 마지막으로, 최근 이동평균값을 바탕으로 2025년 주식을 간단히 연장하여 예측하고, 이를 기존 데이터와 함께 시각화하여 향후 흐름을 시뮬레이션합니다.

```python
# 코랩에서 필요한 라이브러리 설치
!pip install finance-datareader
!pip install matplotlib


import FinanceDataReader as fdr
import pandas as pd
import matplotlib.pyplot as plt

# 삼성전자 주식 데이터를 2016년부터 2024년 6월까지 불러오기
df = fdr.DataReader('005930', '2016-01-01', '2024-06-30')

# 종가 데이터에서 이동평균선 계산 (5일, 60일, 120일)
df['MA_5'] = df['Close'].rolling(window=5).mean()
df['MA_60'] = df['Close'].rolling(window=60).mean()
df['MA_120'] = df['Close'].rolling(window=120).mean()

# 계산된 데이터 일부를 출력해보기
print(df.head())

# 간단히 이동평균선 확인을 위한 시각화
plt.figure(figsize=(14, 7))
plt.plot(df.index, df['Close'], label='Close Price', color='blue')
plt.plot(df.index, df['MA_5'], label='5-Day Moving Average', color='orange')
plt.plot(df.index, df['MA_60'], label='60-Day Moving Average', color='green')
plt.plot(df.index, df['MA_120'], label='120-Day Moving Average', color='red')
plt.title('Samsung Electronics Stock Price with Moving Averages')
plt.xlabel('Date')
```

```
plt.ylabel('Price (KRW)')
plt.legend()
plt.grid()
plt.show()

import numpy as np
import datetime as dt

# 2025년 1년 동안의 날짜 생성 (영업일 기준)
future_dates = pd.date_range(start='2025-01-01', end='2025-12-31', freq='B')

# 마지막 날짜부터 예측 값을 계속 추가 (여기서는 단순히 최근의 이동평균값으로 예측)
last_close_price = df['Close'].iloc[-1]
last_ma_5 = df['MA_5'].iloc[-1]
last_ma_60 = df['MA_60'].iloc[-1]
last_ma_120 = df['MA_120'].iloc[-1]

# 이동평균을 고정된 값으로 연장하여 예측
future_df = pd.DataFrame(index=future_dates)
future_df['Close_Prediction'] = last_close_price
future_df['MA_5_Prediction'] = last_ma_5
future_df['MA_60_Prediction'] = last_ma_60
future_df['MA_120_Prediction'] = last_ma_120

# 기존 데이터와 예측 데이터를 합침
combined_df = pd.concat([df, future_df])

# 시각화
plt.figure(figsize=(14, 7))
plt.plot(combined_df.index, combined_df['Close'], label='Close Price (Historical)', color='blue')
```

```
plt.plot(combined_df.index, combined_df['MA_5'], label='5-Day Moving Average 
(Historical)', color='orange')
plt.plot(combined_df.index, combined_df['MA_60'], label='60-Day Moving Average 
(Historical)', color='green')
plt.plot(combined_df.index, combined_df['MA_120'], label='120-Day Moving Average 
(Historical)', color='red')

# 예측 부분 시각화
plt.plot(future_df.index, future_df['Close_Prediction'], '--', label='Close Price 
Prediction (2025)', color='blue', alpha=0.5)
plt.plot(future_df.index, future_df['MA_5_Prediction'], '--', label='5-Day MA 
Prediction (2025)', color='orange', alpha=0.5)
plt.plot(future_df.index, future_df['MA_60_Prediction'], '--', label='60-Day MA 
Prediction (2025)', color='green', alpha=0.5)
plt.plot(future_df.index, future_df['MA_120_Prediction'], '--', label='120-Day MA 
Prediction (2025)', color='red', alpha=0.5)

plt.title('Samsung Electronics Stock Price Prediction for 2025')
plt.xlabel('Date')
plt.ylabel('Price (KRW)')
plt.legend()
plt.grid()
plt.show()
```

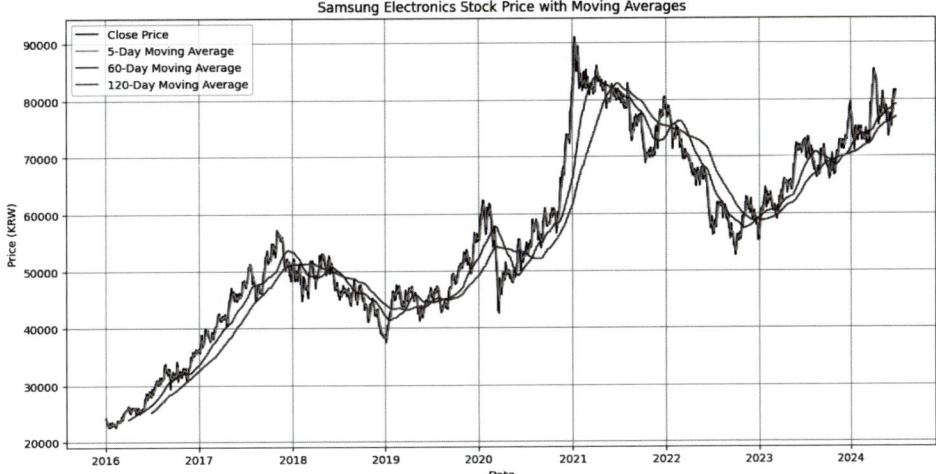

그림 29. 데이터 시각화 결과 1

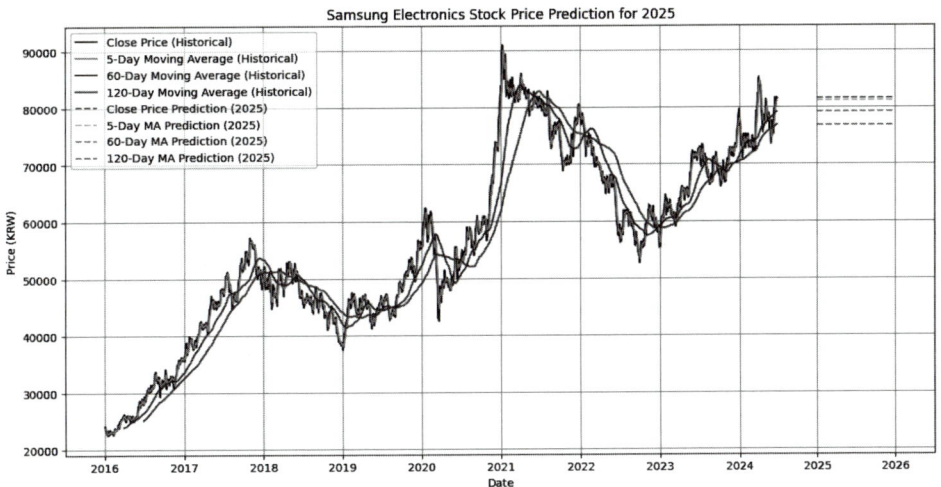

그림 30. 데이터 시각화 결과 2

2.6.1.2 지수 이동평균

단순 이동평균(SMA)의 경우, 오래된 주식 가격과 최신 주식 가격을 동일한 비중으로 반영합니다. 즉, 일정 기간의 모든 가격 데이터를 평균 내어 같은 중요도로 다루기 때문에 과거 가격이 주식 예측에 강하게 영향을 미칠 수 있습니다. 이로 인해 시장 변화에 대한 반응이 다소 느릴 수 있다는 단점이 있습니다.

반면, 지수 이동평균(EMA)은 최근 주식 가격에 가중치를 부여하여 최신 데이터의 변동을 더욱 민감하게 반영하는 지표입니다. 지수 이동평균은 과거 데이터를 고려하지만, 시간이 지남에 따라 그 영향력이 점차 감소하는 방식입니다. 따라서 최근의 주식 변화가 이동평균에 더 큰 영향을 미치게 됩니다.

이러한 특징을 가진 지수 이동평균의 수식은 다음과 같습니다.

$$EMA = (오늘의\ 가격 \times 가중치) + (이전\ EMA \times (1 - 가중치))$$

위 공식에서 '가중치'는 최근 데이터를 강조하는 비율로, 기간에 따라 다르게 설정됩니다.

EMA의 주요 특징은 다음과 같습니다.

최근 주식 가격 변동을 잘 반영합니다. 즉, 최신 정보가 중요하게 반영되어 빠르게 변화하는 시장의 움직임을 민감하게 따라갈 수 있습니다.

오래된 데이터의 중요도가 낮아집니다. 시간이 지날수록 오래된 가격 데이터의 영향력이 점차 줄어들어 최신 가격에 더 집중하게 됩니다. 이렇게 해서 과거의 가격 변동이 현재의 추세에 미치는 영향을 줄여주고, 급격한 가격 변동으로 인한 왜곡을 감소시킵니다.

시장 변동성에 더 적합합니다. 특히 EMA는 갑작스러운 변동을 감지하고 이에 빠르게 반응할 수 있어 단기 트레이딩을 선호하는 투자자들에게 유용합니다.

여기에 더해, 가중 이동평균(WMA)이라는 개념도 있습니다. WMA는 모든 데이터에 일정한 가중치를 부여하는 대신, 최근 데이터일수록 더 큰 가중치를 부여하여 최신 정보를 반영하려는 시도를 합니다. 예를 들어, 10일 가중 이동평균선을 계산할 때 가장 최근의 데이터에 10, 그 전의 데이터에 9, 다음은 8... 이런 식으로 점점 적은 가중치를 부여합니다. 이렇게 함으로써 과거 데이터보다는 최근의 가격 변동에 더 큰 비중을 두고 분석할 수 있습니다.

다른 이동평균선과 비교했을 때, WMA의 장점은 최근 주식을 더 강조하기 때문에 주가 변동에 대한 반응이 가장 빠르다는 점입니다. 따라서 단기적인 추세를 민감하게 포착하고자 할 때 유용한 도구가 됩니다.

알렉산더 엘더(Alexander Elder)라는 유명한 투자자에 따르면, 이동평균선의 기간은 시장 주기의 절반 정도가 적당하다고 합니다. 예를 들어 시장이 50일 주기라면 20일 이동평균선을 사용하는 것이 효과적입니다. 이처럼 EMA나 WMA를 사용할 때는 시장의 주기를 잘 이해하고, 해당 주기에 적합한 이동평균선을 설정하는 것이 중요합니다.

정리하자면, WMA와 EMA는 모두 SMA에 비해 최신 시장 변화를 잘 반영하도록 설계된 방법입니다.

WMA는 최근 데이터에 더욱 큰 비중을 부여하여 변동성에 민감하게 반응할 수 있습니다. EMA는 시간에 따라 과거 데이터의 영향력을 점진적으로 줄이며, 급등락을 완화하면서도 현재 흐름을 반영하는 데 유리합니다. 이를 통해 투자자는 시장의 단기적 움직임에 대해 보다 정밀하게 분석을 할 수 있고, 전략적인 투자 결정을 내리는 데 도움을 받을 수 있습니다.

프롬프트 설계

나는 삼성전자 주식 데이터의 지수 이동평균선으로 예측하는 파이썬 코드를 작성하려고 해. 각 단계마다 나누어 진행하되 단계별로 항상 나에게 의견을 물어본 뒤 다음 단계를 진행해 줘. 그리고 파이썬 코드 정보는 다음과 같아.

- 단계별로 코랩에서 파이썬 코드를 실행해 줘.
- finance-datareader와 matplotlib 라이브러리를 설치한 후 코드를 작성해 줘.
- DataRader 메서드를 사용해 줘.
- 삼성전자 종가를 대상으로 20일, 60일, 120일 지수 이동평균선을 그려줘.
- 지수 이동평균선 2020년 1월 1일부터 2024년 6월까지 지수 이동평균선을 시각화해 줘.
- 2025년까지의 예측값을 시각화해 줘.

알겠습니다! 단계별로 진행하며 각 단계마다 의견을 여쭙겠습니다. 이 프로젝트는 삼성전자 주식을 대상으로 이동평균선을 그리고, 이를 바탕으로 예측까지 해보는 것입니다. 각 단계에 서 피드백을 주시면 다음 단계로 넘어가겠습니다.

단계 1: 라이브러리 설치와 필요한 데이터 불러오기

우선, 코랩에서 필요한 라이브러리를 설치하고, 금융 데이터를 불러오는 부분을 진행하겠습니다.

1. FinanceDataReader를 사용하여 삼성전자 주식 데이터를 불러오겠습니다.
2. matplotlib을 설치하여 시각화를 준비하겠습니다.

먼저, 아래의 코드를 코랩에서 실행할 수 있도록 해드릴게요.

```
!pip install finance-datareader
!pip install matplotlib
```

이렇게 라이브러리를 설치한 후, 다음 단계로 데이터 불러오기 작업을 진행해도 될까요? 이 부분에 대해서 의견 주시면 다음으로 넘어가겠습니다.

> 네, 넘어가 주세요.

챗GPT의 1단계 답변

좋습니다! 이제 다음 단계로 진행하겠습니다.

단계 2: 삼성전자 주식 데이터 불러오기 및 이동평균 계산

이 단계에서는 FinanceDatareader 라이브러리를 사용하여 삼성전자의 주식 데이터를 불러오고, 20일, 60일, 120일의 지수 이동평균선을 계산하겠습니다.

아래 코드에서는 FinanceDataReader를 통해 삼성전자 주식을 가져오고, 2020년 1월 1일부터 2024년 6월까지의 데이터를 필터링한 뒤, 지수 이동평균선을 계산하도록 하겠습니다.

```python
import FinanceDataReader as fdr
import pandas as pd
import numpy as np
import matplotlib.pyplot as plt

# 삼성전자 주식 데이터 불러오기
df = fdr.DataReader('005930', '2020-01-01', '2024-06-30')

# 20일, 60일, 120일 지수 이동평균선 계산
df['EMA_20'] = df['Close'].ewm(span=20, adjust=False).mean()
df['EMA_60'] = df['Close'].ewm(span=60, adjust=False).mean()
df['EMA_120'] = df['Close'].ewm(span=120, adjust=False).mean()

# 계산된 이동평균선 및 종가 확인
print(df.tail())

# 그래프 시각화
plt.figure(figsize=(14, 7))
plt.plot(df.index, df['Close'], label='Close Price', color='blue', alpha=0.5)
plt.plot(df.index, df['EMA_20'], label='20-Day EMA', color='red')
plt.plot(df.index, df['EMA_60'], label='60-Day EMA', color='green')
plt.plot(df.index, df['EMA_120'], label='120-Day EMA', color='purple')
```

```
plt.title('Samsung Electronics Stock Price and Exponential Moving 
Averages')
plt.xlabel('Date')
plt.ylabel('Price (KRW)')
plt.legend()
plt.grid()
plt.show()
```

이 코드를 실행하면 삼성전자 종가와 20일, 60일, 120일의 지수 이동평균선을 시각화한 그래프를 볼 수 있습니다.

이 단계의 결과가 만족스러우신지, 또는 추가적인 수정이나 의견이 있으시면 알려주세요. 이후에는 2025년까지의 예측 작업을 진행하도록 하겠습니다.

> 네, 진행해 주세요.

챗GPT의 2단계 답변

 알겠습니다! 이제 삼성전자 주식의 미래 예측을 진행하겠습니다.

단계 3: 삼성전자 주식 예측(2025년까지)

이번 단계에서는 삼성전자 주식의 지수 이동평균을 바탕으로 2025년까지 예측을 시도해보겠습니다. 예측을 위해 간단히 Prophet★과 같은 타임 시리즈 모델을 사용해 예측하겠습니다. 다만, 예측 모델은 단순 참고용일 뿐, 실제 미래를 정확히 예측하기는 어렵습니다.

예측 과정은 다음과 같습니다.

1. fbprophet 라이브러리를 설치하고 사용할 것입니다.
2. 이동평균선을 기반으로 향후 1년 반(2025년 말까지)의 주식을 예측합니다.

아래 코드를 실행할 준비를 해주세요.

★ Prophet은 추세, 계절성, 불규칙 요인을 자동으로 분해하여 학습하고, 이를 바탕으로 향후 주가를 예측하는 시계열 모델입니다.

```python
# Prophet 설치
!pip install prophet
```

Prophet 설치 후 아래의 코드를 통해 예측을 진행하겠습니다.

```python
from prophet import Prophet

# 데이터 준비 - Prophet이 요구하는 형식으로 변환
prophet_df = df[['Close']].reset_index()
prophet_df.columns = ['ds', 'y']

# Prophet 모델 초기화 및 학습
model = Prophet(daily_seasonality=True)
model.fit(prophet_df)

# 예측할 날짜 생성 (2024년 6월 30일부터 2025년 말까지)
future = model.make_future_dataframe(periods=365) # 향후 1년 예측
forecast = model.predict(future)

# 예측 결과 시각화
plt.figure(figsize=(14, 7))
plt.plot(df.index, df['Close'], label='Historical Close Price', color='blue', alpha=0.5)
plt.plot(forecast['ds'], forecast['yhat'], label='Predicted Price', color='orange')
plt.fill_between(forecast['ds'], forecast['yhat_lower'], forecast['yhat_upper'], color='orange', alpha=0.2, label='Prediction Confidence Interval')
plt.title('Samsung Electronics Stock Price Forecast (up to 2025)')
plt.xlabel('Date')
plt.ylabel('Price (KRW)')
```

```
plt.legend()
plt.grid()
plt.show()
```

챗GPT의 3단계 답변

Google Colab 실행용 최종 코드

다음 최종 코드는 삼성전자 주식 데이터를 활용하여 20일, 60일, 120일의 지수 이동평균선을 계산하고, 이를 기반으로 2025년까지 주식을 예측합니다. 먼저 2020년부터 2024년까지의 데이터를 불러와 지수 이동평균선을 계산한 뒤, 이를 시각화하여 주식 추세를 확인합니다. 이후 Prophet 라이브러리를 사용해 향후 1년간의 주가를 예측하고, 예측값과 신뢰 구간을 그래프로 표시합니다. 이 과정을 통해 주식의 과거 패턴을 바탕으로 미래 변동을 직관적으로 이해할 수 있습니다.

```
!pip install finance-datareader
!pip install matplotlib

import FinanceDataReader as fdr
import pandas as pd
import numpy as np
import matplotlib.pyplot as plt

# 삼성전자 주식 데이터 불러오기
df = fdr.DataReader('005930', '2020-01-01', '2024-06-30')

# 20일, 60일, 120일 지수 이동평균선 계산
df['EMA_20'] = df['Close'].ewm(span=20, adjust=False).mean()
df['EMA_60'] = df['Close'].ewm(span=60, adjust=False).mean()
df['EMA_120'] = df['Close'].ewm(span=120, adjust=False).mean()
```

```
# 계산된 이동평균선 및 종가 확인
print(df.tail())

# 그래프 시각화
plt.figure(figsize=(14, 7))
plt.plot(df.index, df['Close'], label='Close Price', color='blue', alpha=0.5)
plt.plot(df.index, df['EMA_20'], label='20-Day EMA', color='red')
plt.plot(df.index, df['EMA_60'], label='60-Day EMA', color='green')
plt.plot(df.index, df['EMA_120'], label='120-Day EMA', color='purple')
plt.title('Samsung Electronics Stock Price and Exponential Moving Averages')
plt.xlabel('Date')
plt.ylabel('Price (KRW)')
plt.legend()
plt.grid()
plt.show()

# Prophet 설치
!pip install prophet

from prophet import Prophet

# 데이터 준비 - Prophet이 요구하는 형식으로 변환
prophet_df = df[['Close']].reset_index()
prophet_df.columns = ['ds', 'y']

# Prophet 모델 초기화 및 학습
model = Prophet(daily_seasonality=True)
model.fit(prophet_df)

# 예측할 날짜 생성 (2024년 6월 30일부터 2025년 말까지)
future = model.make_future_dataframe(periods=365) # 향후 1년 예측
```

```python
forecast = model.predict(future)

# 예측 결과 시각화
plt.figure(figsize=(14, 7))
plt.plot(df.index, df['Close'], label='Historical Close Price', color='blue', alpha=0.5)
plt.plot(forecast['ds'], forecast['yhat'], label='Predicted Price', color='orange')
plt.fill_between(forecast['ds'], forecast['yhat_lower'], forecast['yhat_upper'], color='orange', alpha=0.2, label='Prediction Confidence Interval')
plt.title('Samsung Electronics Stock Price Forecast (up to 2025)')
plt.xlabel('Date')
plt.ylabel('Price (KRW)')
plt.legend()
plt.grid()
plt.show()
```

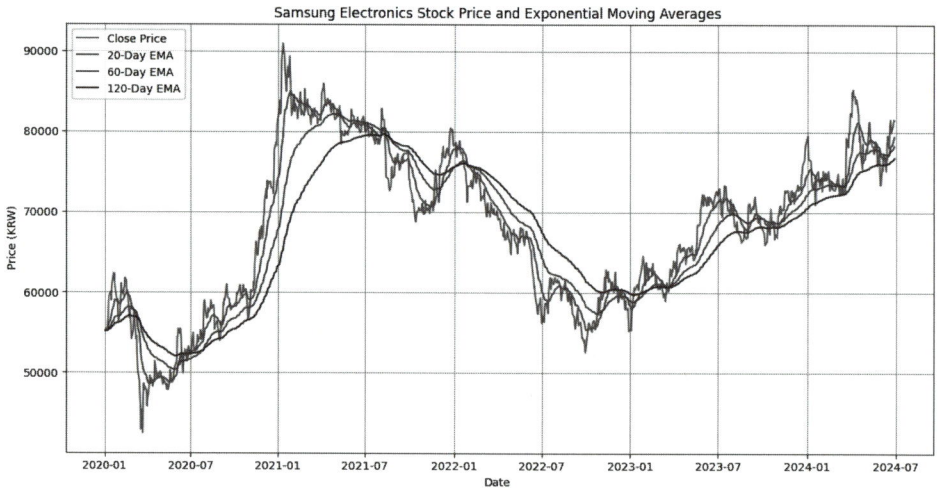

그림 31. 데이터 시각화 결과 1

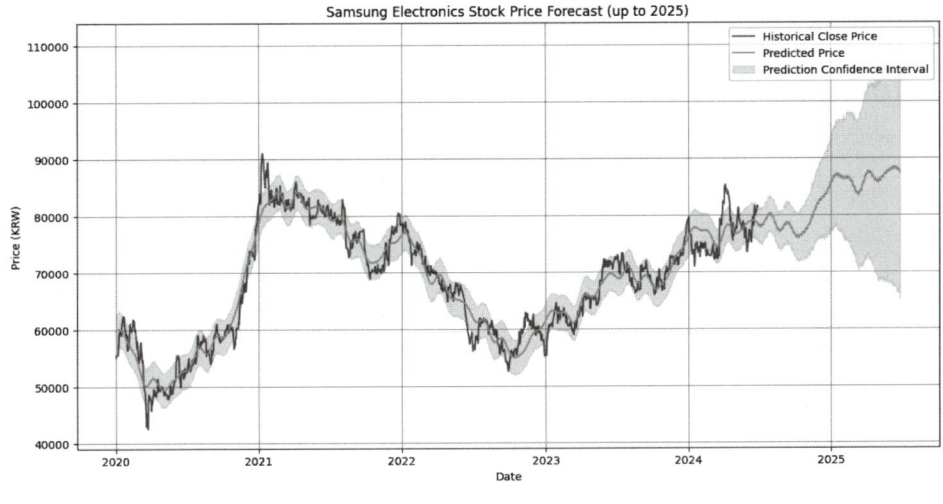

그림 32. 데이터 시각화 결과 2

2.6.2 골든 크로스(Golden Cross)와 데드 크로스(Dead Cross)

주식시장에서 이동평균선은 주식의 흐름을 보다 쉽게 이해하고 분석하는 데 도움을 줍니다. 이동평균선이란 일정 기간 동안의 평균 주식을 선으로 나타낸 것입니다. 이를 통해 주식의 전반적인 추세를 파악할 수 있습니다. 보통 "단기 이동평균선"과 "중장기 이동평균선"으로 나누어 볼 수 있는데, 단기 이동평균선은 주로 5일, 20일을 기준으로 하고, 중장기 이동평균선은 60일, 120일, 200일을 기준으로 합니다. 이 두 이동평균선을 활용하여 주가가 상승할지, 혹은 하락할지를 예측하는 데 중요한 신호가 바로 골든 크로스와 데드 크로스입니다.

골든 크로스는 단기 이동평균선이 중장기 이동평균선을 위로 뚫고 올라가는 시점으로, 주가가 상승하기 시작할 수 있는 중요한 신호입니다. 이는 일반적으로 주가의 상승 전환을 예고하며, 많은 투자자들에게 주식을 매수할 수 있는 좋은 타이밍으로 인식됩니다. 쉽게 비유하자면, 단기적인 주가의 흐름이 장기적인 흐름보다 더 빠르게 위로 올라가면서, 마치 단거리 달리기 선수가 마라톤 선수보다 더 빠르게 앞질러가는 상황입니다. 이때 많은 투자자들이 주식을 사기 시작하며, 주가는 자연스럽게 상승하는 경향이 있습니다.

반면 데드 크로스는 중장기 이동평균선이 단기 이동평균선을 위로 뚫고 올라가는 상황을 의미합니다. 이는 주식이 하락하기 시작할 가능성이 있다는 신호로, 투자자들에게 주식을 매도해야 할 때가 다가오고 있음을 알려줍니다. 비유하자면, 마라톤 선수가 결국 단거리 달리기 선수를 따라잡고 앞서가며, 이제는 더 이상 단기적인 상승의 힘이 줄어들고, 중·장기 하락세가 우세해졌다는 뜻입니다. 이때 많은 투자자들이 주식을 매도하게 되며, 주식은 하락하는 경향을 보입니다.

골든 크로스와 데드 크로스는 투자자들에게 주식의 매매 시점을 결정하는 중요한 신호로 작용합니다. 이 신호들을 통해 투자자들은 주식시장의 큰 흐름을 파악하고, 상승 또는 하락의 전환점을 확인할 수 있습니다. 골든 크로스가 나타나면, 많은 투자자들이 주식을 매수하려고 하며, 상승세가 더욱 강화될 수 있습니다. 반대로 데드 크로스가 나타나면 주식을 매도하려는 투자자들이 많아지며, 하락세가 가속되는 경우가 많습니다.

하지만 골든 크로스와 데드 크로스만으로 모든 시장 상황을 예측할 수 있는 것은 아닙니다. 주가는 수많은 요인에 의해 움직이며, 이동평균선의 교차가 항상 정확한 신호가 되지는 않을 수 있습니다. 예를 들어, 주식이 급격히 변동하는 시기에는 가짜 신호(false signal)가 발생할 수도 있습니다. 즉, 골든 크로스가 나타났지만 상승하지 않거나, 데드 크로스가 나타났음에도 불구하고 하락하지 않는 경우도 있습니다.

따라서, 이동평균선의 교차만을 의존하지 않고, 시장의 전체적인 분위기와 다른 보조 지표들도 함께 종합적으로 판단하는 것이 중요합니다.

프롬프트 설계

나는 삼성전자 주식 데이터의 골든 크로스와 데드 크로스를 구분하는 파이썬 코드를 작성하려고 해. 각 단계마다 나누어 진행하되 단계별로 항상 나에게 의견을 물어본 뒤 다음 단계를 진행해 줘. 그리고 파이썬 코드 정보는 다음과 같아.

- 단계별로 코랩에서 파이썬 코드를 실행해 줘.
- finance-datareader와 matplotlib 라이브러리를 설치 후 코드를 작성해 줘.
- DataRader 메서드를 사용해 줘.
- 삼성전자 주식 데이터의 종가를 기준으로 20일, 60일 이동평균선으로 골든 크로스와 데드 크로스를 식별해 줘.
- 2020년 1월 1일부터 2024년 6월까지 데이터에 대해, 골든 크로스 및 데드 크로스가 발생한 시점을 시각화해 줘.

좋아요! 주어진 조건에 따라 삼성전자 주식 데이터의 골든 크로스와 데드 크로스를 식별하고, 이를 시각화하는 파이썬 코드를 단계별로 작성해볼게요. 첫 번째 단계는 필요한 라이브러리 설치 및 기본 데이터 수집입니다 아래에서 진행할 각 단계의 큰 흐름을 설명드리고, 첫 번째 단계부터 시작하겠습니다.

전체 단계 계획:
1. 라이브러리 설치 및 기본 설정
2. 삼성전자 주식 데이터 가져오기
3. 이동평균 계산 및 골든 크로스/데드 크로스 식별
4 골든 크로스 및 데드 크로스 시각화
5. 결과를 해석하고 추가 요청

1단계: 라이브러리 설치 및 기본 설정

우선 첫 단계로, finance-datareader와 matplotlib 라이브러리를 설치하는 파이썬 코드를 코랩에서 실행할 수 있도록 작성할게요.

다음 코드를 실행해보세요.

```
# 코랩에서 finance-datareader와 matplotlib 설치
!pip install finance-datareader
!pip install matplotlib
```

이 코드를 실행하고 나서 설치가 완료되면 다음 단계로 넘어가겠습니다. 이 과정이 완료 되었는지 알려주세요!

네, 넘어가 주세요.

챗GPT의 1단계 답변

좋습니다! 이제 다음 단계로 넘어가 삼성전자 주식 데이터를 가져오는 코드를 작성하겠습니다.

2단계: 삼성전자 주식 데이터 가져오기

이번 단계에서는 finance-datareader를 사용하여 삼성전자 주식 데이터를 가져올 것입니다. 데이터는 2020년 1월 1일부터 2024년 6월까지의 기간을 대상으로 할 예정입니다. 데이터를 가져와서 주식의 일부를 확인해보겠습니다.

다음 코드를 코랩에서 실행해 주세요.

```python
import FinanceDataReader as fdr
import pandas as pd

# 2020년 1월 1일부터 2024년 6월 30일까지의 삼성전자 주식 데이터 가져오기
start_date = '2020-01-01'
end_date = '2024-06-30'

# 삼성전자 주식 데이터 (티커: '005930') 가져오기
samsung_data = fdr.DataReader('005930', start_date, end_date)

# 데이터 확인
print(samsung_data.head())
```

챗GPT의 2단계 답변

이 코드를 실행하면 삼성전자 주식 데이터를 불러와 출력해줄 것입니다. 데이터가 잘 불러와졌는지, 그리고 데이터의 내용이 보이는지 확인해 주세요. 그런 다음 다음 단계로 넘어가겠습니다.

> 네, 넘어가 주세요.

챗GPT의 2단계 답변

훌륭합니다! 이제 다음 단계로 이동평균선을 계산하고, 골든 크로스와 데드 크로스를 식별하는 코드를 작성하겠습니다.

3 단계: 이동평균 계산 및 골든 크로스/데드 크로스 식별

이 단계에서는 주식 데이터의 종가를 기준으로 20일과 60일 이동평균선을 계산하고, 골든 크로스와 데드 크로스가 발생한 시점을 식별합니다. 골든 크로스는 단기 이동평균선(20일)이 장기 이동평균선(60일)을 아래에서 위로 교차할 때, 데드 크로스는 그 반대로 교차할 때 발생합니다.

아래 코드를 실행해 주세요.

```
# Matplotlib 라이브러리 임포트
import matplotlib.pyplot as plt

# 20일, 60일 이동평균선 계산
samsung_data['MA20'] = samsung_data['Close'].rolling(window=20).mean()
samsung_data['MA60'] = samsung_data['Close'].rolling(window=60).mean()

# 골든 크로스와 데드 크로스 시점 식별
golden_cross = (samsung_data['MA20'].shift(1) < samsung_data['MA60'].shift(1)) & (samsung_data['MA20'] > samsung_data['MA60'])
dead_cross = (samsung_data['MA20'].shift(1) > samsung_data['MA60'].shift(1)) & (samsung_data['MA20'] < samsung_data['MA60'])
```

```
# 골든 크로스와 데드 크로스 발생 시점 추가
samsung_data['GoldenCross'] = golden_cross
samsung_data['DeadCross'] = dead_cross

# 골든 크로스 및 데드 크로스 발생 시점 출력
print(samsung_data[samsung_data['GoldenCross'] | samsung_data['DeadCross']])
```

이 코드는 다음과 같은 작업을 수행합니다.

- MA20과 MA60이라는 새로운 열을 추가하여 각각 20일, 60일 이동평균선을 계산합니다.
- GoldenCross와 DeadCross 열을 추가하여 골든 크로스와 데드 크로스 발생 여부를 식별합니다.
- 식별된 골든 크로스 및 데드 크로스가 발생한 시점의 데이터를 출력합니다.

코드를 실행한 후, 골든 크로스와 데드 크로스 시점이 제대로 출력되었는지 확인해 주세요. 그런 다음, 시각화 단계로 넘어가겠습니다.

네, 넘어가 주세요.

챗GPT의 3단계 답변

잘하셨습니다! 이제 마지막 단계인 골든 크로스와 데드 크로스의 시각화를 진행하겠습니다.

4 단계: 골든 크로스 및 데드 크로스 시각화

이 단계에서는 이동평균선과 함께 골든 크로스 및 데드 크로스를 시각화하여 주식 차트 위에 표시하겠습니다. 골든 크로스와 데드 크로스를 쉽게 볼 수 있도록 특정한 색상과 마커로 표시할 예정입니다.

다음 코드를 코랩에서 실행해 주세요.

```
# 시각화 작업을 위한 설정
plt.figure(figsize=(14, 8))

# 종가 그래프
plt.plot(samsung_data.index, samsung_data['Close'], label='Close Price', color='blue', linewidth=1)

# 20일, 60일 이동평균선 그래프
plt.plot(samsung_data.index, samsung_data['MA20'], label='20-Day MA', color='orange', linewidth=1)
plt.plot(samsung_data.index, samsung_data['MA60'], label='60-Day MA', color='green', linewidth=1)

# 골든 크로스와 데드 크로스 시점 표시
plt.scatter(samsung_data.index[samsung_data['GoldenCross']], samsung_data['Close'][samsung_data['GoldenCross']], label='Golden Cross', color='red', marker='^', alpha=1, s=100)
plt.scatter(samsung_data.index[samsung_data['DeadCross']], samsung_data['Close'][samsung_data['DeadCross']], label='Dead Cross', color='black', marker='v', alpha=1, s=100)
```

```
# 그래프 제목과 레이블 설정
plt.title('Samsung Electronics (005930) - Golden Cross & Dead Cross')
plt.xlabel('Date')
plt.ylabel('Price (KRW)')
plt.legend()
plt.grid()

# 그래프 표시
plt.show()
```

이 코드는 다음과 같은 작업을 수행합니다.

1. 삼성전자 종가와 20일 및 60일 이동평균선을 그립니다.
2. 골든 크로스 발생 시점은 빨간색 삼각형 (^)마커로, 데드 크로스는 검은색 삼각형 (V)마커로 표시합니다
3. 그래프에 제목, 축 레이블, 범례, 그리고 그리드를 추가하여 시각화를 더 명확하게 합니다.

코드를 실행하고 그래프가 제대로 표시되는지 확인해 주세요. 이후에 궁금한 점이 있거나 추가적으로 분석하고 싶은 내용이 있으면 알려주세요!

챗GPT의 4단계 답변

Google Colab 실행용 최종 코드

다음 최종 코드는 삼성전자 주식 데이터를 분석하여 골든 크로스와 데드 크로스를 식별하고 시각화합니다. 먼저, 2020년부터 2024년 6월까지의 주식 데이터를 가져오고, 20일 및 60일 이동평균선을 계산합니다. 골든 크로스는 단기 이동평균선이 장기 이동평균선을 상향 돌파할 때, 데드 크로스는 그 반대로 하향 돌파할 때 발생하는 것으로 정의합니다. 식별된 교차 시점은 빨간색 삼각형(골든 크로스)과 검은색 삼각형(데드 크로스)으로 표시됩니다. 그래프에는 종가, 이동평균선, 그리고 교차 신호가 함께 시각화되어 투자자가 흐름을 쉽게 이해할 수 있도록 설계되었습니다.

```python
# 코랩에서 finance-datareader와 matplotlib 설치
!pip install finance-datareader
!pip install matplotlib

import FinanceDataReader as fdr
import pandas as pd

# 2020년 1월 1일부터 2024년 6월 30일까지의 삼성전자 주식 데이터 가져오기
start_date = '2020-01-01'
end_date = '2024-06-30'

# 삼성전자 주식 데이터 (티커: '005930') 가져오기
samsung_data = fdr.DataReader('005930', start_date, end_date)

# 데이터 확인
print(samsung_data.head())

# Matplotlib 라이브러리 임포트
import matplotlib.pyplot as plt

# 20일, 60일 이동평균선 계산
samsung_data['MA20'] = samsung_data['Close'].rolling(window=20).mean()
samsung_data['MA60'] = samsung_data['Close'].rolling(window=60).mean()

# 골든 크로스와 데드 크로스 시점 식별
golden_cross = (samsung_data['MA20'].shift(1) < samsung_data['MA60'].shift(1)) & (samsung_data['MA20'] > samsung_data['MA60'])
dead_cross = (samsung_data['MA20'].shift(1) > samsung_data['MA60'].shift(1)) & (samsung_data['MA20'] < samsung_data['MA60'])
```

```python
# 골든 크로스와 데드 크로스 발생 시점 추가
samsung_data['GoldenCross'] = golden_cross
samsung_data['DeadCross'] = dead_cross

# 골든 크로스 및 데드 크로스 발생 시점 출력
print(samsung_data[samsung_data['GoldenCross'] | samsung_data['DeadCross']])

# 시각화 작업을 위한 설정
plt.figure(figsize=(14, 8))

# 종가 그래프
plt.plot(samsung_data.index, samsung_data['Close'], label='Close Price', color='blue', linewidth=1)

# 20일, 60일 이동평균선 그래프
plt.plot(samsung_data.index, samsung_data['MA20'], label='20-Day MA', color='orange', linewidth=1)
plt.plot(samsung_data.index, samsung_data['MA60'], label='60-Day MA', color='green', linewidth=1)

# 골든 크로스와 데드 크로스 시점 표시
plt.scatter(samsung_data.index[samsung_data['GoldenCross']], samsung_data['Close'][samsung_data['GoldenCross']], label='Golden Cross', color='red', marker='^', alpha=1, s=100)
plt.scatter(samsung_data.index[samsung_data['DeadCross']], samsung_data['Close'][samsung_data['DeadCross']], label='Dead Cross', color='black', marker='v', alpha=1, s=100)
```

```
# 그래프 제목과 레이블 설정
plt.title('Samsung Electronics (005930) - Golden Cross & Dead Cross')
plt.xlabel('Date')
plt.ylabel('Price (KRW)')
plt.legend()
plt.grid()

# 그래프 표시
plt.show()
```

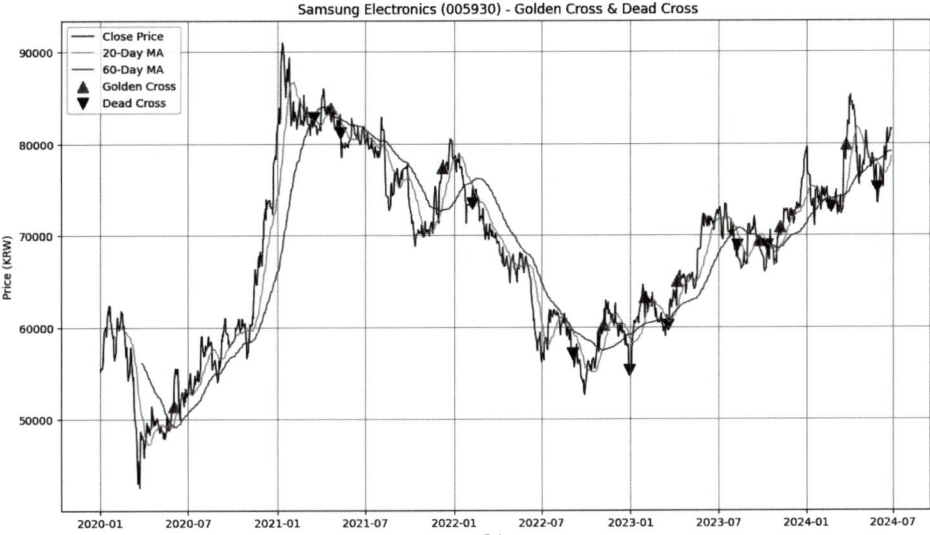

그림 33. 데이터 시각화 결과

2.7 볼린저 밴드

볼린저 밴드는 주식 가격의 변동성을 나타내는 기술적 분석 도구로, 주가가 평균에서 얼마나 벗어나 있는지를 시각적으로 보여줍니다. 이 도구는 중간선, 상단선, 하단선으로 구성되어 있으며, 각 선은 다음과 같은 의미를 갖습니다.

- **중간선(중심선)**: 이 선은 주로 20일 단순 이동평균(SMA)을 사용하여 계산되며, 최근 주가의 평균값을 나타냅니다. 이는 주식의 전반적인 추세를 파악하는 데 중요한 기준선으로 활용됩니다.
- **상단선**: 중심선에 표준편차를 더해 계산합니다. 표준편차는 주가의 변동성을 측정하는 지표로, 상단선을 초과하면 과매수 상태일 가능성이 높습니다. 주가가 이 선을 일정 수준 상승하면, 가격 조정(하락)이 일어날 수 있다는 신호로 볼 수 있습니다.
- **하단선**: 이 선은 중심선에서 표준편차를 빼서 계산하며, 주가가 하단선 아래로 떨어지면 과매도 상태일 가능성을 시사합니다. 주식이 이 선 아래로 떨어질 경우, 반등의 기회가 생길 수 있음을 암시하며, 과도하게 하락한 주식은 매수 기회로 볼 수 있습니다.

예를 들어, 어떤 주식의 평균 가격이 100원이고 주식이 평소에 이 가격에서 10원 위나 아래로 움직인다면, 볼린저 밴드의 상단선과 하단선은 각각 110원과 90원을 나타냅니다. 주식이 이 두 선을 벗어나는 움직임은 평소보다 큰 변동성을 의미합니다.

볼린저 밴드의 폭은 시장 변동성에 따라 조정됩니다. 변동성이 클 때는 밴드의 폭이 넓어지고, 변동성이 작을 때는 밴드의 폭이 좁아집니다. 이 도구는 주식, 외환, 암호화폐 등 다양한 금융 자산에 적용할 수 있으며, 다른 기술적 지표와 함께 사용하면, 더욱 신뢰도 높은 분석이 가능합니다.

볼린저 밴드를 활용한 거래 전략은 다음과 같습니다.

전략	내용
매수 전략	거래일 종가가 하단선보다 아래에 있다면 종가 매수
매도 전략	거래일 종가가 상단선보다 위에 있다면 종가 매도

프롬프트 설계

코스피 볼린저 밴드를 시각화하는 파이썬 코드를 작성하려고 해. 각 단계별로 나누어 진행하되 단계마다 항상 나에게 의견을 물어본 뒤 다음 단계를 진행해 줘. 그리고 파이썬 코드 정보는 다음과 같아.

- 단계별로 코랩에서 파이썬 코드를 실행해 줘.
- finance-datareader와 matplotlib 라이브러리를 설치한 후 코드를 작성해 줘.
- datareader 메서드를 사용해 줘.
- 20일 단순 이동평균(SMA)와 표준편차를 계산해서 상단선과 하단선을 표현해 줘.
- 기간은 2024년 1월 1일부터 2024년 6월 30일까지로 설정해 줘.
- 데이터의 칼럼명은 Code, ISU_CD, Name, Market, Dept, Close, ChangeCode, Changes, ChangesRatio, Open, High, Low, Volume, Amount, Marcap, Stocks, MarketId야.

먼저, finance-datareader와 matplotlib 라이브러리를 설치하는 첫 번째 단계를 진행해 볼까요? 이 단계에서는 필요한 라이브러리를 설치하고 데이터를 불러오기위한 준비를 할 예정입니다. 코랩에서 이를 위해 파이썬 코드를 실행할 수 있도록 구성하겠습니다.

다음은 첫 번째 단계로 필요한 라이브러리를 설치하고, 해당 라이브러리로 데이터를 불러오는 코드입니다.

1단계: 라이브러리 설치 및 데이터 불러오기

```
# 먼저 라이브러리 설치
!pip install finance-datareader matplotlib

# 라이브러리 불러오기
import FinanceDataReader as fdr
import matplotlib.pyplot as plt
```

```
# 데이터 로드 (예시: 삼성전자 종목 '005930' 로드)
start_date = '2024-01-01'
end_date = '2024-06-30'
kospi_data = fdr.DataReader('KS11', start_date, end_date)  # 코스피 지
수 데이터 로드

# 데이터 확인
print(kospi_data.head())
```

이 코드를 실행하면 finance-datareader와 matplotlib를 설치하고, 2024년 1월 1일부터 2024년 6월 30일까지의 코스피 데이터를 불러와 출력할 수 있습니다.

이 단계에서 데이터가 잘 불러와졌는지 확인하고, 다음으로 이동할까요?

> 네, 다음으로 이동해 주세요.

챗GPT의 1단계 답변

좋습니다! 데이터가 정상적으로 불러와졌다면, 이제 20일 단순 이동평균(SMA)과 표준편차를 계산하고, 이를 기반으로 상단선과 하단선을 표현하는 볼린저 밴드를 만들겠습니다.

2단계: 20일 단순 이동평균(SMA) 및 표준편차 계산

다음 단계에서는 20일 단순 이동평균(SMA)을 계산하고, 상단선과 하단선을 계산하여 데이터프레임에 추가하는 코드를 작성할 겁니다.

볼린저 밴드의 상단선과 하단선은 다음 공식에 따라 계산됩니다.

- 상단선: 20일 SMA+(2*20일 표준편차)
- 하단선: 20일 SMA-(2*20일 표준편차)

다음 코드를 보시고 의견을 주시면 그에 맞춰 코드를 진행하겠습니다.

```python
# 20일 단순 이동평균(SMA) 및 표준편차 계산
kospi_data['SMA20'] = kospi_data['Close'].rolling(window=20).mean()
# 20일 이동평균
kospi_data['STD20'] = kospi_data['Close'].rolling(window=20).std()
# 20일 표준편차

# 상단선과 하단선 계산
kospi_data['Upper Band'] = kospi_data['SMA20'] + (kospi_data['STD20'] * 2)
kospi_data['Lower Band'] = kospi_data['SMA20'] − (kospi_data['STD20'] * 2)
# 결과 확인
print(kospi_data[['Close', 'SMA20', 'Upper Band', 'Lower Band']].tail())
```

이 코드는 20일 이동평균(SMA)과 표준편차를 계산하고, 이를 바탕으로 상단선(Upper Band)과 하단선(Lower Band)을 추가합니다.

계산 결과를 확인한 후, 시각화를 진행할까요?

> 네, 진행해 주세요.

챗GPT의 2단계 답변

좋습니다! 이제 20일 단순 이동평균(SMA)과 표준편차를 기반으로 계산한 상단선과 하단선을 포함한 볼린저 밴드를 시각화하는 단계를 진행하겠습니다.

3단계: 볼린저 밴드 시각화

rnatplotlib을 사용하여 코스피 종가와 함께 20일 이동평균, 상단선, 하단선을 시각화하는 코드를 작성합니다.

```python
# 시각화를 위한 스타일 설정
plt.figure(figsize=(12, 6))
```

# 종가(Close) 그래프
plt.plot(kospi_data.index, kospi_data['Close'], label='Close', color='blue')

# 20일 이동평균 그래프
plt.plot(kospi_data.index, kospi_data['SMA20'], label='SMA 20', color='green')

# 상단선(Upper Band) 그래프
plt.plot(kospi_data.index, kospi_data['Upper Band'], label='Upper Band', color='red')

# 하단선(Lower Band) 그래프
plt.plot(kospi_data.index, kospi_data['Lower Band'], label='Lower Band', color='red')

# 그래프 제목과 라벨 설정
plt.title('KOSPI Bollinger Bands (2024.01.01 - 2024.06.30)')
plt.xlabel('Date')
plt.ylabel('Price')

# 범례 추가
plt.legend()

# 그래프 표시
plt.show()

이 코드는 2024년 1월 1일부터 2024년 6월 30일까지의 코스피 종가, 20일 이동평균(SMA), 상단선(Upper Band), 하단선(Lower Band)을 한 그래프에 시각화합니다.

챗GPT의 3단계 답변

Google Colab 실행용 최종 코드

다음 최종 코드는 코스피 데이터를 기반으로 볼린저 밴드를 계산하고 시각화합니다. 먼저, FinanceDataReader 라이브러리를 사용해 2024년 1월 1일부터 6월 30일까지의 코스피 데이터를 불러옵니다. 이후, 주식의 20일 단순 이동평균(SMA)과 표준편차를 계산하고, 이를 바탕으로 상단선(Upper Band)과 하단선(Lower Band)을 구합니다. 상단선은 이동평균에 표준편차의 2배를 더한 값, 하단선은 표준편차의 2배를 뺀 값으로 정의됩니다. 마지막으로, 이 데이터를 그래프로 시각화하여 종가와 이동평균선, 상단선, 하단선을 한눈에 확인할 수 있도록 표시합니다.

```
# 먼저 라이브러리 설치
!pip install finance-datareader matplotlib

# 라이브러리 불러오기
import FinanceDataReader as fdr
import matplotlib.pyplot as plt

# 데이터 로드 (예시: 삼성전자 종목 '005930' 로드)
start_date = '2024-01-01'
end_date = '2024-06-30'
kospi_data = fdr.DataReader('KS11', start_date, end_date)  # 코스피 지수 데이터 로드

# 데이터 확인
print(kospi_data.head())

# 20일 단순 이동평균(SMA) 및 표준편차 계산
kospi_data['SMA20'] = kospi_data['Close'].rolling(window=20).mean()  # 20일 이동평균
kospi_data['STD20'] = kospi_data['Close'].rolling(window=20).std()   # 20일 표준편차

# 상단선과 하단선 계산
kospi_data['Upper Band'] = kospi_data['SMA20'] + (kospi_data['STD20'] * 2)
```

```python
kospi_data['Lower Band'] = kospi_data['SMA20'] - (kospi_data['STD20'] * 2)

# 결과 확인
print(kospi_data[['Close', 'SMA20', 'Upper Band', 'Lower Band']].tail())

# 시각화를 위한 스타일 설정
plt.figure(figsize=(12, 6))

# 종가(Close) 그래프
plt.plot(kospi_data.index, kospi_data['Close'], label='Close', color='blue')

# 20일 이동평균 그래프
plt.plot(kospi_data.index, kospi_data['SMA20'], label='SMA 20', color='green')

# 상단선(Upper Band) 그래프
plt.plot(kospi_data.index, kospi_data['Upper Band'], label='Upper Band', color='red')

# 하단선(Lower Band) 그래프
plt.plot(kospi_data.index, kospi_data['Lower Band'], label='Lower Band', color='red')

# 그래프 제목과 라벨 설정
plt.title('KOSPI Bollinger Bands (2024.01.01 - 2024.06.30)')
plt.xlabel('Date')
plt.ylabel('Price')

# 범례 추가
plt.legend()

# 그래프 표시
plt.show()
```

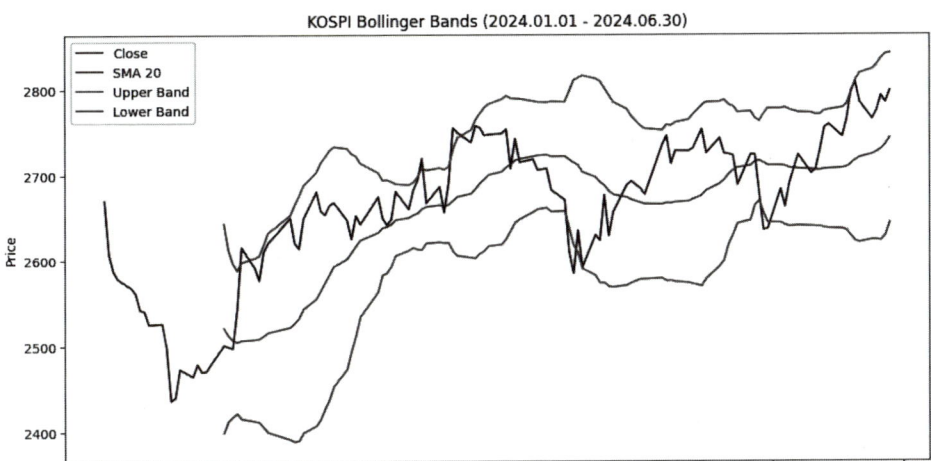

그림 34. 데이터 시각화 결과

2.8 백테스팅

백테스팅은 주식시장이나 금융에서 전략의 유효성을 확인하기 위해 과거 데이터를 활용하는 방법입니다. 쉽게 말해, 과거의 주식 데이터를 활용해 내가 생각한 전략을 적용했을 때 돈을 벌었을지, 잃었을지를 시뮬레이션해 보는 과정입니다. 이 과정은 특히 투자 초보자나 투자 전략 개발자에게 유용한 도구가 됩니다. 백테스팅은 단순히 "과거 데이터를 통해 전략을 검증"하는 것으로 끝나는 것이 아니라, 해당 전략이 일관되고 신뢰할 수 있는지 판단하는 중요한 도구입니다. 백테스팅은 일반적으로 다음의 네 가지 단계로 이루어집니다.

- **데이터 수집**: 신뢰할 수 있는 과거 주식 데이터, 예를 들어 특정 기간 동안의 주가, 변동성, 거래량 등을 수집합니다. 이는 백테스팅의 정확도를 결정짓는 중요한 과정입니다.
- **전략 정의**: 내가 생각하는 투자 전략을 구체적으로 정의합니다. 예를 들어, "주식이 10% 이상 하락하면 매수한다"와 같은 간단한 규칙을 정할 수 있습니다. 전략은 명확하고, 구체적이어야 합니다.

- **전략 적용 및 시뮬레이션**: 수집한 데이터에 정의한 전략을 적용해 시뮬레이션합니다. 이 과정에서 수익률, 손실 정도, 승률 등의 성과 지표를 계산하게 됩니다.
- **결과 평가**: 백테스트 결과를 평가합니다. 여기서 수익률뿐만 아니라 다른 성과 지표를 분석해 전략의 강점과 약점을 파악하는 것이 중요합니다.

하지만, 백테스팅은 과거 데이터에 기반을 두고 있기 때문에, 실제 시장에서 동일한 결과가 나오는 것은 아닙니다. 과거에는 좋은 성과를 낸 전략이라도 현재나 미래에는 잘 맞지 않을 수 있다는 점을 유의해야 합니다.

백테스트와 실제 매매의 차이점 중 하나는 슬리피지(slippage)입니다. 슬리피지는 예상한 가격과 실제 체결된 가격 사이의 차이를 의미합니다. 실제 매매에서는 유동성 부족이나 급격한 가격 변동으로 인해 원하는 가격에 매수, 매도가 이루어지지 않는 현상이 발생할 수 있습니다. 또한 수수료 등 세금 등 거래 비용도 함께 고려해야 합니다.

2.9 추세 추종, 평균 회귀 전략

주식 데이터 분석에서 중요한 개념으로 추세 추종과 평균 회귀가 있습니다. 이 두 가지 개념을 이해하면 주식의 패턴을 분석하고 그 움직임을 예측하는 데 큰 도움이 됩니다.

2.9.1 추세 추종 전략(Trend Following Strategy)

추세 추종은 주가가 특정 방향으로 지속해서 움직이는 경향에 주목하는 방법입니다. 주가는 보통 일정 기간 동안 상승 또는 하락 방향으로 흐르며, 이 흐름을 추세라고 부릅니다. 추세 추종 전략에서는 주가가 현재 상승 중인지 하락 중인지 파악하여, 그 방향을 계속 따라가는 것을 기본으로 합니다. 주식 추세를 파악하는 대표적인 도구는 이동평균선이 있습니다.

- **이동평균선**: 일정 기간 동안의 주식 평균을 계산한 선으로, 시간에 따라 주식이 어떤 방향으로 움직이는지 시각적으로 보여줍니다. 예를 들어, 단기 이동평균선(5일)과 장기 이동평균선(50일)을 비교해볼 수 있습니다. 단기선이 장기선 위에 있을 경우 주식이 상승 추세에 있다고 판단할 수 있고, 반대로 단기선이 장기선 아래로 내려가면 하락 추세로 볼 수 있습니다.

> **프롬프트 설계 (추세 추종 전략 + 백테스팅)**
>
> 추세 추종 전략으로 삼성전자의 이동평균선을 이용해 트레이딩 백테스트하는 파이썬 코드를 작성하려고 해. 각 단계마다 나누어 진행하되 단계별로 항상 나에게 의견을 물어본 뒤 다음 단계를 진행해 줘. 그리고 파이썬 코드 정보는 다음과 같아.
>
> - 단계별로 코랩에서 파이썬 코드를 실행해 줘.
> - finance-datareader와 matplotlib 라이브러리를 설치한 후 코드를 작성해 줘.
> - DataReader 메서드를 사용해 줘.
> - 이동평균선은 200일로 해주고, 백테스팅 전략은 다음과 같이 해 줘. 주식 〉 10개월 이동평균이면 매수, 주식 〈 10개월 이동평균이면 매도.
> - 백테스트 결과 평가 시 시작 시점의 자산을 100으로 설정하고, 2024년 1월 1일부터 2024년 6월 30일까지의 누적 수익률을 구해서 시각화해 줘.
> - 이동평균 계산을 위해 2023년부터 데이터를 수집해 줘.
> - 데이터의 컬럼명은 Code, ISU_CD, Name, Market, Dept, Close, ChangeCode, Changes, ChangesRatio, Open, High, Low, Volume, Amount, Marcap, Stocks, MarketId야.

좋아요! 추세 추종 전략을 이용한 삼성전자 트레이딩 백테스트를 단계별로 진행해보겠습니다. 첫 번째 단계로 필요한 라이브러리를 실시하고 데이터를 불러오는 것부터 시작하겠습니다.

1단계: 필요한 라이브러리 설치 및 데이터 불러오기

finance-datareader와 matplotlib 라이브러리를 설치하고, DataReader를 사용하여 2023년부터의 삼성전자 데이터를 가져오겠습니다.

우선 다음 코드를 통해 라이브러리를 설치한 후 데이터를 불러오는 과정이 괜찮은지 확인해 주세요.

```python
# 라이브러리 설치
!pip install finance-datareader matplotlib

# 라이브러리 불러오기
import FinanceDataReader as fdr
import matplotlib.pyplot as plt
import pandas as pd

# 삼성전자 주식 데이터 불러오기 (2023년부터)
start_date = "2023-01-01"
end_date = "2024-06-30"
samsung_data = fdr.DataReader('005930', start_date, end_date)

# 데이터 확인
samsung_data.head()
```

이 코드가 올바르게 실행되고 데이터가 적절히 불러와졌는지 확인해 주시고, 다음 단계로 진행할지 의견을 알려주세요!

> 네, 진행해 주세요.

챗GPT의 1단계 답변

좋습니다! 이제 다음 단계로 이동평균선을 계산하고, 백테스트의 매수/매도 조건을 구현하는 코드를 작성하겠습니다.

2단계: 이동평균선 계산 및 매수/매도 조건 설정

200일 이동평균선을 계산하고, 주식이 이동평균선을 넘을 때 매수, 하회할 때 매도하도록 조건을 설정하겠습니다.

아래 코드를 확인해 주세요.

```python
# 200일 이동평균선 계산
samsung_data['200_MA'] = samsung_data['Close'].rolling(window=200).mean()


# 매수/매도 조건 생성
samsung_data['Signal'] = 0  # 기본값 0 (보유하지 않음)
samsung_data['Signal'] = samsung_data.apply(lambda x: 1 if x['Close'] > x['200_MA'] else 0, axis=1)


# Signal 변화 추적
samsung_data['Position'] = samsung_data['Signal'].diff()


# 결과 확인
samsung_data[['Close', '200_MA', 'Signal', 'Position']].tail(10)
```

이 코드를 실행하여 이동평균선과 신호가 잘 생성되었는지 확인해 주세요. 확인이 완료되면, 다음 단계로 누적 수익률을 계산하고 시각화하는 작업을 진행하겠습니다.

> 네, 진행해 주세요.

챗GPT의 2단계 답변

좋습니다! 이제 매수와 매도 시점을 반영하여 누적 수익률을 계산하고, 백테스트 기간 동안의 결과를 시각화하겠습니다.

3단계: 누적 수익률 계산 및 백테스트 결과 시각화

시작 자산을 100으로 설정하고, 매수/매도 조건에 따라 포지션을 반영하여 누적 수익률을 계산합니다. 그런 다음 2024년 1월 1일부터 2024년 6월 30일까지의 누적 수익률을 그래프로 시각화하겠습니다.

다음 코드를 확인해 주세요.

```
# 시작 자산 설정
initial_capital = 100

# 백테스트를 위한 자산 값 컬럼 생성
samsung_data['Portfolio'] = initial_capital  # 초기 자산

# 포지션에 따른 자산 변화 계산
for i in range(1, len(samsung_data)):
    if samsung_data['Position'].iloc[i] == 1:  # 매수 신호 발생
        samsung_data['Portfolio'].iloc[i] = samsung_data['Portfolio'].iloc[i-1] * (1 + samsung_data['Close'].pct_change().iloc[i])
    elif samsung_data['Position'].iloc[i] == -1:  # 매도 신호 발생
        samsung_data['Portfolio'].iloc[i] = samsung_data['Portfolio'].iloc[i-1]
    else:
        samsung_data['Portfolio'].iloc[i] = samsung_data['Portfolio'].iloc[i-1] * (1 + samsung_data['Close'].pct_change().iloc[i])

# 2024년 1월 1일부터 2024년 6월 30일까지의 누적 수익률 추출
backtest_period = samsung_data['2024-01-01':'2024-06-30']
```

```
# 누적 수익률 시각화
plt.figure(figsize=(14, 7))
plt.plot(backtest_period.index, backtest_period['Portfolio'], label=
'Portfolio Value')
plt.title("Samsung Electronics Backtest: Cumulative Return (2024-01-
01 to 2024-06-30)")
plt.xlabel("Date")
plt.ylabel("Portfolio Value")
plt.legend()
plt.show()
```

이 코드를 실행하여 포트폴리오 가치의 변화가 잘 반영되었는지, 그리고 그래프가 제대로 표시되는지 확인해 주세요.

네, 확인했습니다.

챗GPT의 3단계 답변

 좋습니다! 이제 최종적으로 백테스트의 성과를 분석할 수 있는 몇 가지 주요 지표를 계산해보겠습니다. 일반적으로 누적 수익률 외에 최대 낙폭(Max Drawdown) 및 연율화 수익률 등을 평가할 수 있습니다.

4단계: 성과 지표 계산

- 누적 수익률: 2024년 1월 1일부터 2024년 6월 30일까지 포트폴리오의 최종 가치로 계산합니다.
- 최대 낙폭 (Max Drawdown): 포트폴리오 가치가 가장 크게 떨어진 비율을 계산하여 리스크를 평가합니다.

다음 코드를 확인해 주세요.

```python
# 누적 수익률 계산
cumulative_return = (backtest_period['Portfolio'].iloc[-1] / initial_capital - 1) * 100

# 최대 낙폭 계산
roll_max = backtest_period['Portfolio'].cummax()
drawdown = (backtest_period['Portfolio'] - roll_max) / roll_max
max_drawdown = drawdown.min() * 100

# 결과 출력
print(f"2024년 상반기 누적 수익률: {cumulative_return:.2f}%")
print(f"2024년 상반기 최대 낙폭: {max_drawdown:.2f}%")
```

챗GPT의 4단계 답변

Google Colab 실행용 최종 코드

다음 최종 코드는 삼성전자의 과거 주식 데이터를 이용해 추세 추종 전략으로 트레이딩 백테스트를 실행합니다. 2023년부터 데이터를 수집하여 200일 이동평균선을 계산하고, 주식이 이동평균선 위에 있으면 매수, 아래에 있으면 매도하는 단순 규칙을 적용합니다. 시작 자산을 100으로 설정하고, 매수/매도 시점을 기반으로 포트폴리오 가치를 업데이트하며, 2024년 상반기 동안의 누적 수익률과 최대 낙폭을 계산합니다. 마지막으로, 포트폴리오 가치의 변화와 누적 수익률을 그래프로 시각화하여 전략의 성과를 확인합니다.

```python
# 라이브러리 설치
!pip install finance-datareader matplotlib

# 라이브러리 불러오기
import FinanceDataReader as fdr
import matplotlib.pyplot as plt
import pandas as pd

# 삼성전자 주식 데이터 불러오기 (2023년부터)
start_date = "2023-01-01"
end_date = "2024-06-30"
samsung_data = fdr.DataReader('005930', start_date, end_date)

# 데이터 확인
samsung_data.head()

# 200일 이동평균선 계산
samsung_data['200_MA'] = samsung_data['Close'].rolling(window=200).mean()

# 매수/매도 조건 생성
samsung_data['Signal'] = 0  # 기본값 0 (보유하지 않음)
samsung_data['Signal'] = samsung_data.apply(lambda x: 1 if x['Close'] > x['200_MA'] else 0, axis=1)

# Signal 변화 추적
samsung_data['Position'] = samsung_data['Signal'].diff()

# 결과 확인
samsung_data[['Close', '200_MA', 'Signal', 'Position']].tail(100)
```

```python
# 시작 자산 설정
initial_capital = 100

# 백테스트를 위한 자산 값 컬럼 생성
samsung_data['Portfolio'] = initial_capital  # 초기 자산

# 포지션에 따른 자산 변화 계산
for i in range(1, len(samsung_data)):
    if samsung_data['Position'].iloc[i] == 1:  # 매수 신호 발생
        samsung_data['Portfolio'].iloc[i] = samsung_data['Portfolio'].iloc[i-1] * (1 + samsung_data['Close'].pct_change().iloc[i])
    elif samsung_data['Position'].iloc[i] == -1:  # 매도 신호 발생
        samsung_data['Portfolio'].iloc[i] = samsung_data['Portfolio'].iloc[i-1]
    else:
        samsung_data['Portfolio'].iloc[i] = samsung_data['Portfolio'].iloc[i-1] * (1 + samsung_data['Close'].pct_change().iloc[i])

# 2024년 1월 1일부터 2024년 6월 30일까지의 누적 수익률 추출
backtest_period = samsung_data['2024-01-01':'2024-06-30']

# 누적 수익률 시각화
plt.figure(figsize=(14, 7))
plt.plot(backtest_period.index, backtest_period['Portfolio'], label='Portfolio Value')
plt.title("Samsung Electronics Backtest: Cumulative Return (2024-01-01 to 2024-06-30)")
plt.xlabel("Date")
plt.ylabel("Portfolio Value")
plt.legend()
plt.show()
```

```
# 누적 수익률 계산
cumulative_return = (backtest_period['Portfolio'].iloc[-1] / initial_capital - 1) * 100

# 최대 낙폭 계산
roll_max = backtest_period['Portfolio'].cummax()
drawdown = (backtest_period['Portfolio'] - roll_max) / roll_max
max_drawdown = drawdown.min() * 100

# 결과 출력
print(f"2024년 상반기 누적 수익률: {cumulative_return:.2f}%")
print(f"2024년 상반기 최대 낙폭: {max_drawdown:.2f}%")
```

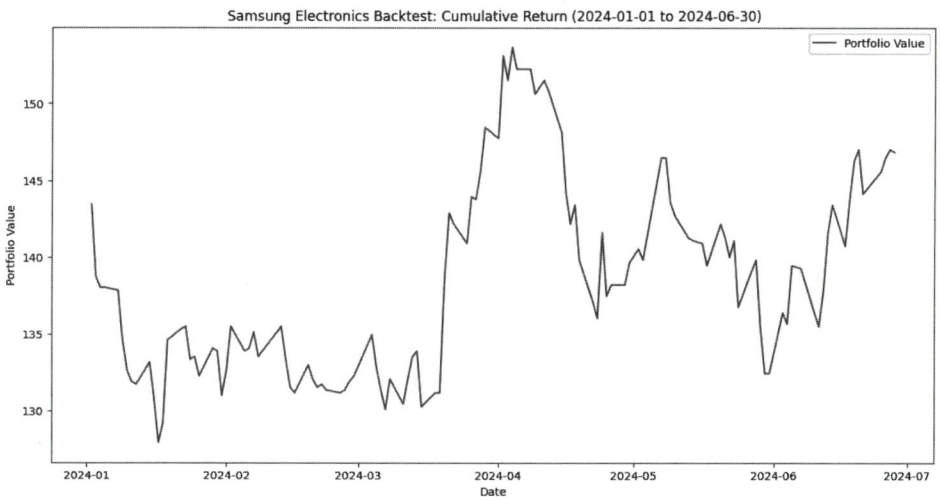

그림 35. 데이터 시각화 결과

2024년 상반기 누적 수익률: 46.85%
2024년 상반기 최대 낙폭: -13.83%

그림 36. 데이터 출력 결과

추세 추종 전략을 사용할 때 이동평균선을 바꾸면 누적 수익률 값의 변화는 어떻게 될까요? 이제 이동평균선의 기간(일 수)을 조정해 가며, 과거 수익률이 어떻게 달라지는지 확인해 보겠습니다.

> **프롬프트 설계 (추세 추종 전략(이동평균선 일수 변경) + 백테스팅)**
>
> 추세 추종 전략으로 삼성전자의 이동평균선을 이용해 트레이딩 백테스트하는 파이썬 코드를 작성하려고 해. 각 단계마다 나누어 진행하되 단계별로 항상 나에게 의견을 물어본 뒤 다음 단계를 진행해 줘. 그리고 파이썬 코드 정보는 다음과 같아.
>
> - 단계별로 코랩에서 파이썬 코드를 실행해 줘.
> - finance-datareader와 matplotlib 라이브러리를 설치 후 코드를 작성해 줘.
> - DataReader 메서드를 사용해 줘.
> - 백테스팅 전략은 다음과 같이 해 줘: 주식 〉 10개월 이동평균이면 매수, 주식 〈 10개월 이동평균이면 매도.
> - 이동평균선은 20일, 60일, 100일, 150일, 200일, 250일로 각각 백테스팅 전략을 구현해 줘.
> - 이동평균 계산을 위해 2020년 1월 1일부터 데이터를 수집해 줘.
> - 백테스트 결과 평가 시 시작 시점의 자산을 100으로 설정하고, 2021년 1월 1일부터 2024년 6월 30일까지의 각각 이동평균선 별로 누적 수익률을 시각화해주고 높은 순으로 정리해 줘.
> - 데이터의 컬럼명은 Code, ISU_CD, Name, Market, Dept, Close, ChangeCode, Changes, ChangesRatio, Open, High, Low, Volume, Amount, Marcap, Stocks, MarketId야.

 좋아요! 삼성전자의 이동평균선을 이용한 추세 추종 전략의 백테스트를 단계별로 진행해 보겠습니다. 첫 번째 단계로는 필요한 라이브러리를 설치하고 데이터를 가져오는 부분을 구현할게요.

1단계: 라이브러리 설치 및 데이터 수집

다음 코드를 실행하여 finance-datareader와 matplotlib 라이브러리를 설치하고, 삼성전자의 주식 데이터를 수집하겠습니다. 데이터는 2020년 1월 1일부터 2024년 6월 30일까지 가져올 예정입니다.

코드는 다음과 같습니다.

```python
# 필요한 라이브러리 설치
!pip install finance-datareader matplotlib

import FinanceDataReader as fdr
import pandas as pd
import matplotlib.pyplot as plt

# 삼성전자 주식 데이터 수집
start_date = '2020-01-01'
end_date = '2024-06-30'
stock_code = '005930'  # 삼성전자 코드

# 데이터 가져오기
data = fdr.DataReader(stock_code, start=start_date, end=end_date)
data.reset_index(inplace=True)

# 데이터 확인
data.head()
```

이 코드를 실행한 후, 데이터가 잘 수집되었는지 확인해보세요. 데이터 확인 후 다음 단계로 진행할지 의견을 주세요.

> 네, 다음 단계로 진행해 주세요

챗GPT의 1단계 답변

좋아요! 다음 단계로 이동하겠습니다. 이번 단계에서는 이동평균선을 계산하고, 매수 및 매도 신호를 생성하겠습니다. 우리는 20일, 60일, 100일, 150일, 200일, 250일의 이동평균선을 사용할 것입니다.

2단계: 이동평균선 계산 및 매수/매도 신호 생성

이제 이동평균선을 계산하고 매수/매도 신호를 생성하는 코드를 작성하겠습니다. 아래 코드를 실행해 주세요.

```
# 이동평균선 계산
moving_averages = [20, 60, 100, 150, 200, 250]
for ma in moving_averages:
    data[f'MA_{ma}'] = data['Close'].rolling(window=ma).mean()


# 매수/매도 신호 생성
for ma in moving_averages:
    data[f'Signal_{ma}'] = 0  # 신호 초기화
    data[f'Signal_{ma}'] = data['Close'] > data[f'MA_{ma}']
    data[f'Signal_{ma}'] = data[f'Signal_{ma}'].shift(1)  # 이전 날의 신호로 이동


# 데이터 확인
data[['Date', 'Close'] + [f'MA_{ma}' for ma in moving_averages] + [f'Signal_{ma}' for ma in moving_averages]].head(10)
```

이 코드를 실행한 후, 데이터에 이동평균선과 매수/매도 신호가 잘 추가되었는지 확인해 주세요. 확인 후 다음 단계로 진행할지 의견을 주세요.

> 네, 다음단계로 진행해 주세요

챗GPT의 2단계 답변

좋아요! 다음 단계로 진행하겠습니다. 이번 단계에서는 백테스트를 수행하여 각각의 이동평균선에 대한 누적 수익률을 계산하고, 이를 시각화하겠습니다.

3단계: 백테스트 수행 및 누적 수익률 시각화

이제 각 이동평균선별로 백테스트를 수행하고, 시작 시점의 자산을 100으로 설정하여 누적 수익률을 계산하겠습니다. 아래 코드를 실행해 주세요.

```
# 초기 자산 설정
initial_capital = 100
results = {}

# 백테스트 수행
for ma in moving_averages:
    data[f'Position_{ma}'] = 0  # 포지션 초기화
    data[f'Position_{ma}'] = data[f'Signal_{ma}'].diff()  # 포지션 변화

    # 자산 계산
    data[f'Portfolio_{ma}'] = initial_capital + (data['Close'].pct_change() * data[f'Position_{ma}']).cumsum().fillna(0)

    # 누적 수익률 계산
    results[ma] = data[['Date', 'Portfolio_' + str(ma)]].copy()

# 결과 시각화
plt.figure(figsize=(14, 7))

for ma in moving_averages:
    plt.plot(results[ma]['Date'], results[ma]['Portfolio_' + str(ma)], label=f'MA {ma} days')

plt.title('Cumulative Returns with Different Moving Averages')
```

```
plt.xlabel('Date')
plt.ylabel('Portfolio Value')
plt.legend()
plt.grid()
plt.show()
```

챗GPT의 3단계 답변

Google Colab 실행용 최종 코드

다음 최종 코드는 삼성전자의 주식 데이터를 활용해 이동평균선을 기반으로 추세 추종 전략을 백테스트합니다. 2020년부터 데이터를 수집하여, 20일, 60일, 100일, 150일, 200일, 250일 이동평균선을 계산하고, 주식이 이동평균선 위에 있을 때 매수, 아래에 있을 때 매도 신호를 생성합니다. 각 이동평균선에 대해 초기 자산을 100으로 설정하고 백테스트를 진행하여 누적 수익률을 계산합니다. 최종적으로, 이동평균선 별로 백테스트 기간 동안의 누적 수익률을 그래프로 시각화하여 전략의 성과를 비교합니다.

```
# 라이브러리 설치
!pip install finance-datareader matplotlib

import FinanceDataReader as fdr
import pandas as pd
import matplotlib.pyplot as plt

# 삼성전자 주식 데이터 수집
start_date = '2020-01-01'
end_date = '2024-06-30'
stock_code = '005930'  # 삼성전자 코드
```

```python
# 데이터 가져오기
data = fdr.DataReader(stock_code, start=start_date, end=end_date)
data.reset_index(inplace=True)

# 데이터 확인
data.head()

# 이동평균선 계산
moving_averages = [20, 60, 100, 150, 200, 250]
for ma in moving_averages:
    data[f'MA_{ma}'] = data['Close'].rolling(window=ma).mean()

# 매수/매도 신호 생성
for ma in moving_averages:
    data[f'Signal_{ma}'] = 0  # 신호 초기화
    data[f'Signal_{ma}'] = data['Close'] > data[f'MA_{ma}']
    data[f'Signal_{ma}'] = data[f'Signal_{ma}'].shift(1)  # 이전 날의 신호로 이동

# 데이터 확인
data[['Date', 'Close'] + [f'MA_{ma}' for ma in moving_averages] + [f'Signal_{ma}' for ma in moving_averages]].head(10)
# 초기 자산 설정
initial_capital = 100
results = {}

# 백테스트 수행
for ma in moving_averages:
    data[f'Position_{ma}'] = 0  # 포지션 초기화
    data[f'Position_{ma}'] = data[f'Signal_{ma}'].diff()  # 포지션 변화
```

```python
    # 자산 계산
    data[f'Portfolio_{ma}'] = initial_capital + (data['Close'].pct_change() * data[f'Position_{ma}']).cumsum().fillna(0)

    # 누적 수익률 계산
    results[ma] = data[['Date', 'Portfolio_' + str(ma)]].copy()

# 결과 시각화
plt.figure(figsize=(14, 7))

for ma in moving_averages:
    plt.plot(results[ma]['Date'], results[ma]['Portfolio_' + str(ma)], label=f'MA {ma} days')

plt.title('Cumulative Returns with Different Moving Averages')
plt.xlabel('Date')
plt.ylabel('Portfolio Value')
plt.legend()
plt.grid()
plt.show()
```

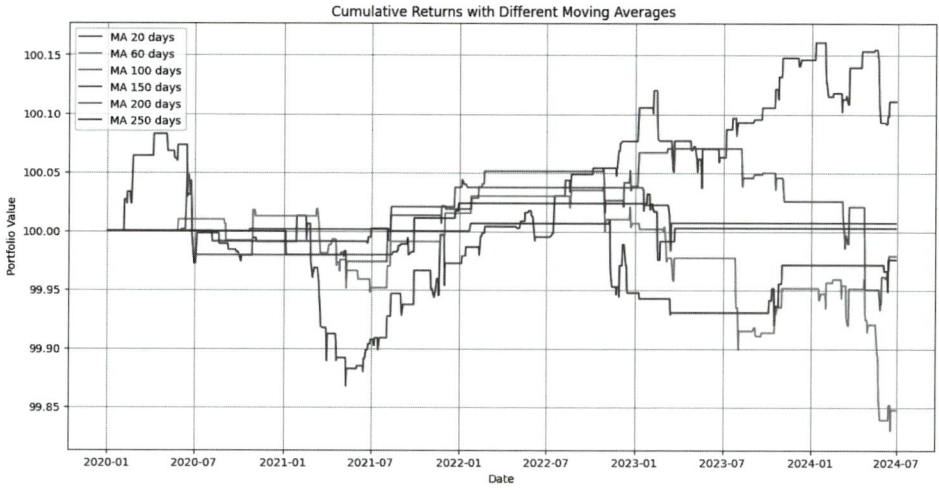

그림 37. 데이터 출력 결과

> **참고 ↑**
>
> 짧은 이동평균선(예: 20일)은 주가의 변화에 더 민감하게 반응하여 매매 신호를 자주 발생시킵니다. 이는 기회가 많지만, 잘못된 신호로 인해 손실이 발생할 가능성도 높습니다.
>
> 긴 이동평균선(예: 250일)은 더 안정적인 추세를 나타내지만, 신호 발생 빈도가 낮아 기회를 놓칠 수 있습니다.

2.9.2 평균 회귀 전략(Mean Reversion Strategy)

평균 회귀는 주식이 일정 수준에서 크게 벗어나면 다시 그 평균으로 돌아오려는 경향에 주목하는 방법입니다. 주식이 지나치게 오르거나 내리면, 일정 시간 후 평균 값으로 되돌아오는 패턴을 보이는 경우가 많습니다. 평균 회귀 분석에서 자주 사용되는 도구로는 RSI와 볼린저 밴드가 있습니다.

- RSI: 주식이 평균 수준에서 얼마나 벗어났는지 수치로 보여줍니다. RSI 값이 높으면 주식이 지나치게 오른 상태로, 낮으면 지나치게 떨어진 상태로 간주됩니다. 예를 들어, RSI가 70을 넘으면 주식이 평균 이상으로 많이 오른 상태, 30 이하이면 평균보다 많이 내려간 상태로 볼 수 있습니다.

- **볼린저 밴드**: 주식의 변동성을 시각적으로 보여주는 도구입니다. 평균선을 기준으로 상하 한계를 나타내며, 주식이 상한선을 넘거나 하한선 아래로 벗어나면, 곧 평균선 쪽으로 다시 돌아올 가능성이 있음을 나타냅니다. 예를 들어, 주식이 볼린저 밴드의 상한선을 넘었을 때는 과도하게 상승한 상태로 판단할 수 있습니다. 반대로 하한선을 벗어나면 과도하게 하락한 상태라고 볼 수 있습니다.

1) 추세 추종과 평균 회귀 전략의 차이점

- 추세 추종은 주식이 현재의 상승 또는 하락 방향을 계속 유지할 것이라 가정하여, 이를 파악하고 분석하는 데 초점을 둡니다.
- 평균 회귀는 주식이 평균에서 크게 벗어났을 때 다시 평균으로 돌아올 경향에 집중하여, 이 변화를 데이터로 확인하고 분석하는 데 중점을 둡니다.

두 전략은 서로 다른 주식 움직임을 설명하며, 데이터를 해석하는 데 유용한 분석 도구로 사용됩니다.

> **프롬프트 설계(평균 회귀 전략(RSI) + 백테스팅)**
>
> 삼성전자 주식의 RSI를 시각화하고 백테스팅하는 파이썬 코드를 작성하려고 해. 각 단계별로 나누어 진행하되 단계마다 항상 나에게 의견을 물어본 뒤 다음 단계를 진행해 줘. 그리고 파이썬 코드 정보는 다음과 같아.
>
> - 단계별로 코랩에서 파이썬 코드를 실행해 줘.
> - finance-datareader와 matplotlib 라이브러리를 설치 후 코드를 작성해 줘.
> - DataReader 메서드를 사용해 줘.
> - 14일 RSI를 계산하고, RSI 30과 70을 기준으로 매수와 매도를 결정해 줘.
> - 백테스팅 전략은 다음과 같아. RSI가 30 이하일 때 매수, RSI가 70 이상일 때 매도로 해 줘. 매도 이후에는 현금을 보유하고, 매수 후에는 포지션을 유지해.
> - 초기 자산은 100으로 설정하고, 2024년 1월 1일부터 2024년 6월 30일까지의 누적 수익률을 구해 줘.
> - 데이터 수집은 2024년 1월 1일부터 2024년 6월 30일까지의 누적 수익률을 구하게 적절히 조절해 줘.
> - 백테스트 결과를 수익률 그래프로 시각화해 줘.

좋은 계획이네요! 단계별로 나눠 진행해 보겠습니다. 우선 첫 단계로, 필요한 라이브러리를 설치하고 데이터를 불러오는 부분을 설정해보겠습니다.

첫 번째 단계 계획

1. finance-datareader와 matplotlib 라이브러리를 설치합니다.
2. DataReader 메서드를 사용하여 삼성전자 주식 데이터를 불러옵니다.
3. 이후 데이터를 확인하며 다음 단계로 나아갑니다.

이 단계를 진행해도 괜찮을까요?

> 네, 진행해 주세요.

챗GPT의 1단계 답변

우선, finance-datareader와 matplotlib를 설치하고 삼성전자 주식 데이터를 DataReader로 불러오는 코드를 작성해 보겠습니다.

```
# 라이브러리 설치
!pip install finance-datareader matplotlib

# 라이브러리 임포트
import FinanceDataReader as fdr
import matplotlib.pyplot as plt
import pandas as pd

# 삼성전자 데이터 불러오기 (2023년 12월 15일부터 2024년 6월 30일까지)
start_date = "2023-12-15"
end_date = "2024-06-30"
ticker = "005930"  # 삼성전자 종목 코드

# 데이터 불러오기
samsung_data = fdr.DataReader(ticker, start_date, end_date)
```

```
# 데이터 확인
print(samsung_data.head())
print(samsung_data.tail())
```

이 코드를 통해 데이터를 성공적으로 불러오는지 확인한 후 다음 단계로 넘어가겠습니다. 데이터 확인 후 알려주세요!

> 네, 다음 단계로 넘어가 주세요.

 좋습니다! 이제 두 번째 단계로 넘어가서 14일 RSI를 계산하는 코드를 작성해 보겠습니다.

RSI 계산 과정은 다음과 같습니다.

1. 삼성전자 주식의 종가 데이터를 사용해 14일 동안의 가격 상승과 하락 평균을 구합니다.
2. 이를 바탕으로 RSI 값을 계산합니다.

준비한 코드는 다음과 같습니다.

```
# 14일 RSI 계산 함수 정의
def calculate_rsi(data, window=14):
    delta = data['Close'].diff(1)
    gain = delta.where(delta > 0, 0)   # 상승분만 저장
    loss = -delta.where(delta < 0, 0)  # 하락분만 저장

    avg_gain = gain.rolling(window=window, min_periods=1).mean()
    avg_loss = loss.rolling(window=window, min_periods=1).mean()

    rs = avg_gain / avg_loss   # 상승과 하락의 비율 계산
    rsi = 100 - (100 / (1 + rs))
    return rsi

# RSI 값을 데이터프레임에 추가
samsung_data['RSI'] = calculate_rsi(samsung_data)
```

```
# 결과 확인
print(samsung_data[['Close', 'RSI']].tail(15))
```

이 코드를 실행하면 삼성전자 종가에 대한 14일 RSI가 계산되고 데이터프레임에 추가됩니다. 결과를 확인한 후에 다음 단계로 넘어가겠습니다.

> 네, 다음 단계로 넘어가 주세요.

챗GPT의 2단계 답변

이제 RSI를 이용한 매수 및 매도 신호를 추가하고, 백테스팅을 위한 전략을 세워보겠습니다. 단계별로 진행하겠습니다.

1. RSI 값이 30 이하일 때 매수, 70 이상일 때 매도 신호를 추가합니다.
2. 매수 및 매도 후에는 포지션을 관리하고, 초기 자산을 100으로 설정하여 백테스팅을 시작합니다.

먼저, 매수와 매도 신호를 설정하는 코드를 작성하겠습니다.

```
# 매수 및 매도 신호 설정
def generate_signals(data):
    data['Position'] = 0  # 초기 포지션 설정
    data.loc[data['RSI'] < 30, 'Position'] = 1  # RSI 30 이하일 때 매수
    data.loc[data['RSI'] > 70, 'Position'] = -1  # RSI 70 이상일 때 매도
    return data

# 신호 생성
samsung_data = generate_signals(samsung_data)

# 결과 확인
print(samsung_data[['Close', 'RSI', 'Position']].tail(15))
```

이 코드를 통해 매수와 매도 신호가 잘 생성되는지 확인한 후, 다음 단계로 넘어가겠습니다.

네, 넘어가 주세요.

챗GPT의 3단계 답변

이제 백테스팅 로직을 구현하겠습니다. 초기 자산을 100으로 설정하고, 매수 및 매도에 따라 자산 변화를 기록하며 누적 수익률을 계산할 것입니다.

백테스팅 전략의 주요 단계는 다음과 같습니다.

1. 초기 자산을 100으로 설정.
2. 포지션이 매수(1)일 때는 주식을 매수, 매도(-1)일 때는 현금으로 보유.
3. 백테스팅 결과를 기반으로 누적 수익률을 계산하여 데이터프레임에 추가.

백테스팅 코드는 다음과 같습니다.

```python
# 백테스팅 함수
def backtest(data, initial_cash=100):
    cash = initial_cash  # 현금 보유량
    position = 0  # 현재 주식 보유량
    portfolio_value = initial_cash  # 초기 자산
    data['Portfolio Value'] = initial_cash  # 포트폴리오 가치 초기화

    for i in range(1, len(data)):
        if data['Position'].iloc[i] == 1 and position == 0:  # 매수 신호
            position = cash / data['Close'].iloc[i]  # 현금으로 주식 구매
            cash = 0
        elif data['Position'].iloc[i] == -1 and position > 0:  # 매도 신호
            cash = position * data['Close'].iloc[i]  # 주식을 현금으로 환전
            position = 0
```

```
# 포트폴리오 가치 업데이트
    data['Portfolio Value'].iloc[i] = cash + (position * data['Close'].iloc[i])

# 누적 수익률 계산
data['Returns'] = data['Portfolio Value'].pct_change().fillna(0)

data['Cumulative Returns'] = (1 + data['Returns']).cumprod() - 1

return data

# 백테스팅 실행
samsung_data = backtest(samsung_data)

# 결과 확인
print(samsung_data[['Close', 'RSI', 'Position', 'Portfolio Value', 'Cumulative Returns']].tail(15))
```

이제 백테스팅 결과를 확인하고, 수익률을 시각화하는 단계로 넘어가겠습니다. 결과를 확인하신 후 다음 단계로 넘어가도록 할까요?

> 네, 넘어가 주세요.

챗GPT의 4단계 답변

이제 마지막 단계로 백테스팅 결과의 누적 수익률을 시각화하는 코드를 작성하겠습니다. 이를 통해 RSI 기반 전략의 수익률을 그래프로 확인할 수 있습니다.

```python
# 누적 수익률 그래프 시각화
plt.figure(figsize=(14, 7))
plt.plot(samsung_data.index, samsung_data['Cumulative Returns'],
label="Cumulative Returns", linewidth=2)
plt.title("Cumulative Returns of RSI Strategy on Samsung Electronics")
plt.xlabel("Date")
plt.ylabel("Cumulative Returns")
plt.legend(loc="upper left")
plt.grid()
plt.show()
```

챗GPT의 5단계 답변

Google Colab 실행용 최종 코드

다음 최종 코드는 삼성전자의 주식 데이터를 활용해 RSI(Relative Strength Index) 기반의 평균 회귀 전략을 백테스트합니다. 14일 RSI를 계산하여 과매도 상태(30 이하)일 때 매수, 과매수 상태(70 이상)일 때 매도하는 신호를 생성합니다. 초기 자산을 100으로 설정하고, 매수 시 주식을 보유하며, 매도 후에는 현금을 유지하는 방식으로 포트폴리오 가치를 업데이트합니다. 백테스트 결과로 누적 수익률을 계산하고 이를 시각화하여 전략의 성과를 한눈에 확인할 수 있도록 제공합니다.

```python
# 라이브러리 설치
!pip install finance-datareader matplotlib
# 라이브러리 임포트
import FinanceDataReader as fdr
import matplotlib.pyplot as plt
import pandas as pd


# 삼성전자 데이터 불러오기 (2023년 12월 15일부터 2024년 6월 30일까지)
start_date = "2023-12-15"
end_date = "2024-06-30"
ticker = "005930"  # 삼성전자 종목 코드


# 데이터 불러오기
samsung_data = fdr.DataReader(ticker, start_date, end_date)


# 데이터 확인
print(samsung_data.head())
print(samsung_data.tail())


# 14일 RSI 계산 함수 정의
def calculate_rsi(data, window=14):
    delta = data['Close'].diff(1)
    gain = delta.where(delta > 0, 0)  # 상승분만 저장
    loss = -delta.where(delta < 0, 0)  # 하락분만 저장

    avg_gain = gain.rolling(window=window, min_periods=1).mean()
    avg_loss = loss.rolling(window=window, min_periods=1).mean()

    rs = avg_gain / avg_loss  # 상승과 하락의 비율 계산
    rsi = 100 - (100 / (1 + rs))
    return rsi
```

```python
# RSI 값을 데이터프레임에 추가
samsung_data['RSI'] = calculate_rsi(samsung_data)

# 결과 확인
print(samsung_data[['Close', 'RSI']].tail(15))

# 매수 및 매도 신호 설정
def generate_signals(data):
    data['Position'] = 0  # 초기 포지션 설정
    data.loc[data['RSI'] < 30, 'Position'] = 1   # RSI 30 이하일 때 매수
    data.loc[data['RSI'] > 70, 'Position'] = -1  # RSI 70 이상일 때 매도
    return data

# 신호 생성
samsung_data = generate_signals(samsung_data)

# 결과 확인
print(samsung_data[['Close', 'RSI', 'Position']].tail(15))
# 백테스팅 함수
def backtest(data, initial_cash=100):
    cash = initial_cash  # 현금 보유량
    position = 0  # 현재 주식 보유량
    portfolio_value = initial_cash  # 초기 자산
    data['Portfolio Value'] = initial_cash  # 포트폴리오 가치 초기화

    for i in range(1, len(data)):
        if data['Position'].iloc[i] == 1 and position == 0:  # 매수 신호
            position = cash / data['Close'].iloc[i]  # 현금으로 주식 구매
            cash = 0
        elif data['Position'].iloc[i] == -1 and position > 0:  # 매도 신호
            cash = position * data['Close'].iloc[i]  # 주식을 현금으로 환전
            position = 0
```

```python
    # 포트폴리오 가치 업데이트
    data['Portfolio Value'].iloc[i] = cash + (position * data['Close'].iloc[i])

    # 누적 수익률 계산
    data['Returns'] = data['Portfolio Value'].pct_change().fillna(0)
    data['Cumulative Returns'] = (1 + data['Returns']).cumprod() - 1

    return data

# 백테스팅 실행
samsung_data = backtest(samsung_data)

# 결과 확인
print(samsung_data[['Close', 'RSI', 'Position', 'Portfolio Value', 'Cumulative Returns'
]].tail(15))

# 누적 수익률 그래프 시각화
plt.figure(figsize=(14, 7))

plt.plot(samsung_data.index, samsung_data['Cumulative Returns'], label="Cumulative
Returns", linewidth=2)
plt.title("Cumulative Returns of RSI Strategy on Samsung Electronics")
plt.xlabel("Date")
plt.ylabel("Cumulative Returns")
plt.legend(loc="upper left")
plt.grid()
plt.show()
```

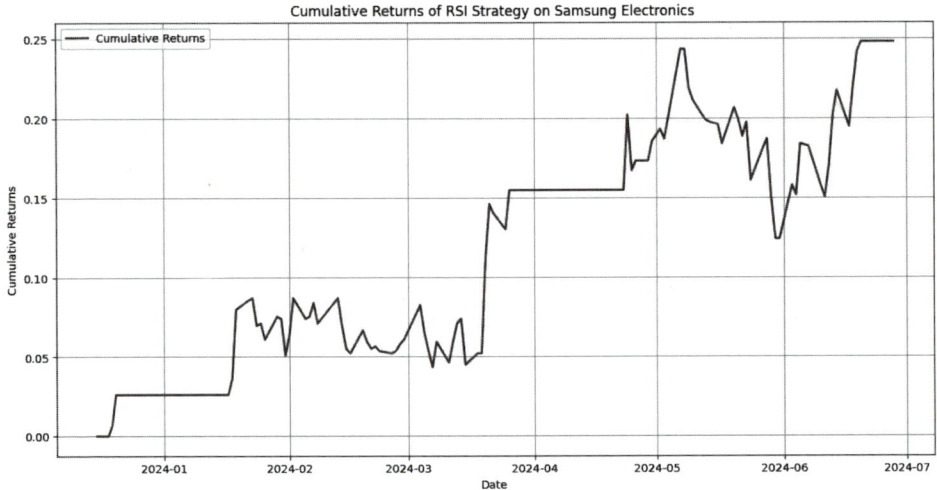

그림 38. 데이터 시각화 결과

프롬프트 설계(평균 회귀 전략(볼린저 밴드) + 백테스팅)

카카오톡 볼린저 밴드를 시각화하고 백테스팅 하는 파이썬 코드를 작성하려고 해. 각 단계별로 나누어 진행하되 단계마다 항상 나에게 의견을 물어본 뒤 다음 단계를 진행해 줘. 그리고 파이썬 코드 정보는 다음과 같아.

- 단계별로 코랩에서 파이썬 코드를 실행해 줘.
- finance-datareader와 matplotlib 라이브러리를 설치 후 코드를 작성해 줘.
- DataReader 메서드를 사용해 줘.
- 20일 단순 이동평균(SMA)와 표준편차를 계산해서 볼린저밴드의 상단선과 하단선을 표현해 줘.
- 백테스팅 전략은 다음과 같아. 종가가 볼린저밴드 하단선을 이탈하면 매수, 종가가 볼린저밴드 상단선을 돌파하면 매도로 해 줘. 매도 이후에는 현금을 보유하고, 매수 후에는 포지션을 유지해.
- 초기 자산은 100으로 설정하고, 2024년 1월 1일부터 2024년 6월 30일까지의 누적 수익률을 구해 줘.
- 백테스트 결과를 수익률 그래프로 시각화해 줘.
- 데이터 기간은 2023년부터 시작해서 이동평균과 표준편차 계산이 가능하도록 해 줘.

좋아요! 프로젝트를 단계별로 나누어 진행하면서 의견을 묻고 진행할게요. 첫 단계로, 필요한 라이브러리 설치와 데이터를 불러오는 부분을 처리하겠습니다.

1단계 계획:

- finance-datareader와 matplotlib 라이브러리 설치
- 주식 데이터를 가져오기 위한 DataReader 메서드를 사용하여 데이터를 불러오기
- 2023년부터 2024년 6월 30일까지의 데이터를 가져와서 20일 이동평균 및 표준편차 계산에 사용할 준비를 함

여기까지 실행하고 난 후, 데이터가 제대로 로드되었는지 확인한 뒤, 다음 단계로 이동하도록 할게요.

진행해도 괜찮을까요?

네.

좋습니다! 그럼 먼저 코랩에서 필요한 라이브러리를 설치하고 데이터를 가져오는 코드부터 작성해보겠습니다.

```
# 라이브러리 설치
!pip install finance-datareader
import FinanceDataReader as fdr
import matplotlib.pyplot as plt

# 데이터 불러오기: 카카오 (예: 카카오 종목코드 035720.KS)
# 데이터는 2023년부터 2024년 6월 30일까지로 설정합니다.
start_date = '2023-01-01'
end_date = '2024-06-30'
symbol = '035720'  # 카카오 종목 코드

# 카카오 데이터를 FinanceDataReader를 이용해 불러옵니다.
data = fdr.DataReader(symbol, start_date, end_date)

# 데이터 확인
print(data.head())
print(data.tail())
```

이 코드를 실행하면, 2023년부터 2024년 6월 30일까지 카카오 주식의 일별 데이터를 가져오게 됩니다. 다음 단계로 넘어가기 전에 데이터가 제대로 로드되었는지 확인하고, 이후에는 볼린저 밴드를 계산하는 단계로 이동하겠습니다.

코드 실행 결과를 확인하고 알려주세요!

네, 넘어가 주세요.

챗GPT의 1단계 답변

좋습니다! 이제 데이터를 바탕으로 볼린저 밴드를 계산하는 코드를 작성하겠습니다.

2단계 계획:

- 20일 단순 이동평균(SMA)와 표준편차를 계산
- 볼린저 밴드의 상단선과 하단선을 생성하여 데이터에 추가

아래 코드에서는 20일 이동평균과 표준편차를 구한 후, 이를 이용해 상단선과 하단선을 추가합니다.

```
# 20일 단순 이동평균(SMA)와 표준편차 계산
data['SMA20'] = data['Close'].rolling(window=20).mean()
data['STD20'] = data['Close'].rolling(window=20).std()

# 볼린저 밴드 계산: 상단선과 하단선
data['Upper Band'] = data['SMA20'] + (data['STD20'] * 2)
data['Lower Band'] = data['SMA20'] - (data['STD20'] * 2)

# 볼린저 밴드 시각화
plt.figure(figsize=(14, 7))
plt.plot(data.index, data['Close'], label='Close Price', color='blue')
plt.plot(data.index, data['SMA20'], label='20-Day SMA', color='orange')
plt.plot(data.index, data['Upper Band'], label='Upper Band', color='green')
plt.plot(data.index, data['Lower Band'], label='Lower Band', color='red')
plt.fill_between(data.index, data['Upper Band'], data['Lower Band'], color='gray', alpha=0.1)
plt.title('Bollinger Bands for Kakao')
plt.xlabel('Date')
plt.ylabel('Price')
plt.legend()
plt.show()
```

이 코드를 통해 카카오 주식에 볼린저 밴드를 시각화하여 나타낼 수 있습니다. 그래프가 제대로 출력되었는지 확인 후 백테스팅 단계로 넘어가겠습니다.

코드 실행 결과를 확인하고 다음 단계로 진행해도 될지 알려주세요!

> 네, 진행해 주세요.

챗GPT의 2단계 답변

이제 백테스팅 전략을 구현해 보겠습니다. 전략은 다음과 같습니다.

백테스팅 전략:

- 종가가 볼린저 밴드 하단선을 이탈하면 매수
- 종가가 볼린저 밴드 상단선을 돌파하면 매도
- 매도 이후에는 현금을 보유하고, 매수 후에는 포지션을 유지

3단계 계획

- 매수와 매도 신호를 생성하여 이를 기반으로 거래를 수행
- 초기 자산을 100으로 설정하고, 누적 수익률을 계산하여 데이터를 추가

백테스팅 결과를 그래프로 확인하기 전에, 먼저 계산 코드를 작성해 실행해 보겠습니다.

```python
# 초기 자산 설정
initial_cash = 100
cash = initial_cash
position = 0  # 1이면 주식 보유 중, 0이면 현금 보유 중
data['Portfolio Value'] = initial_cash  # 포트폴리오 가치 추적

# 백테스팅 루프
for i in range(1, len(data)):
    if position == 0 and data['Close'].iloc[i] < data['Lower Band'].iloc[i]:
```

```
        # 매수 조건: 현금 보유 중이며 종가가 하단선을 이탈
        position = cash / data['Close'].iloc[i]
        cash = 0
    elif position > 0 and data['Close'].iloc[i] > data['Upper Band'].iloc[i]:
        # 매도 조건: 주식 보유 중이며 종가가 상단선을 돌파
        cash = position * data['Close'].iloc[i]
        position = 0

    # 포트폴리오 가치 업데이트
    if position > 0:
        data['Portfolio Value'].iloc[i] = position * data['Close'].iloc[i]
    else:
        data['Portfolio Value'].iloc[i] = cash

# 누적 수익률 계산
data['Returns'] = data['Portfolio Value'].pct_change().fillna(0)
data['Cumulative Returns'] = (1 + data['Returns']).cumprod() - 1

# 결과 확인
print(data[['Close', 'Upper Band', 'Lower Band', 'Portfolio Value', 'Cumulative Returns']].tail())
```

이 코드를 실행하면, 각 거래에 따른 포트폴리오 가치와 누적 수익률이 추가됩니다. 확인한 후, 최종 단계인 수익률 그래프 시각화를 진행하겠습니다.

결과를 확인하시고, 그래프 생성 단계로 넘어가도 될지 알려주세요!

> 네, 넘어가 주세요.

챗GPT의 3단계 답변

좋습니다! 이제 백테스트 결과를 시각화하여 누적 수익률 그래프를 그려보겠습니다.

4단계 계획:

- 백테스트 누적 수익률을 시각화하여 그래프로 표현

아래 코드에서는 누적 수익률을 시각화하여 백테스트 성과를 확인할 수 있습니다.

```
# 누적 수익률 시각화
plt.figure(figsize=(14, 7))
plt.plot(data.index, data['Cumulative Returns'], label='Cumulative Returns', color='purple')
plt.title('Backtest Cumulative Returns for Bollinger Band Strategy')
plt.xlabel('Date')
plt.ylabel('Cumulative Returns')
plt.legend()
plt.show()
```

챗GPT의 4단계 답변

Google Colab 실행용 최종 코드

다음 최종 코드는 카카오 주식 데이터를 이용해 볼린저 밴드를 계산하고, 이를 활용한 평균 회귀 전략으로 백테스팅을 수행합니다. 먼저, 20일 이동평균과 표준편차를 계산해 상단선과 하단선을 정의한 볼린저 밴드를 생성합니다. 전략은 종가가 하단선을 이탈하면 매수, 상단선을 돌파하면 매도로 설정하며, 매수 후에는 포지션을 유지하고, 매도 후에는 현금을 보유합니다. 초기 자산을 100으로 설정하고, 거래에 따른 자산 변화를 추적해 누적 수익률을 계산하며, 결과는 그래프로 시각화해 전략의 성과를 확인할 수 있습니다.

```python
# 라이브러리 설치
!pip install finance-datareader

import FinanceDataReader as fdr
import matplotlib.pyplot as plt

# 데이터 불러오기: 카카오 (예: 카카오 종목코드 035720.KS)
# 데이터는 2023년부터 2024년 6월 30일까지로 설정합니다.
start_date = '2023-01-01'
end_date = '2024-06-30'
symbol = '035720'  # 카카오 종목 코드

# 카카오 데이터를 FinanceDataReader를 이용해 불러옵니다.
data = fdr.DataReader(symbol, start_date, end_date)

# 데이터 확인
print(data.head())
print(data.tail())

# 20일 단순 이동평균(SMA)와 표준편차 계산
data['SMA20'] = data['Close'].rolling(window=20).mean()
data['STD20'] = data['Close'].rolling(window=20).std()

# 볼린저 밴드 계산: 상단선과 하단선
data['Upper Band'] = data['SMA20'] + (data['STD20'] * 2)
data['Lower Band'] = data['SMA20'] - (data['STD20'] * 2)

# 볼린저 밴드 시각화
plt.figure(figsize=(14, 7))
plt.plot(data.index, data['Close'], label='Close Price', color='blue')
```

```
plt.plot(data.index, data['SMA20'], label='20-Day SMA', color='orange')
plt.plot(data.index, data['Upper Band'], label='Upper Band', color='green')
plt.plot(data.index, data['Lower Band'], label='Lower Band', color='red')
plt.fill_between(data.index, data['Upper Band'], data['Lower Band'], color='gray', alpha=0.1)
plt.title('Bollinger Bands for Kakao')
plt.xlabel('Date')
plt.ylabel('Price')
plt.legend()
plt.show()
```

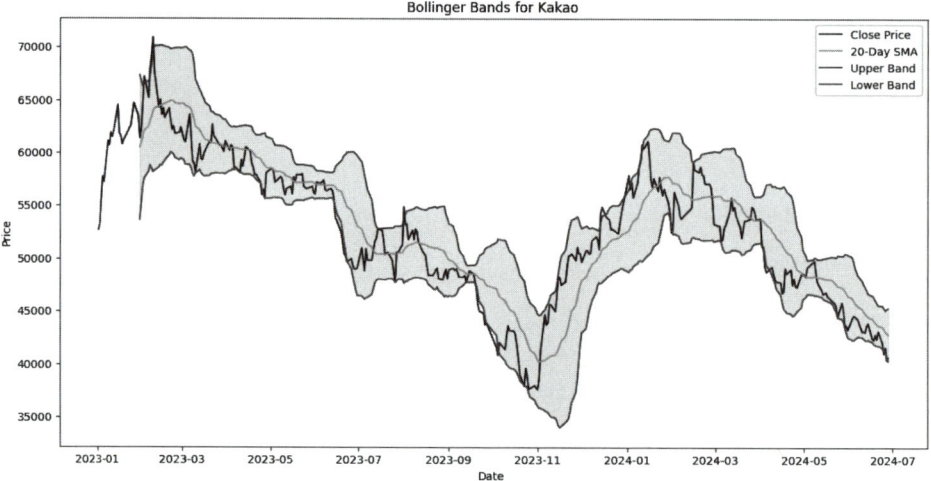

그림 39. 데이터 시각화 결과

```
# 초기 자산 설정
initial_cash = 100
cash = initial_cash
position = 0  # 1이면 주식 보유 중, 0이면 현금 보유 중
data['Portfolio Value'] = initial_cash  # 포트폴리오 가치 추적
```

```python
# 백테스팅 루프
for i in range(1, len(data)):
    if position == 0 and data['Close'].iloc[i] < data['Lower Band'].iloc[i]:
        # 매수 조건: 현금 보유 중이며 종가가 하단선을 이탈
        position = cash / data['Close'].iloc[i]
        cash = 0
    elif position > 0 and data['Close'].iloc[i] > data['Upper Band'].iloc[i]:
        # 매도 조건: 주식 보유 중이며 종가가 상단선을 돌파
        cash = position * data['Close'].iloc[i]
        position = 0

    # 포트폴리오 가치 업데이트
    if position > 0:
        data['Portfolio Value'].iloc[i] = position * data['Close'].iloc[i]
    else:
        data['Portfolio Value'].iloc[i] = cash
# 누적 수익률 계산
data['Returns'] = data['Portfolio Value'].pct_change().fillna(0)
data['Cumulative Returns'] = (1 + data['Returns']).cumprod() - 1

# 결과 확인
print(data[['Close', 'Upper Band', 'Lower Band', 'Portfolio Value', 'Cumulative Returns'
]].tail())
# 누적 수익률 시각화
plt.figure(figsize=(14, 7))
plt.plot(data.index, data['Cumulative Returns'], label='Cumulative Returns', color=
'purple')
plt.title('Backtest Cumulative Returns for Bollinger Band Strategy')
plt.xlabel('Date')
plt.ylabel('Cumulative Returns')
plt.legend()
plt.show()
```

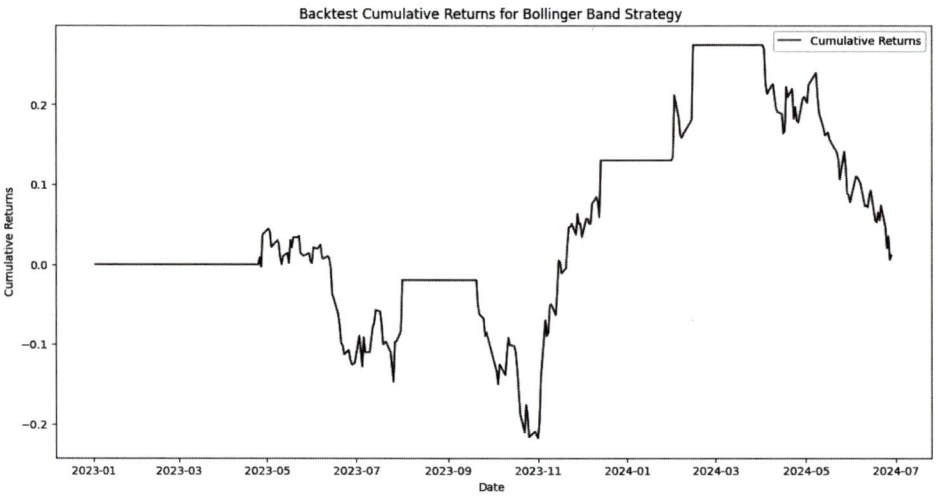

그림 40. 데이터 시각화 결과

2.10 인공지능과 머신러닝을 활용한 주식 예측

인공지능과 머신러닝 기술은 주식 데이터를 분석하고 미래를 예측하는 데 널리 활용되고 있습니다. 머신러닝 기반 접근 방식 중에는 선형 회귀와 같은 회귀 모델이 있으며, 이는 단순한 구조로 주식의 변화 추세를 효과적으로 분석할 수 있습니다. 딥러닝에서는 시계열 데이터를 다루는 LSTM(Long Short-Term Memory)과 데이터의 공간적 패턴을 학습하는 CNN(Convolutional Neural Network) 같은 모델이 사용되며, 복잡한 데이터의 연속성과 패턴을 파악하여 더 정밀한 예측을 가능하게 합니다.

2.10.1 선형 회귀를 이용한 주식 예측

선형 회귀란 데이터를 기반으로 변수 간의 관계를 예측하는 방법입니다. 간단히 말해, 하나의 변화가 다른 것에 어떤 영향을 미치는지를 알아보는 도구입니다. 예를 들어, 공부 시간이 늘어나면 시험 점수에 어떤 영향을 주는지 예측하고 싶을 때, 선형 회귀를 활용할 수 있습니다.

먼저 데이터를 준비합니다. 예를 들어 주식 데이터를 분석한다고 가정해 봅시다. 날짜별 주식 변화를 알아보려면 날짜를 X축에, 주식 가격을 Y축에 놓고 데이터를 그래프로 표시해 봅니다. 이때, 선형 회귀의 목적은 이런 데이터를 가장 잘 설명하는 "회귀선"이라는 직선을 찾는 것입니다.

1) 회귀선이란?

선형 회귀의 회귀선은 $Y = aX + b$라는 공식으로 표현됩니다. 여기서 Y는 예측하려는 값(예: 주가), X는 독립 변수(예: 날짜), a는 X가 Y에 주는 영향(기울기), b는 시작 위치(절편)를 의미합니다. 이 공식은 X가 변할 때 Y가 얼마나 변하는지를 보여줍니다.

데이터가 준비되면 모델을 훈련합니다. 훈련이란, 데이터를 보고 패턴을 배우는 과정입니다. 선형 회귀 모델은 X와 Y의 값을 비교하면서, 예측 값과 실제 값 사이의 차이, 즉 "오차"를 가장 작게 만들 수 있는 최적의 기울기(a)와 절편(b)을 찾습니다. 이렇게 찾아낸 기울기와 절편으로 회귀선이 결정됩니다.

2) 모델 훈련의 목표

이 선이 데이터를 가장 잘 설명하는 선이라고 할 수 있습니다.

모델이 훈련된 후에는 예측을 할 수 있습니다. 새 날짜가 주어지면 해당 날짜의 주식을 예측할 수 있는 것이죠. 이 예측은 과거 데이터의 패턴을 기반으로 계산되므로, 주식이 어떻게 변할지 대략적으로 파악하는 데 도움이 됩니다.

선형 회귀 모델이 얼마나 잘 예측했는지는 평가 지표로 확인합니다. 대표적인 지표로는 R^2(결정 계수)과 MSE(평균 제곱 오차)가 있습니다. R^2은 값이 1에 가까울수록 예측이 잘 되었다는 뜻이며, MSE는 오차의 크기를 나타내며 값이 작을수록 좋습니다.

3) 선형 회귀의 한계

선형 회귀는 직선의 경향을 따르는 데이터에 적합합니다. 만약 데이터가 직선 형태가 아니거나 복잡한 패턴을 가진 경우에는 다항 회귀나 비선형 회귀 등의 방법을 사용할 수 있습니다.

결론적으로, 선형 회귀는 변수 간 관계를 쉽게 이해하고 미래의 경향을 예측하는 기초적인 분석 도구입니다. 간단하면서도 강력한 방법으로, 초보자도 데이터의 흐름을 이해하는 데 도움을 줄 수 있습니다.

> **프롬프트 설계**
>
> 나는 삼성전자 주식 데이터의 예측하는 파이썬 코드를 작성하려고 해. 각 단계별로 나누어 진행하되 단계마다 항상 나에게 의견을 물어본 뒤 다음 단계를 진행해 줘. 그리고 파이썬 코드 정보는 다음과 같아.
>
> - 단계별로 코랩에서 파이썬 코드를 실행해 줘.
> - finance-datareader와 matplotlib 라이브러리를 설치 후 코드를 작성해 줘.
> - DataReader 메서드를 사용해 줘.
> - 선형 회귀 모델을 사용해서 예측해 줘.
> - '삼성전자'의 주식 데이터를 2023-07-01부터 2024-06-30까지 불러온 후 훈련 데이터셋 80%, 테스트 데이터셋 20%로 나누어서 학습해 줘.
> - 훈련된 모델로 최근 100일 기준으로 예측한 것이랑 실제 값을 출력해 줘.
> - 예측 성능의 평가는 평균 제곱 오차(MSE) 지표로 알려줘.

좋습니다! 삼성전자의 주식 데이터를 예측하는 Python 코드를 단계별로 작성해 보겠습니다. 각 단계를 진행하기 전에 의견을 물어보겠습니다.

1단계: 라이브러리 설치

먼저, 필요한 라이브러리인 finance-datareader와 matplotlib를 설치하겠습니다. 아래 코드를 코랩에서 실행해 주세요.

```
!pip install finance-datareader matplotlib
```

이 코드가 문제없이 실행되었는지 확인해 주세요. 실행이 완료되면 다음 단계로 넘어가겠습니다.

> 진행해 주세요.

챗GPT의 1단계 답변

좋습니다! 이제 다음 단계로 넘어가겠습니다.

2단계: 삼성전자 주식 데이터 불러오기

FinanceDataReader를 사용하여 삼성전자의 주식 데이터를 2023년 7월 1일부터 2024년 6월 30일까지 불러오겠습니다. 아래 코드를 실행해 주세요.

```
import FinanceDataReader as fdr
import pandas as pd

# 삼성전자 주식 데이터 불러오기
start_date = '2023-07-01'
end_date = '2024-06-30'
samsung_data = fdr.DataReader('005930', start=start_date, end=end_date)

# 데이터 확인
samsung_data.head()
```

이 코드를 실행한 후, 불러온 데이터의 구조와 내용을 확인해 주세요. 데이터가 잘 불러와졌다면, 다음 단계로 넘어가겠습니다.

> 네, 넘어가 주세요.

챗GPT의 2단계 답변

좋습니다! 이제 다음 단계로 넘어가겠습니다.

3단계: 데이터셋 분할

주식 데이터를 훈련 데이터셋(80%)과 테스트 데이터셋(20%)으로 나누겠습니다. 아래 코드를 실행해 주세요.

```
# 데이터셋 분할
train_size = int(len(samsung_data) * 0.8)
train_data = samsung_data[:train_size]
test_data = samsung_data[train_size:]

# 훈련 데이터와 테스트 데이터 확인
train_data.head(), test_data.head()
```

이 코드를 실행한 후, 훈련 데이터와 테스트 데이터가 잘 분할되었는지 확인해 주세요. 확인이 끝나면 다음 단계로 넘어가겠습니다.

> 네, 진행해 주세요.

챗GPT의 3단계 답변

좋습니다! 이제 다음 단계로 넘어가겠습니다.

4단계: 선형 회귀 모델 학습

선형 회귀 모델을 사용하여 훈련 데이터로 모델을 학습하겠습니다. 주식 예측을 위해 Close 가격을 사용하고, x와 y를 준비하여 모델을 학습시키겠습니다. 아래 코드를 실행해 주세요.

```python
from sklearn.linear_model import LinearRegression
import numpy as np

# 훈련 데이터의 날짜를 숫자로 변환
train_data['Date'] = np.arange(len(train_data))
X_train = train_data[['Date']]
y_train = train_data['Close']

# 선형 회귀 모델 학습
model = LinearRegression()
model.fit(X_train, y_train)

# 테스트 데이터 준비
test_data['Date'] = np.arange(len(train_data), len(train_data) + len(test_data))
X_test = test_data[['Date']]
y_test = test_data['Close']
```

이 코드를 실행한 후, 모델이 성공적으로 학습되었는지 확인해 주세요. 확인이 완료되면 다음 단계로 넘어가겠습니다.

> 네, 넘어가 주세요.

챗GPT의 4단계 답변

좋습니다! 이제 마지막 단계로 넘어가겠습니다.

5단계: 예측 및 성능 평가

훈련된 모델을 사용하여 테스트 데이터의 Close 가격을 예측하고, 실제 값과 비교하겠습니다 평균 제곱 오차(MSE)를 계산하여 모델의 성능을 평가하겠습니다. 아래 코드를 실행해 주세요.

```python
from sklearn.metrics import mean_squared_error
import matplotlib.pyplot as plt

# 예측
y_pred = model.predict(X_test)

# MSE 계산
mse = mean_squared_error(y_test, y_pred)

# 결과 출력
print(f'예측 MSE: {mse}')

# 실제 값과 예측 값 시각화
plt.figure(figsize=(12, 6))
plt.plot(test_data.index, y_test, label='Actual Values', color='blue')
plt.plot(test_data.index, y_pred, label='Predicted Values', color='orange')
plt.title('Samsung Electronics Stock Price Prediction')
plt.xlabel('Date')
plt.ylabel('Stock Price')
plt.legend()
plt.show()
```

챗GPT의 5단계 답변

Google Colab 실행용 최종 코드

다음 최종 코드는 삼성전자 주식 데이터를 사용하여 선형 회귀 모델로 주식을 예측합니다. 먼저, 2023년 7월 1일부터 2024년 6월 30일까지의 데이터를 불러온 뒤, 이를 훈련 데이터(80%)와 테스트 데이터(20%)로 나눕니다. 선형 회귀 모델은 날짜를 숫자로 변환한 데이터를 입력값으로, 종가를 출력값으로 학습합니다. 훈련된 모델은 테스트 데이터를 기반으로 최근 100일 동안의 주식을 예측하며, 실제 값과 비교해 시각화합니다. 모델의 예측 성능은 평균 제곱 오차(MSE)로 평가됩니다.

```
!pip install finance-datareader matplotlib
import FinanceDataReader as fdr
import pandas as pd

# 삼성전자 주식 데이터 불러오기
start_date = '2023-07-01'
end_date = '2024-06-30'
samsung_data = fdr.DataReader('005930', start=start_date, end=end_date)

# 데이터 확인
samsung_data.head()

# 데이터셋 분할
train_size = int(len(samsung_data) * 0.8)
train_data = samsung_data[:train_size]
test_data = samsung_data[train_size:]

# 훈련 데이터와 테스트 데이터 확인
train_data.head(), test_data.head()
from sklearn.linear_model import LinearRegression
import numpy as np
```

```python
# 훈련 데이터의 날짜를 숫자로 변환
train_data['Date'] = np.arange(len(train_data))
X_train = train_data[['Date']]
y_train = train_data['Close']

# 선형 회귀 모델 학습
model = LinearRegression()
model.fit(X_train, y_train)

# 테스트 데이터 준비
test_data['Date'] = np.arange(len(train_data), len(train_data) + len(test_data))
X_test = test_data[['Date']]
y_test = test_data['Close']

from sklearn.metrics import mean_squared_error
import matplotlib.pyplot as plt

# 예측
y_pred = model.predict(X_test)

# MSE 계산
mse = mean_squared_error(y_test, y_pred)

# 결과 출력
print(f'예측 MSE: {mse}')

# 실제 값과 예측 값 시각화
plt.figure(figsize=(12, 6))
plt.plot(test_data.index, y_test, label='Actual Values', color='blue')
plt.plot(test_data.index, y_pred, label='Predicted Values', color='orange')
plt.title('Samsung Electronics Stock Price Prediction')
```

```
plt.xlabel('Date')
plt.ylabel('Stock Price')
plt.legend()
plt.show()
```

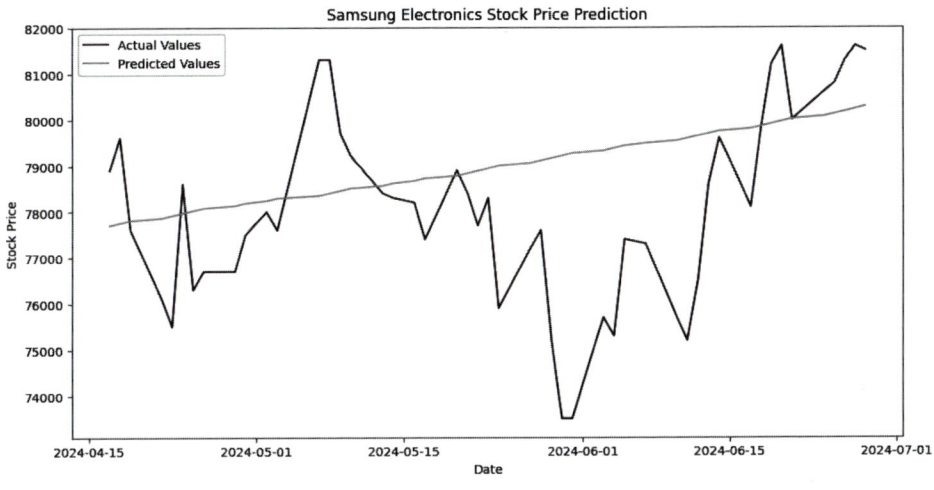

그림 41. 데이터 시각화 결과

2.10.2 딥러닝을 이용한 주식 예측

1) 인공지능과 딥러닝

인공지능(AI)은 컴퓨터가 인간의 사고를 모방해 데이터를 분석하고 학습하며, 결과를 바탕으로 의사결정을 내리는 기술입니다. 딥러닝(Deep Learning)은 인공지능의 한 분야로, 사람의 뇌 구조와 유사한 신경망을 활용하여 복잡한 데이터를 학습하는 기술입니다. 여러 층(layer)으로 구성되며, 신경망이 많아질수록 보다 정밀한 학습이 가능해져 복잡한 패턴도 인식할 수 있습니다. 이를 통해 딥러닝은 금융 데이터 분석이나 예측 모델링 등 다양한 분야에서 활용되고 있습니다.

2) 주식 예측과 딥러닝

주식 가격은 여러 요인에 의해 변동하기 때문에 예측이 쉽지 않습니다. 하지만 딥러닝을 활용하면 과거 데이터를 바탕으로 패턴을 학습하여 미래 주가를 예측하는 것이 가능합니다. 이번 챕터에서 코딩 없이 챗GPT를 통해 딥러닝을 쉽게 이해하고, 주가 예측에 어떻게 적용하는지를 소개합니다.

2.10.2.2 LSTM모델을 이용한 주식 예측

1) LSTM(Long Short-Term Memory) 모델이란?

LSTM 모델은 시간 순서에 따라 변하는 데이터(시계열 데이터)를 분석하는 데 유리한 인공지능 모델입니다. 주식처럼 시간에 따라 변동하는 데이터를 처리하는 데 적합해, 과거 데이터를 바탕으로 미래의 주가를 예측할 수 있습니다. LSTM의 이름처럼 '긴 단기 기억(Long Short-Term Memory)' 구조는 중요한 과거 데이터를 잊지 않고 필요할 때 다시 활용할 수 있습니다. 일반 모델들이 오래된 정보를 쉽게 잊어버리는 반면, LSTM은 기억하여 주식 예측의 정확도를 높이는 데 도움을 줍니다.

2) 주식 예측에 LSTM 적용하기

LSTM 모델은 주식 데이터를 시간 순서대로 입력하여 변동 패턴을 학습합니다. 예를 들어, 한 달간의 주식 데이터를 입력해 학습하면, LSTM은 이 데이터를 바탕으로 다음 날의 주식을 예측할 수 있습니다. 이러한 모델은 주식 상승, 하락, 큰 변동성 같은 복잡한 패턴도 효과적으로 학습할 수 있어 예측에 유리합니다.

프롬프트 설계

나는 삼성전자 주식 데이터의 예측하는 파이썬 코드를 작성하려고 해. 각 단계별로 나누어 진행하되 단계마다 항상 나에게 의견을 물어본 뒤 다음 단계를 진행해 줘. 그리고 파이썬 코드 정보는 다음과 같아.

- 단계별로 코랩에서 파이썬 코드를 실행해 줘.
- finance-datareader와 matplotlib 라이브러리를 설치 후 코드를 작성해 줘.
- DataReader 메서드를 사용해 줘.
- LSTM 모델을 사용해서 예측해 줘.
- '삼성전자'의 주식 데이터를 2023년 7월 1일부터 2024년 6월 30일까지 불러온 후, 훈련 데이터셋 80%, 테스트 데이터셋 20%로 나누어서 학습해 줘!
- 훈련된 모델로 최근 100일 기준으로 예측한 것이랑 실제 값이랑 비교한 결과를 시각화해주고 정확도도 출력해 줘.

 먼저, 삼성전자 주식 예측을 위한 파이썬 코드를 코랩에서 실행할 수 있도록 필요한 조기 설정을 진행하겠습니다. 이 첫 단계에서는 finance-datareader와 matplotlib 라이브러리를 설치하고, 주식 데이터를 불러오는 코드를 작성할 것입니다. 아래는 이 과정에서 진행할 내용입니다.

1단계: 초기 설정 및 데이터 불러오기

- finance-datareader와 matplotlib 설치
- DataReader를 이용하여 삼성전자 주식 데이터를 2023-07-01부터 2024-06-30까지 불러오기

이 단계를 진행할까요?

네, 진행해 주세요.

아래는 finance-datareader와 matplotlib 설치 및 삼성전자 주식 데이터를 불러오는 코드입니다. 이 코드를 코랩에서 실행해 주세요.

```
# 필요한 라이브러리 설치
!pip install finance-datareader matplotlib

# 라이브러리 불러오기
import FinanceDataReader as fdr
import matplotlib.pyplot as plt

# 삼성전자 주식 데이터 불러오기 (2023-07-01 ~ 2024-06-30)
start_date = '2023-07-01'
end_date = '2024-06-30'
samsung_data = fdr.DataReader('005930', start_date, end_date)

# 불러온 데이터 확인
print(samsung_data.head())
print(samsung_data.tail())

# 데이터 시각화
plt.figure(figsize=(14, 7))
plt.plot(samsung_data['Close'], label='Samsung Electronics (Close)')
plt.title('Samsung Electronics Stock Price')
plt.xlabel('Date')
plt.ylabel('Close Price (KRW)')
plt.legend()
plt.show()
```

이 코드를 실행하면 삼성전자 주식 데이터가 불러와지고, 주식의 종가(Close)를 시각화하여 확인할 수 있습니다. 여기까지 완료한 후 다음 단계로 이동할지 의견 부탁드립니다.

네, 이동해 주세요.

챗GPT의 1단계 답변

이제 데이터를 학습과 테스트 데이터셋으로 나누는 단계입니다. 요청하신 대로 전체 데이터의 80%를 훈련용으로, 나머지 20%를 테스트용으로 나누겠습니다. 그리고 데이터를 LSTM 모델에 사용할 수 있도록 전처리하겠습니다.

2단계: 데이터셋 분할 및 전처리

이 단계에서는 다음을 진행합니다.

1. 전체 데이터의 80%는 훈련 데이터셋으로, 20%는 테스트 데이터셋으로 분리.
2. LSTM 모델 학습을 위해 데이터 정규화 (MinMaxScaler 사용).
3. LSTM 입력에 맞게 시퀀스 형태로 데이터 전환.

진행해도 괜찮을까요?

네, 진행해 주세요.

 아래는 데이터셋을 훈련 및 테스트 데이터로 나누고, LSTM 모델 학습에 적합한 형태로 전처리하는 코드입니다. MinMaxScaler를 사용하여 데이터를 정규화하고, LSTM 입력으로 사용하기 위해 시퀀스 형태로 변환합니다.

```python
import numpy as np
from sklearn.preprocessing import MinMaxScaler
import tensorflow as tf

# 데이터 정규화
scaler = MinMaxScaler(feature_range=(0, 1))
scaled_data = scaler.fit_transform(samsung_data[['Close']])

# 시퀀스 데이터 생성 함수
def create_sequences(data, seq_length):
    X, y = [], []
    for i in range(len(data) - seq_length):
        X.append(data[i:i + seq_length])
        y.append(data[i + seq_length])
```

```
    return np.array(X), np.array(y)
```

시퀀스 길이 설정
```
seq_length = 60   # 60일 치 데이터를 기반으로 예측
```

훈련 데이터와 테스트 데이터 나누기
```
train_size = int(len(scaled_data) * 0.8)
train_data, test_data = scaled_data[:train_size], scaled_data[train_size - seq_length:]
```

시퀀스 데이터 생성
```
X_train, y_train = create_sequences(train_data, seq_length)
X_test, y_test = create_sequences(test_data, seq_length)
```

LSTM 입력에 맞게 데이터 형태 조정
```
X_train = np.reshape(X_train, (X_train.shape[0], X_train.shape[1], 1))
X_test = np.reshape(X_test, (X_test.shape[0], X_test.shape[1], 1))
```

데이터 형태 확인
```
print("X_train shape:", X_train.shape)
print("y_train shape:", y_train.shape)
print("X_test shape:", X_test.shape)
print("y_test shape:", y_test.shape)
```

위 코드를 실행하면 훈련 및 테스트 데이터가 LSTM 모델에 맞게 준비됩니다. 여기까지 확인한 후, LSTM 모델을 구축하고 학습시키는 다음 단계로 이동할지 의견 부탁드립니다.

> 네, 진행해 주세요.

챗GPT의 2단계 답변

이제 LSTM 모델을 구축하고 훈련시키겠습니다. 아래 코드에서는 LSTM 모델을 생성한 뒤, X_train과 y_train 데이터셋을 이용해 학습합니다.

3단계: LSTM 모델 구축 및 학습

이 단계에서는

1. LSTM 레이어로 모델 구성.
2. 모델 컴파일 및 학습 수행.
3. 학습 진행 상황을 확인할 수 있도록 로그 출력 설정.

```
# LSTM 모델 생성
model = tf.keras.Sequential([
    tf.keras.layers.LSTM(50, return_sequences=True, input_shape=(X_train.shape[1], 1)),
    tf.keras.layers.LSTM(50, return_sequences=False),
    tf.keras.layers.Dense(25),
    tf.keras.layers.Dense(1)
])

# 모델 컴파일
model.compile(optimizer='adam', loss='mean_squared_error')

# 모델 학습
history = model.fit(X_train, y_train, batch_size=32, epochs=20, validation_data=(X_test, y_test))

# 학습 과정 시각화 (손실 그래프)
plt.plot(history.history['loss'], label='Training Loss')
plt.plot(history.history['val_loss'], label='Validation Loss')
plt.title('Model Loss During Training')
plt.xlabel('Epochs')
```

```
plt.ylabel('Loss')
plt.legend()
plt.show()
```

이 코드에서는 모델 학습이 완료된 후 학습 손실과 검증 손실 그래프를 확인할 수 있습니다. 학습이 완료되면 모델을 사용하여 주식 데이터를 예측하고, 실제 값과 비교하는 다음 단계로 이동해도 괜찮을지 알려주세요.

네, 이동해 주세요.

챗GPT의 3단계 답변

이제 훈련된 LSTM 모델을 사용하여 테스트 데이터에 대한 예측을 수행하고, 실제 값과 비교하는 단계입니다. 요청하신 대로 최근 100일 데이터를 예측하여 실제 값과 비교한 후 시각화하고, 예측 정확도를 계산하겠습니다.

4단계: 주식 예측 및 결과 비교

이 단계에서는

1. 테스트 데이터에 대한 예측 수행.
2. 예측 결과를 실제 데이터와 비교해 시각화.
3. 예측 정확도를 측정.

아래 코드를 코랩에서 실행해 주세요.

```
# 모델을 사용하여 테스트 데이터 예측
predictions = model.predict(X_test)

# 예측 결과를 원래의 스케일로 되돌림
predictions = scaler.inverse_transform(predictions)
y_test_scaled = scaler.inverse_transform(y_test.reshape(-1, 1))
```

```
# 최근 100일 기준으로 예측 결과와 실제 데이터 비교
plt.figure(figsize=(14, 7))
plt.plot(y_test_scaled[-100:], label='Actual Price')
plt.plot(predictions[-100:], label='Predicted Price')
plt.title('Samsung Electronics Stock Price Prediction (Last 100 Days)')
plt.xlabel('Days')
plt.ylabel('Price (KRW)')
plt.legend()
plt.show()

# 예측 정확도 계산 (평균 절대 오차)
from sklearn.metrics import mean_absolute_error
accuracy = mean_absolute_error(y_test_scaled, predictions)
print(f"Mean Absolute Error: {accuracy:.2f} KRW")
```

챗GPT의 4단계 답변

Google Colab 실행용 최종 코드

다음 최종 코드는 딥러닝의 LSTM 모델을 사용하여 삼성전자 주식을 예측합니다. 먼저, 2023년 7월 1일부터 2024년 6월 30일까지의 데이터를 불러오고, 이를 정규화하여 LSTM 모델 학습에 적합한 형태로 변환합니다. 60일간의 주식 데이터를 입력으로 사용해 다음 날의 주식을 예측하는 방식으로 모델을 학습시키며, 데이터는 80%를 훈련용, 20%를 테스트용으로 나누어 활용합니다. 학습 후에는 최근 100일간의 예측 결과를 실제 값과 비교하여 시각화하고, 평균 절대 오차(MAE)를 계산해 예측 정확도를 평가합니다.

```python
# 필요한 라이브러리 설치
!pip install finance-datareader matplotlib

# 라이브러리 불러오기
import FinanceDataReader as fdr
import matplotlib.pyplot as plt

# 삼성전자 주식 데이터 불러오기 (2023-07-01 ~ 2024-06-30)
start_date = '2023-07-01'
end_date = '2024-06-30'
samsung_data = fdr.DataReader('005930', start_date, end_date)

# 불러온 데이터 확인
print(samsung_data.head())
print(samsung_data.tail())

# 데이터 시각화
plt.figure(figsize=(14, 7))
plt.plot(samsung_data['Close'], label='Samsung Electronics (Close)')
plt.title('Samsung Electronics Stock Price')
plt.xlabel('Date')
plt.ylabel('Close Price (KRW)')
plt.legend()
plt.show()
```

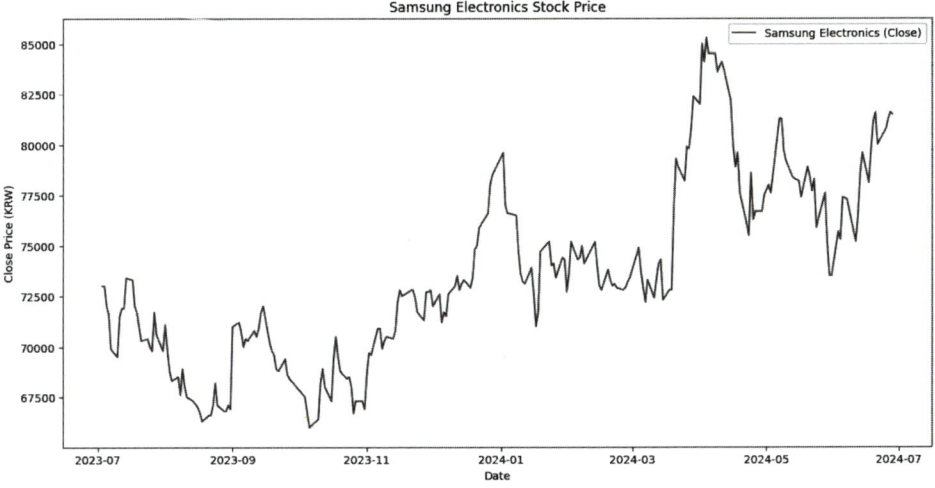

그림 42. 데이터 시각화 결과

```
import numpy as np
from sklearn.preprocessing import MinMaxScaler
import tensorflow as tf


# 데이터 정규화
scaler = MinMaxScaler(feature_range=(0, 1))
scaled_data = scaler.fit_transform(samsung_data[['Close']])

# 시퀀스 데이터 생성 함수
def create_sequences(data, seq_length):
    X, y = [], []
    for i in range(len(data) - seq_length):
        X.append(data[i:i + seq_length])
        y.append(data[i + seq_length])
    return np.array(X), np.array(y)

# 시퀀스 길이 설정
seq_length = 60  # 60일 치 데이터를 기반으로 예측
```

훈련 데이터와 테스트 데이터 나누기
```
train_size = int(len(scaled_data) * 0.8)
train_data, test_data = scaled_data[:train_size], scaled_data[train_size - seq_length:]
```

시퀀스 데이터 생성
```
X_train, y_train = create_sequences(train_data, seq_length)
X_test, y_test = create_sequences(test_data, seq_length)
```

LSTM 입력에 맞게 데이터 형태 조정
```
X_train = np.reshape(X_train, (X_train.shape[0], X_train.shape[1], 1))
X_test = np.reshape(X_test, (X_test.shape[0], X_test.shape[1], 1))
```

데이터 형태 확인
```
print("X_train shape:", X_train.shape)
print("y_train shape:", y_train.shape)
print("X_test shape:", X_test.shape)
print("y_test shape:", y_test.shape)
```

LSTM 모델 생성
```
model = tf.keras.Sequential([
    tf.keras.layers.LSTM(50, return_sequences=True, input_shape=(X_train.shape[1], 1)),
    tf.keras.layers.LSTM(50, return_sequences=False),
    tf.keras.layers.Dense(25),
    tf.keras.layers.Dense(1)
])
```

모델 컴파일
```
model.compile(optimizer='adam', loss='mean_squared_error')
```

# 모델 학습
history = model.fit(X_train, y_train, batch_size=32, epochs=20, validation_data=(X_test, y_test))

# 학습 과정 시각화 (손실 그래프)
plt.plot(history.history['loss'], label='Training Loss')
plt.plot(history.history['val_loss'], label='Validation Loss')
plt.title('Model Loss During Training')
plt.xlabel('Epochs')
plt.ylabel('Loss')
plt.legend()
plt.show()

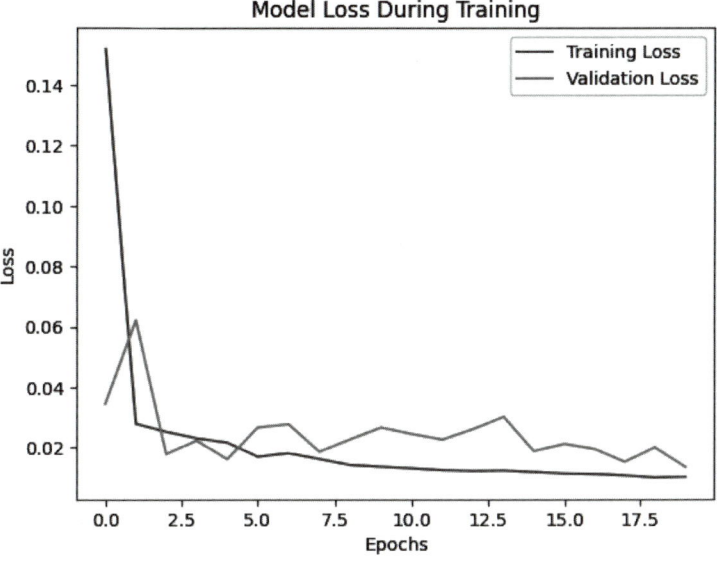

그림 43. 데이터 시각화 결과

```python
# 모델을 사용하여 테스트 데이터 예측
predictions = model.predict(X_test)

# 예측 결과를 원래의 스케일로 되돌림
predictions = scaler.inverse_transform(predictions)
y_test_scaled = scaler.inverse_transform(y_test.reshape(-1, 1))

# 최근 100일 기준으로 예측 결과와 실제 데이터 비교
plt.figure(figsize=(14, 7))
plt.plot(y_test_scaled[-100:], label='Actual Price')
plt.plot(predictions[-100:], label='Predicted Price')
plt.title('Samsung Electronics Stock Price Prediction (Last 100 Days)')
plt.xlabel('Days')
plt.ylabel('Price (KRW)')
plt.legend()
plt.show()

# 예측 정확도 계산 (평균 절대 오차)
from sklearn.metrics import mean_absolute_error
accuracy = mean_absolute_error(y_test_scaled, predictions)
print(f"Mean Absolute Error: {accuracy:.2f} KRW")
```

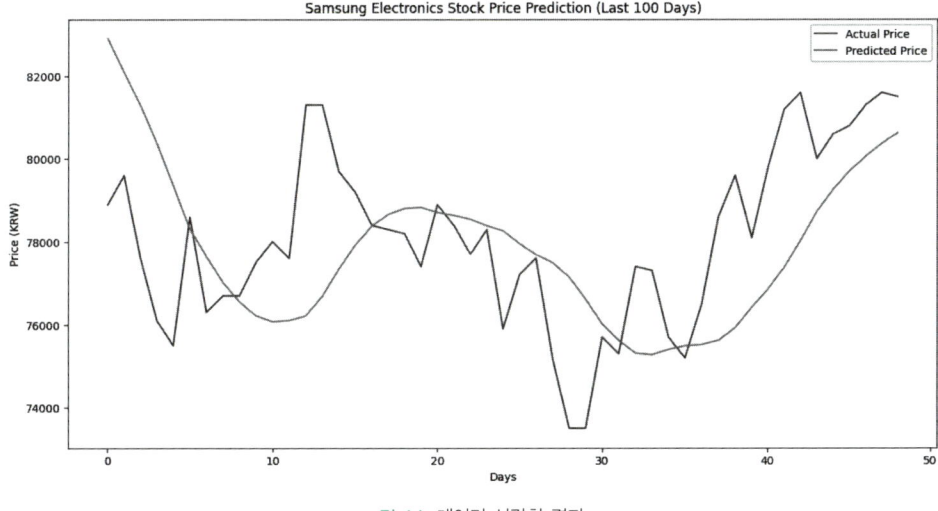

그림 44. 데이터 시각화 결과

그림 45. 데이터 출력 결과

2.10.2.2 CNN 모델을 이용한 주식 예측

1) CNN(Convolutional Neural Network, 합성곱 신경망) 모델이란?

CNN 모델은 원래 이미지나 공간적 특징을 분석하는 데 뛰어난 성능을 발휘하는 인공지능 모델로, 사람의 시각적 패턴 인식 방식을 본떠 만들어졌습니다. CNN은 이미지 데이터를 컴퓨터가 이해할 수 있도록 작은 격자로 나누어 분석하며, 각 격자에서 색상, 모양, 질감 등의 주요 특징을 추출해 냅니다. 이러한 특징 추출 덕분에 CNN은 이미지 데이터뿐만 아니라 주식처럼 시간에 따라 변하는 데이터를 분석하는 데에도 유용합니다.

주식 예측에서 CNN을 활용하는 방법은 매우 흥미롭습니다. 일반적으로 숫자로 기록되는 주식 데이터를 이미지로 변환해 CNN에 입력하면, CNN은 이 데이터를 시각적 정보처럼 받아들이고 학습하게 됩니다. 이렇게 학습된 모델은 주식 데이터의 미세한 변동 패턴을 감지해 다음 날의 주가를 예측하는 데 활용할 수 있습니다.

CNN의 특징 추출 능력 덕분에 주식 데이터에서 미세한 변동 패턴을 감지해 예측의 정확성을 높일 수 있습니다.

2) 주식 예측에 CNN 적용하기

CNN을 주식 예측에 적용하는 과정은 데이터 전처리와 학습 단계로 나눌 수 있습니다. 다음은 그 과정에 대한 설명입니다.

1단계: 데이터 전처리

주식 데이터를 CNN 모델에 맞게 변환하는 과정입니다. CNN은 시각적 패턴처럼 인식할 때 강점을 발휘하므로, 숫자로 되어 있는 주식 데이터를 '특징 맵'으로 변환해야 합니다. 예를 들어, 특정 시간 동안의 주식 변동을 열이나 색상으로 변환해 마치 이미지처럼 CNN에 입력할 수 있습니다. 이 과정에서 주식의 변동성과 평균 가격 등의 주요 정보를 포함하는 여러 지표가 특징 맵에 반영됩니다.

2단계: 특징 추출과 패턴 학습

CNN은 변환된 주식 데이터를 통해 가격의 상승과 하락 패턴을 학습합니다. 과거 데이터에서 나타난 상승과 하락 패턴이 반복된다면, CNN은 이를 통해 미래의 가격 변동을 예측하게 됩니다. 특히, CNN은 주가의 급격한 상승이나 하락과 같은 변동성이 큰 구간에서 나타나는 복잡한 패턴을 효과적으로 학습할 수 있습니다. 이는 주식의 흐름을 정교하게 분석하는 데 중요한 역할을 합니다.

3단계: 미래 주가 예측

CNN이 패턴을 학습하고 나면, 이를 통해 미래의 주가 움직임을 예측할 수 있습니다. 학습한 다양한 특징들을 조합해 다음 날 주가의 변동 방향(상승, 하락, 횡보)을 예측하게 됩니다. 이 모델은 특히, 단기적인 가격 변동을 예측하는 데 효과적입니다.

3) CNN을 활용한 주식 예측의 장점

CNN 모델을 주식 예측에 사용하면 다음과 같은 장점을 기대할 수 있습니다.

- **시각적 패턴 분석**: 주식 데이터를 이미지 형태로 분석하므로, 데이터에서 미묘한 변화까지도 쉽게 포착할 수 있습니다.
- **높은 예측력**: CNN이 가진 특징 추출 능력 덕분에 가격 변동의 다양한 패턴을 감지하고 예측 정확도를 높일 수 있습니다.
- **복잡한 패턴 처리**: CNN은 다층 신경망 구조를 통해 복잡한 변동성 패턴을 학습하므로, 예측의 신뢰성을 높이는 데 기여할 수 있습니다.

> **프롬프트 설계**
>
> 나는 삼성전자 주식 데이터의 예측하는 파이썬 코드를 작성하려고 해. 각 단계별로 나누어 진행하되 단계마다 항상 나에게 의견을 물어본 뒤 다음 단계를 진행해 줘. 그리고 파이썬 코드 정보는 다음과 같아.
>
> - 단계별로 코랩에서 파이썬 코드를 실행해 줘.
> - finance-datareader와 matplotlib 라이브러리를 설치 후 코드를 작성해 줘.
> - DataReader 메서드를 사용해 줘.
> - CNN을 사용해서 예측해 줘.
> - '삼성전자'의 주식 데이터를 2023년 7월 1일부터 2024년 6월 30일까지 불러온 후 훈련 데이터셋 80%, 테스트 데이터셋 20%로 나누어서 학습해 줘.
> - 훈련된 모델로 최근 100일 기준으로 예측한 것이랑 실제 값이랑 비교한 결과를 시각화해주고 정확도도 출력해 줘.

좋습니다! 단계별로 진행하겠습니다. 첫 단계로, 필요한 라이브러리를 설치하고 '삼성전자' 주식 데이터를 불러오는 코드 작성부터 시작하겠습니다. 이를 통해 데이터 수집이 잘 이루어지는지 확인할 수 있어요.

첫 번째 단계로 필요한 라이브러리를 설치하고, '삼성전자'의 주식 데이터를 2023-07-01부터 2024-06-30까지 불러오는 코드를 작성하겠습니다.

Step 1: 라이브러리 설치 및 주식 데이터 불러오기

우선, finance-datareader와 matplotlib 라이브러리를 설치하고, DataReader 메서드를 이용하여 주식 데이터를 불러오는 코드를 작성합니다.

이 단계 진행 후 다음 단계로 넘어갈까요?

> 네, 넘어가 주세요.

좋습니다! 먼저 필요한 라이브러리를 설치하고 주식 데이터를 불러오는 코드를 작성하겠습니다.

```
# 코랩 환경에서 finance-datareader와 matplotlib 설치
!pip install finance-datareader matplotlib

# 필요한 라이브러리 임포트
import FinanceDataReader as fdr
import matplotlib.pyplot as plt

# '삼성전자'의 주식 데이터를 2023-07-01부터 2024-06-30까지 불러오기
start_date = '2023-07-01'
end_date = '2024-06-30'
samsung_data = fdr.DataReader('005930', start_date, end_date)  # 삼성전자의 종목 코드는 '005930'

# 데이터 확인
print(samsung_data.head())
```

```
# 시각화 - 주식 데이터를 그래프로 확인
plt.figure(figsize=(14, 7))
plt.plot(samsung_data['Close'], label='Close Price')
plt.title("Samsung Electronics Stock Price")
plt.xlabel("Date")
plt.ylabel("Price (KRW)")
plt.legend()
plt.show()
```

이 코드를 통해 삼성전자의 주식 데이터를 불러오고, 시각적으로 확인해볼 수 있습니다. 불러온 데이터가 문제없이 출력되는지 확인한 후에, 데이터를 훈련 및 테스트 세트로 분할하는 다음 단계로 넘어가겠습니다.

이 코드 실행 후 결과가 만족스러우시면 알려주세요.

네, 넘어가 주세요.

챗GPT의 1단계 답변

좋습니다! 이제 데이터를 훈련 데이터셋과 테스트 데이터셋으로 분할하는 과정을 진행하겠습니다.

주어진 조건에 따라 전체 데이터 중 80%는 훈련 데이터로, 나머지 20%는 테스트 데이터로 사용할 것입니다.

```
import numpy as np

# 데이터셋 분할 비율 설정
train_ratio = 0.8
train_size = int(len(samsung_data) * train_ratio)

# 훈련 데이터와 테스트 데이터로 분할
train_data = samsung_data[:train_size]
```

```
test_data = samsung_data[train_size:]

# 데이터 분할 확인
print(f"훈련 데이터 크기: {len(train_data)}")
print(f"테스트 데이터 크기: {len(test_data)}")
```

이제 데이터를 CNN 모델에 맞게 준비하고, 예측에 사용할 수 있도록 다음 단계를 진행할까요?

> 네, 진행해 주세요.

챗GPT의 2단계 답변

좋습니다! 이제 CNN 모델에 맞게 데이터 전처리를 진행하겠습니다. 주식 예측에 사용하기 위해 주식 데이터를 CNN 입력 형식에 맞게 시계열 데이터로 변환한 후, CNN 모델을 구축 하겠습니다.

이제 데이터 전처리 및 CNN 모델 구성을 단계별로 진행하겠습니다.

Step 3: 데이터 전처리 및 CNN 모델 구축

우선, 주식 데이터의 시계열 특성을 반영해 훈련에 사용할 시퀀스 데이터를 만들고, CNN 모델을 정의하겠습니다.

```
from tensorflow.keras.models import Sequential
from tensorflow.keras.layers import Conv1D, MaxPooling1D, Flatten, Dense
from sklearn.preprocessing import MinMaxScaler

# 주식 데이터를 0~1 사이로 정규화
scaler = MinMaxScaler()
scaled_data = scaler.fit_transform(samsung_data[['Close']])

# 시퀀스 데이터 생성 함수 (CNN에 사용할 수 있도록)
def create_sequences(data, seq_length=10):
```

```python
    x = []
    y = []
    for i in range(len(data) - seq_length):
        x.append(data[i:i+seq_length])
        y.append(data[i+seq_length])
    return np.array(x), np.array(y)
```

훈련 데이터와 테스트 데이터를 시퀀스 형태로 변환
```python
sequence_length = 10
x_train, y_train = create_sequences(scaled_data[:train_size], sequence_length)
x_test, y_test = create_sequences(scaled_data[train_size:], sequence_length)
```

CNN 모델 정의
```python
model = Sequential([
    Conv1D(filters=64, kernel_size=2, activation='relu', input_shape=(sequence_length, 1)),
    MaxPooling1D(pool_size=2),
    Flatten(),
    Dense(50, activation='relu'),
    Dense(1)
])
```

모델 컴파일
```python
model.compile(optimizer='adam', loss='mse')
```

모델 구조 출력
```python
model.summary()
```

이 코드는 시퀀스를 만들어 CNN 모델이 주식 데이터를 시계열 데이터로 학습할 수 있게 준비한 뒤, CNN 모델을 정의하는 단계입니다. 여기까지 진행 후, 학습 및 예측으로 넘어가도 될까요?

네, 넘어가 주세요.

챗GPT의 3단계 답변

이제 CNN 모델을 훈련시키고, 학습된 모델을 사용해 최근 100일 간의 주식을 예측하는 과정을 진행하겠습니다. 예측 결과를 시각화하고 모델의 정확도를 확인하는 코드도 포함하겠습니다.

Step 4: 모델 학습 및 예측 결과 시각화

아래 코드는 모델을 훈련시키고, 최근 100일 주식 예측 결과를 시각화합니다.

```
# CNN 모델 훈련
epochs = 50   # 원하는 만큼 조정 가능
batch_size = 16

history = model.fit(x_train, y_train, epochs=epochs, batch_size=batch_size, validation_data=(x_test, y_test))

# 최근 100일의 테스트 데이터 예측
predicted_prices = model.predict(x_test[-100:])

# 정규화된 예측 결과를 실제 값으로 변환
predicted_prices = scaler.inverse_transform(predicted_prices)
actual_prices = scaler.inverse_transform(y_test[-100:])
```

```python
# 예측 결과와 실제 주식 비교 시각화
plt.figure(figsize=(14, 7))
plt.plot(actual_prices, label='Actual Prices')
plt.plot(predicted_prices, label='Predicted Prices')
plt.title("Samsung Electronics Stock Price Prediction (Last 100 Days)")
plt.xlabel("Days")
plt.ylabel("Price (KRW)")
plt.legend()
plt.show()

# 모델 평가 - Mean Squared Error 계산
from sklearn.metrics import mean_squared_error

mse = mean_squared_error(actual_prices, predicted_prices)
accuracy = 1 - mse
print(f"Mean Squared Error: {mse}")
print(f"Model Accuracy: {accuracy * 100:.2f}%")
```

챗GPT의 4단계 답변

Google Colab 실행용 최종 코드

다음 최종 코드는 CNN(Convolutional Neural Network)을 활용해 삼성전자 주식을 예측합니다. 먼저, 2023년 7월 1일부터 2024년 6월 30일까지의 데이터를 불러와 정규화한 뒤, CNN 입력에 적합하도록 10일간의 주식 데이터를 시퀀스로 변환합니다. CNN 모델은 주식 데이터의 시계열 패턴을 학습하기 위해 1차원 합성곱 레이어와 풀링 레이어를 사용하며, 마지막에 밀집 레이어를 통해 예측을 수행합니다. 훈련 후에는 최근 100일 간의 실제 주식과 예측 결과를 비교하여 시각화하며, 평균 제곱 오차(MSE)를 통해 모델 성능을 평가합니다.

```python
# 코랩 환경에서 finance-datareader와 matplotlib 설치
!pip install finance-datareader matplotlib

# 필요한 라이브러리 임포트
import FinanceDataReader as fdr
import matplotlib.pyplot as plt

# '삼성전자'의 주식 데이터를 2023-07-01부터 2024-06-30까지 불러오기
start_date = '2023-07-01'
end_date = '2024-06-30'
samsung_data = fdr.DataReader('005930', start_date, end_date)  # 삼성전자의 종목 코드는 '005930'

# 데이터 확인
print(samsung_data.head())

# 시각화 - 주식 데이터를 그래프로 확인
plt.figure(figsize=(14, 7))
plt.plot(samsung_data['Close'], label='Close Price')
plt.title("Samsung Electronics Stock Price")
plt.xlabel("Date")
plt.ylabel("Price (KRW)")
plt.legend()
plt.show()
```

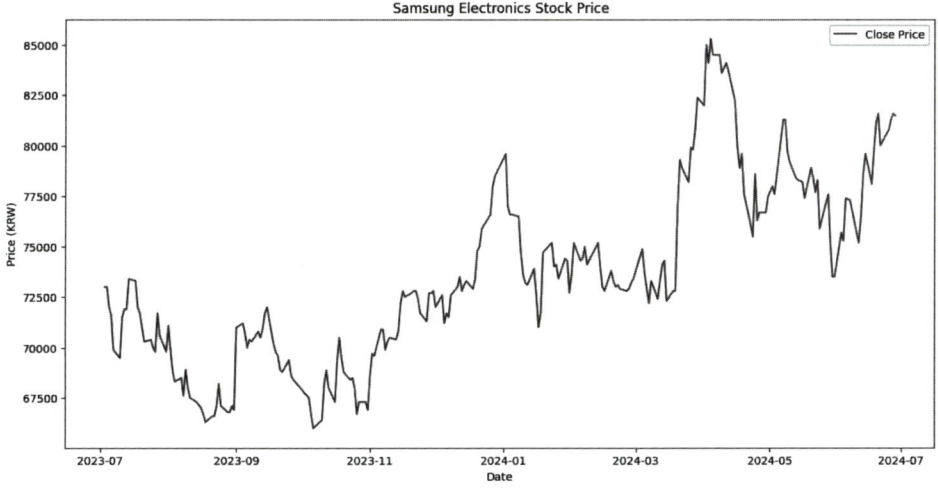

그림 46. 데이터 시각화 결과

```
import numpy as np

# 데이터셋 분할 비율 설정
train_ratio = 0.8
train_size = int(len(samsung_data) * train_ratio)

# 훈련 데이터와 테스트 데이터로 분할
train_data = samsung_data[:train_size]
test_data = samsung_data[train_size:]


from tensorflow.keras.models import Sequential
from tensorflow.keras.layers import Conv1D, MaxPooling1D, Flatten, Dense
from sklearn.preprocessing import MinMaxScaler

# 주식 데이터를 0~1 사이로 정규화
scaler = MinMaxScaler()
scaled_data = scaler.fit_transform(samsung_data[['Close']])
```

```python
# 시퀀스 데이터 생성 함수 (CNN에 사용할 수 있도록)
def create_sequences(data, seq_length=10):
    x = []
    y = []
    for i in range(len(data) - seq_length):
        x.append(data[i:i+seq_length])
        y.append(data[i+seq_length])
    return np.array(x), np.array(y)

# 훈련 데이터와 테스트 데이터를 시퀀스 형태로 변환
sequence_length = 10
x_train, y_train = create_sequences(scaled_data[:train_size], sequence_length)
x_test, y_test = create_sequences(scaled_data[train_size:], sequence_length)

# CNN 모델 정의
model = Sequential([
    Conv1D(filters=64, kernel_size=2, activation='relu', input_shape=(sequence_length, 1)),
    MaxPooling1D(pool_size=2),
    Flatten(),
    Dense(50, activation='relu'),
    Dense(1)
])

# 모델 컴파일
model.compile(optimizer='adam', loss='mse')

# 모델 구조 출력
model.summary()
```

Model: "sequential"

Layer (type)	Output Shape	Param #
conv1d (Conv1D)	(None, 9, 64)	192
max_pooling1d (MaxPooling1D)	(None, 4, 64)	0
flatten (Flatten)	(None, 256)	0
dense (Dense)	(None, 50)	12,850
dense_1 (Dense)	(None, 1)	51

Total params: 13,093 (51.14 KB)
Trainable params: 13,093 (51.14 KB)
Non-trainable params: 0 (0.00 B)

그림 47. 데이터 시각화 결과

```
# CNN 모델 훈련
epochs = 50  # 원하는 만큼 조정 가능
batch_size = 16

history = model.fit(x_train, y_train, epochs=epochs, batch_size=batch_size, validation_data=(x_test, y_test))

# 최근 100일의 테스트 데이터 예측
predicted_prices = model.predict(x_test[-100:])

# 정규화된 예측 결과를 실제 값으로 변환
predicted_prices = scaler.inverse_transform(predicted_prices)
actual_prices = scaler.inverse_transform(y_test[-100:])

# 예측 결과와 실제 주식 비교 시각화
plt.figure(figsize=(14, 7))
plt.plot(actual_prices, label='Actual Prices')
plt.plot(predicted_prices, label='Predicted Prices')
plt.title("Samsung Electronics Stock Price Prediction (Last 100 Days)")
plt.xlabel("Days")
```

```
plt.ylabel("Price (KRW)")
plt.legend()
plt.show()

# 모델 평가 - Mean Squared Error 계산
from sklearn.metrics import mean_squared_error

mse = mean_squared_error(actual_prices, predicted_prices)
accuracy = 1 - mse
print(f"Mean Squared Error: {mse}")
print(f"Model Accuracy: {accuracy * 100:.2f}%")
```

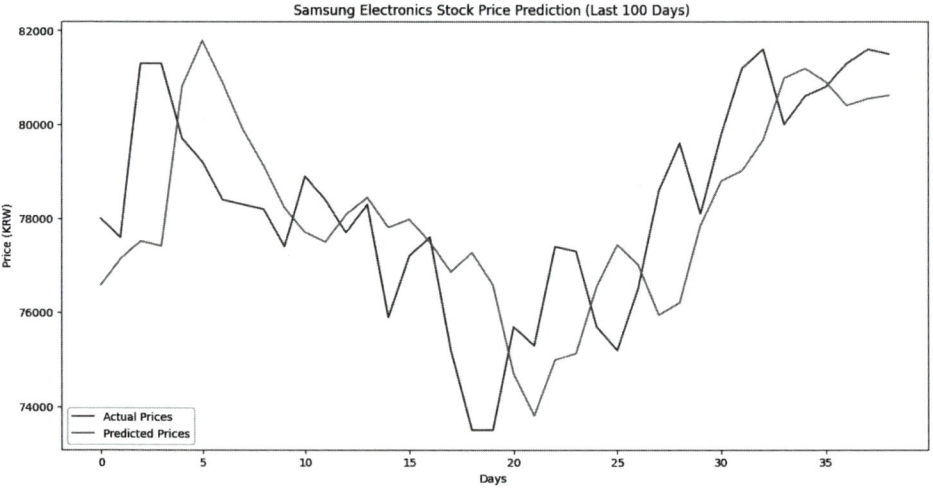

그림 48. 데이터 시각화 결과

```
Mean Squared Error: 3459178.4333151807
Model Accuracy: -345917743.33%
```

그림 49. 데이터 출력 결과

MSE는 작을수록 좋은데, 이번 결과는 MSE가 크게 나와 예측 성능이 낮은 편입니다.

참고 머신러닝 vs 딥러닝 모델별 시각화 결과 비교

선형 회귀

선형 회귀는 데이터 간의 선형 관계를 기반으로 예측을 수행합니다. 간단한 구조로 주식의 전반적인 경향을 파악하는 데 적합하지만, 주식 데이터처럼 복잡하고 비선형적인 패턴을 가진 경우에는 한계가 있습니다. 결과적으로, 선형 회귀는 예측 값과 실제 값 간의 차이가 비교적 크게 나타납니다.

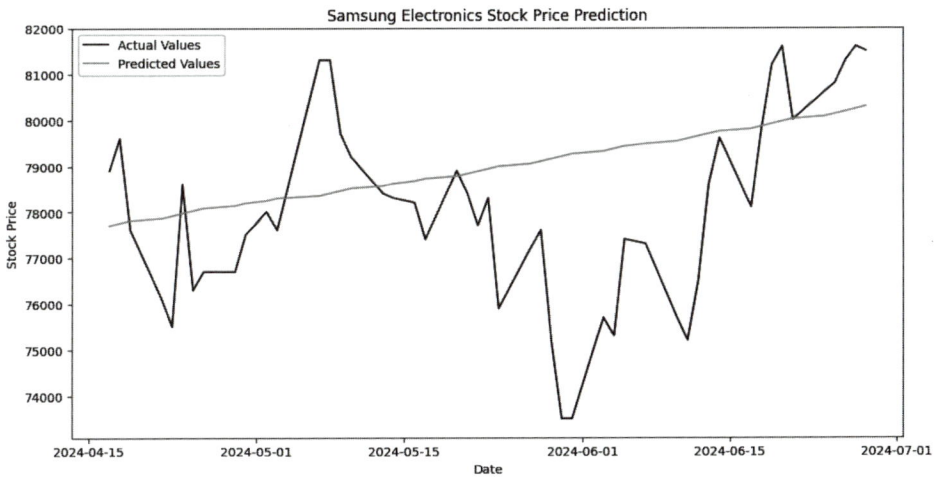

그림 50. 선형 회귀 예측 결과

LSTM 모델

LSTM 모델은 시간의 흐름에 따라 데이터를 분석하며, 시계열 데이터의 특성을 잘 반영합니다. 이 모델은 과거 데이터에서 중요한 정보를 장기적으로 기억하고, 이를 기반으로 미래를 예측합니다. 결과적으로, 실제 주가와 예측 값이 선형 회귀보다 훨씬 근접하게 나타나는 것을 확인할 수 있습니다.

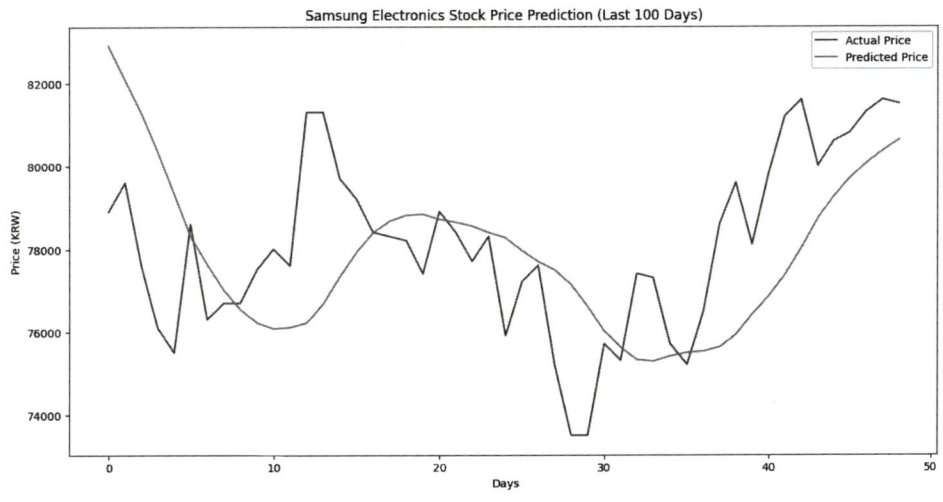

그림 51. LSTM 모델 예측 결과

CNN 모델

CNN(Convolutional Neural Network)은 패턴 인식에 강하며, 주식 데이터에서 짧은 기간 동안의 변화 패턴을 포착하는 데 매우 효과적입니다. 이 모델은 주식의 복잡한 변화를 시각적인 특징처럼 인식하여 학습하며, 결과적으로 예측 값이 실제 주가와 매우 근접해 보다 정확한 결과를 제공합니다.

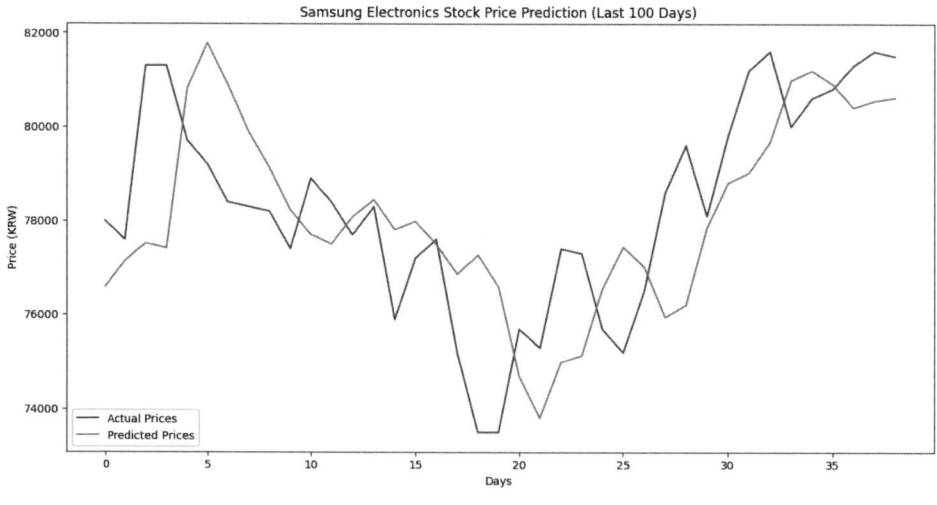

그림 52. CNN 모델 예측 결과

총평

딥러닝 모델(LSTM, CNN)은 복잡한 비선형 관계를 학습하는 데 강점이 있어, 머신러닝(선형 회귀)보다 주식 예측에서 더 우수한 성능을 보입니다. 특히, 주식 데이터의 시계열 특성과 변화 패턴을 반영하는 데 적합해, 미래 예측의 신뢰성을 높입니다. CNN은 짧은 기간의 변화에 주목하고, LSTM은 시계열 데이터의 연속성을 학습해 각각의 장점으로 높은 정확도를 제공합니다.

맺음말

최근 몇 년간 인공지능 기술의 발전으로 LLM은 방대한 데이터를 보다 직관적으로 분석하고 예측하는 데 있어 강력한 도구로 자리매김했습니다. 이 책은 챗GPT를 활용해 독자가 주식 데이터 분석의 기초부터 고급 기법까지 자연스럽게 학습할 수 있도록 구성되어 있습니다.

주식 데이터 분석은 단순히 과거 데이터를 이해하는 데 그치지 않고, 현재를 파악하고 미래의 금융 시장을 예측하며 대응하는 데 필수적인 기술입니다. 이 책은 챗GPT와 같은 생성 AI를 활용해 주식 데이터를 수집, 분석, 시각화하는 과정을 체계적으로 제시하여 데이터 기반 의사결정의 기반을 제공합니다.

1부에서는 주식 데이터 분석의 기본 개념부터 시작해, 파이썬을 활용한 데이터 수집과 시각화, 그리고 기본 분석 기법까지 다루었습니다. 챗GPT의 강력한 프롬프트 기술을 활용하여 데이터 분석의 효율성을 극대화하는 방법을 소개하며, 초보자부터 전문가까지 누구나 따라 할 수 있는 내용을 담아냈습니다.

2부에서는 투자 전략의 설계와 구현에 중점을 두었습니다. 기술적 분석과 기본적 분석의 개념을 시작해서 모멘텀 전략, PBR+PER 전략, RSI, 이동평균선, 볼린저 밴드 등 다양한 주식 지표와 전략을 심도 있게 탐구하였습니다. 이를 통해 투자자가 시장의 움직임을 더 잘 이해하고, 실용적인 전략을 설계할 수 있는 방법을 구체적으로 제시했습니다. 특히 전략의 타당성을 검증하기 위해 백테스팅을 활용하는 방법과 추세 추종 및 평균 회귀 전략의 실전 활용 사례를 통해 실용성을 더했습니다.

또한, 챗GPT를 활용하여 머신러닝과 딥러닝 기반의 주식 데이터 분석 및 예측 기술을 소개했습니다. 선형 회귀, LSTM, CNN 모델과 같은 다양한 접근법을 통해 복잡한 주식 데이터를 학습하고, 보다 정밀한 예측을 가능하게 하는 기술을 다루었습니다. 이를 통해 인공지능이 제공하는 잠재력을 체감하고, 데이터 분석과 투자 전략 설계에 대한 새로운 관점을 제시하고자 했습니다.

이 책은 데이터 분석과 투자 전략이라는 두 축을 중심으로, 독자 여러분이 금융 데이터를 이해하고 시장에서의 경쟁력을 키울 수 있는 실질적인 도구와 아이디어를 제공합니다. 챗GPT와 같은 AI 도구와 결합된 금융 데이터 분석은 금융 시장에서 새로운 기회를 열어주는 열쇠가 될 것입니다. 주식 데이터를 탐구하며 AI와 함께 독자 여러분의 금융 여정에 풍성한 성과와 통찰이 함께하길 바랍니다.

감사합니다!

찾아보기

한글(ㄱ~ㅎ)

거래 대금	085	음봉	063
거래량	051	이동평균선	166
골든 크로스	187	인공지능	253
구체적인 사항 제공하기	017	일간 변동률	070
기본적 분석	134	종가	051
기술적 분석	134	주식 데이터	010
단순 이동평균	167	주식 등락	077
대규모 언어 모델	011	주식 지표	135
데드 크로스	188	지수 이동평균	178
딥러닝	253	최대 예산 손실액(VAR)	098
모멘텀	136	최대 손실 낙폭(MDD)	106
백테스팅	205	추세 추종 전략	206
볼린저 밴드	198	파이썬	018
상관관계	114	판다스	027
상승 주도주	090	판다스 시리즈	029
생성 AI	010	평균 회귀 전략	223
선형 회귀	244	프롬프트	012
선형 회귀 분석	121	프롬프트 엔지니어링	013
수익률 분포	057	하락 주도주	094
시계열 분석	165	회귀 분석	113
양봉	063	회귀선	245

영어(A~Z)

CNN ·································· 267
CoT(단계별 추론하기) ············· 016
EPS(주당순이익) ···················· 146
Few-shot ····························· 014
FinanceDataReader ················ 036
LSTM ·································· 254
Matplotlib ···························· 046
PBR(주가순자산비율) ·············· 151
PER(주가수익비율) ················· 145
RSI(상대강도지수) ·················· 156

챗GPT와 함께하는
주식 데이터 분석

1판 1쇄 발행 2025년 8월 11일

저　　자 | 이진규
감　　수 | 김동준(공돌투자자)
발 행 인 | 김길수
발 행 처 | ㈜영진닷컴
주　　소 | (08512) 서울특별시 금천구 디지털로9길 32
　　　　　갑을그레이트밸리 B동 10F
등　　록 | 2007. 4. 27. 제16-4189호

ⓒ2025. ㈜영진닷컴

ISBN 978-89-314-8022-1

이 책에 실린 내용의 무단 전재 및 무단 복제를 금합니다.
파본이나 잘못된 도서는 구입하신 곳에서 교환해 드립니다.

YoungJin.com Y.
영진닷컴